银行业专业人员职业资格考试辅导系列

银行管理（中级）

过关必做1000题（含历年真题）

（第3版）

主编：圣才学习网

www.100xuexi.com

中国石化出版社

内 容 提 要

本书是银行业专业人员职业资格考试科目“银行管理(中级)”过关必做习题集。本书遵循银行管理(中级)考试大纲的章目编排，共分为23章，根据《银行管理(中级)》教材内容及相关法律法规精心编写了约1000道习题，包括历年机考真题。所选习题基本涵盖了考试大纲规定需要掌握的知识内容，侧重于选编常考重难点习题，并对大部分习题进行了详细的分析和解答。

圣才学习网(www. 100xuexi. com)提供银行业专业人员职业资格考试辅导方案【视频课程、电子书、题库等】。购书即可享受大礼包增值服务【本书电子书(手机版、电脑版)】。手机扫码(本书封底)领取本书大礼包。

图书在版编目(CIP)数据

银行管理(中级)过关必做1000题:含历年真题/圣才学习网主编.—3版.—北京:中国石化出版社，2024.2

(银行业专业人员职业资格考试辅导系列)

ISBN 978-7-5114-7402-5

Ⅰ.①银… Ⅱ.①圣… Ⅲ.①银行管理-中国-资格考试-习题集 Ⅳ.①F832.1-44

中国国家版本馆CIP数据核字(2024)第050360号

中国石化出版社出版发行

地址:北京市东城区安定门外大街58号

邮编:100011 电话:(010)57512500

发行部电话:(010)57512575

http://www. sinopec-press. com

E-mail:press@ sinopec. com

武汉市盛宏源印务有限公司印刷

全国各地新华书店经销

*

787×1092毫米 16开本 14.75印张 366千字

2024年4月第3版 2024年4月第1次印刷

定价:58.00元

序　言

为了帮助考生顺利通过银行业专业人员职业资格考试，我们根据考试大纲和指定参考教材精心编写了银行业专业人员职业资格考试辅导系列。

1. 银行业法律法规与综合能力(中级)过关必做1200题(含历年真题)

2. 银行业法律法规与综合能力(中级)历年真题与考前押题详解

3. 个人理财(中级)过关必做1200题(含历年真题)

4. 个人理财(中级)历年真题与考前押题详解

5. 公司信贷(中级)过关必做1000题(含历年真题)

6. 公司信贷(中级)历年真题与考前押题详解

7. 个人贷款(中级)过关必做1000题(含历年真题)

8. 个人贷款(中级)历年真题与考前押题详解

9. 风险管理(中级)过关必做1000题(含历年真题)

10. 银行管理(中级)过关必做1000题(含历年真题)

本书是银行业专业人员职业资格考试科目“银行管理(中级)”过关必做习题集。本书遵循银行管理(中级)考试大纲的章目编排，共分为23章，根据《银行管理(中级)》教材内容及相关法律法规精心编写了约1000道习题，包括历年机考真题。所选习题基本涵盖了考试大纲规定需要掌握的知识内容，侧重于选编常考重难点习题，并对大部分习题进行了详细的分析和解答。

购书即可享受大礼包增值服务。手机扫码(本书封底)领取本书大礼包。具体包括：本书电子书(手机版、电脑版)。

与本书相配套，圣才学习网提供银行业专业人员职业资格考试视频课程、电子书、题库。

圣才学习网(www.100xuexi.com)是一家为全国各类考试和专业课学习提供名师视频课程、电子书、题库等全方位教育服务的综合性学习型视频学习网站，拥有近100种考试(含418个考试科目)、194种经典教材(含英语、经济、管理、证券、金融等共16大类)，合计近万小时的面授班、网授班课程。

资格考试： www.100xuexi.com(圣才学习网)

考研辅导： kaoyan.100xuexi.com(圣才考研网)

圣才学习网编辑部

目 录

第一章　宏观经济金融环境

一、单项选择题（以下各小题所给出的4个选项中，只有1项最符合题目要求，请将正确选项的代码填入括号内）

1. 以下选项属于货币政策工具的是（　　）。［2023年10月真题］

A. 国债　　B. 股票红利　　C. 印花税　　D. 存款准备金

【解析】货币政策工具是中央银行为实现货币政策目标而采取的具体手段和措施。一般性政策工具是中央银行较为常用的传统工具，主要包括存款准备金、再贷款与再贴现和公开市场业务，被称为货币政策的"三大法宝"。

2. 金融工作的永恒主题是（　　）。［2021年6月真题］

A. 深化金融改革　　B. 服务"三农"和小微企业

C. 防范和化解金融风险　　D. 扩大金融开放

【解析】走中国特色金融发展之路，必须高度重视金融风险的传染性、隐蔽性和破坏性，增强忧患意识，树牢底线思维、极限思维，以"时时放心不下"的责任意识做好风险防控工作，牢牢守住不发生系统性金融风险的底线。

3. 党的二十大报告指出，必须完整、准确、全面贯彻新发展理念，坚持社会主义市场经济改革方向，坚持高水平对外开放，加快构建以国内大循环为主体、（　　）的新发展格局。

A. 城市与农村相互促进　　B. 发达国家与发展中国家相互促进

C. 国内国际双循环相互作用　　D. 国内国际双循环相互促进

【解析】党的二十大报告指出，必须完整、准确、全面贯彻新发展理念，坚持社会主义市场经济改革方向，坚持高水平对外开放，加快构建以国内大循环为主体、国内国际双循环相互促进的新发展格局。

4. 人民币正式加入SDR货币篮子的时间是（　　）。［2018年10月真题］

A. 2016年10月1日　　B. 2015年11月30日

C. 2015年10月1日　　D. 2016年11月30日

【解析】2015年11月30日，国际货币基金组织（IMF）执行董事会决定将人民币纳入特别提款权（SDR）货币篮子。2016年10月1日，IMF发表声明宣布人民币加入SDR货币篮子正式生效，SDR货币篮子的币种和权重相应进行了调整，正式扩大至美元、欧元、人民币、日元、英镑5种货币，权重分别为41.73%、30.93%、10.92%、8.33%和8.09%。

5. 下列关于常备借贷便利说法错误的是（　　）。［2017年6月真题］

A. 是中央银行提供流动性供给的重要渠道之一

B. 利率水平根据货币政策调控、引导市场利率的需要等综合确定

1D　2C　3D　4A　5C

C. 一般期限在1～12个月

D. 一般以抵押方式发放

【解析】常备借贷便利是中央银行提供流动性供给的重要渠道之一，主要功能是满足金融机构期限较长的大额流动性需求，一般期限在1～3个月，其利率水平根据货币政策调控、引导市场利率的需要等综合确定。常备借贷便利一般以抵押方式发放，合格抵押品包括高信用评级的债券类资产及优质信贷资产等。

6. 关于促进国内国际双循环，下列表述错误的是（　　）。［2022年7月真题］

A. 努力扩大出口，引导银行业金融机构提升服务企业“走出去”能力

B. 立足国内大循环，协同推进强大国内市场和贸易强国建设

C. 加快培育参与国际合作和竞争新优势

D. 促进内需和外需、进口和出口、引进外资和对外投资协调发展

【解析】A项属于银行业金融机构提升服务实体经济质效的举措之一。

7. 下列关于“逆周期因子”的说法，错误的是（　　）。［2023年6月真题］

A. 2018年1月，我国在跨境资本流动和外汇市场供求趋于平衡的背景下，将“逆周期因子”调整至中性

B. 在中间价报价模型中引入“逆周期因子”，有助于增强外汇市场的顺周期波动

C. 2018年8月，央行再次重启了“逆周期因子”，以应对外汇市场的顺周期波动

D. 2017年5月，央行在人民币兑美元中间价报价模型中引入“逆周期因子”，形成“收盘价＋一篮子货币汇率变化＋逆周期因子”的中间价形成机制

【解析】2017年5月26日，人民银行在人民币兑美元中间价报价模型中引入“逆周期因子”，形成“收盘价＋一篮子货币汇率变化＋逆周期因子”的中间价形成机制。在中间价报价模型中引入“逆周期因子”，对于人民币汇率市场化形成机制的进一步优化和完善具有重要意义，有助于对冲外汇市场的顺周期波动，使中间价更加充分地反映市场供求的合理变化。

8. 近年来，我国开始采取以（　　）为主的公开市场操作。

A. 再贴现　　B. 逆回购　　C. 发行央行票据　　D. 买卖国债

【解析】我国根据流动性供求格局变化，主要采取以逆回购为主的公开市场操作，与下调法定存款准备金率等其他货币政策工具协调配合，促进流动性供求大体均衡。

二、多项选择题（以下各小题给出的5个选项中，至少有2项符合题目要求，请将符合题目要求选项的代码填入括号内）

1. 下列关于我国金融工作的主要任务，说法正确的有（　　）。

A. 要着力营造良好的货币金融环境

B. 做好科技、绿色、普惠、养老、数字五篇金融大文章

C. 以深化金融需求侧结构性改革为主线

D. 优化融资结构

E. 稳步扩大金融领域制度型开放

6A　7B　8B　┃　1ABDE

【解析】当前和今后一个时期，做好金融工作必须坚持和加强党的全面领导，以习近平新时代中国特色社会主义思想为指导，全面贯彻党的二十大精神，完整、准确、全面贯彻新发展理念，深刻把握金融工作的政治性、人民性，以加快建设金融强国为目标，以推进金融高质量发展为主题，以深化金融供给侧结构性改革为主线，以金融队伍的纯洁性、专业性、战斗力为重要支撑，以全面加强监管、防范化解风险为重点，坚持稳中求进工作总基调，统筹发展和安全，牢牢守住不发生系统性金融风险的底线，坚定不移走中国特色金融发展之路，加快建设中国特色现代金融体系，不断满足经济社会发展和人民群众日益增长的金融需求，不断开创新时代金融工作新局面。高质量发展是全面建设社会主义现代化国家的首要任务，金融要为经济社会发展提供高质量服务。

2. 全面加强金融监管是当前和今后一个时期金融工作的主要任务之一。要完善金融监管体制机制，实现金融监管全覆盖，坚决做到管合法更要管非法、管行业必须管风险，建立健全兜底机制，依法将所有金融活动纳入监管。关于监管政策，下列说法正确的有(　　)。

A. 切实解决监管“宽松软”问题，严格执法、敢于亮剑，严厉打击非法金融活动，让金融监管真正“长牙带刺”

B. 实施有效的分类监管要措施得力，突出法人监管、风险监管，分类分级综合运用机构监管工具箱，牵住公司治理“牛鼻子”，调动机构自身严格内控的积极性和内生动力，守住风险底线，维护好金融体系健康运行的微观基础

C. 穿透式监管是按照“实质重于形式”原则，突破股东股权关系和层层业务交易的各种嵌套形式，深入识别股权控制和资金循环的实质，既要看“表”，更要看“账”，从而实施的精准有效监管

D. 功能监管的对象是相同、类似的金融业务，强调按照同一业务不同标准的原则，对跨机构、跨市场、跨行业的金融业务实施分类监管

E. 实施有效的分类监管首先要准确分类，针对不同类型金融机构，根据特点构建科学、系统的评价指标体系，既全面、准确地反映机构的风险和管理状况，又通过监管指挥棒引导机构坚持主责主业，稳健经营和规范发展

【解析】D 项，功能监管的对象是相同、类似的金融业务，强调按照同一业务同一标准的原则，对跨机构、跨市场、跨行业的金融业务实施统一监管。这种“横向”监管，有助于防范监管套利，实现提高市场效率、促进公平竞争的目标。统一标准是功能监管的核心，但这种统一并非绝对一致，实践中必须考虑不同类型机构的特殊性，在标准出台前充分听取各类机构的诉求，必要时给予相关领域合理灵活的调整，防止“一刀切”引发执行难等新的问题和困境。

三、判断题(判断以下各小题的对错，正确的用 A 表示，错误的用 B 表示)

1. 中国特色金融发展之路的基本要义是：坚持党中央对金融工作的集中统一领导，坚持以人民为中心的价值取向，坚持把金融服务实体经济作为根本宗旨，坚持把防控风险作为金融工作的永恒主题，坚持在市场化法治化轨道上推进金融创新发展，坚持深化金融供给侧结构性改革，坚持统筹金融开放和安全，坚持稳中求进工作总基调。(　　)

2ABCE　▌　1A

【解析】中国特色金融发展之路是一条前无古人的开创之路，既遵循现代金融发展的客观规律，更具有适合自身国情的鲜明特色，其基本要义是：坚持党中央对金融工作的集中统一领导，坚持以人民为中心的价值取向，坚持把金融服务实体经济作为根本宗旨，坚持把防控风险作为金融工作的永恒主题，坚持在市场化法治化轨道上推进金融创新发展，坚持深化金融供给侧结构性改革，坚持统筹金融开放和安全，坚持稳中求进工作总基调。这“八个坚持”是管总体、管方向、管根本的，明确了金融工作怎么看、怎么干，既有世界观又有方法论，构成了一个辩证统一的有机整体，必须长期坚持。

2. 我国目前实施积极的财政政策和稳健的货币政策。(　　)

【解析】我国实行积极的财政政策和稳健的货币政策，为我国经济实现稳增长、促改革、调结构、惠民生营造了良好的外部环境，也为银行业稳健运行提供了良好的政策环境。

3. 资本市场所交易的金融资产到期期限在 1 年或 1 年以内。(　　)

【解析】根据期限不同，可以将金融市场分为货币市场和资本市场。货币市场是短期资金融通市场，所交易的金融资产到期期限在 1 年或 1 年以内，如票据市场、银行间同业拆借市场、大额可转让存单市场、短期国库券市场等。这些金融资产具有很强的“货币性”。资本市场是长期资金融通市场，所交易的金融资产到期期限在 1 年以上，如股票市场、中长期银行贷款市场、中长期国债市场等，其特点是偿还期长、流动性差、风险较高。

2A　3B

第二章　监管概述

一、单项选择题(以下各小题所给出的4个选项中，只有1项最符合题目要求，请将正确选项的代码填入括号内)

1. 2008年全球金融危机后，英国对监管架构进行了重构。新的监管体制不包括(　　)。[2023年10月真题]

A. 金融服务管理局(FSA)　　B. 金融政策委员会(FPC)

C. 金融行为监管局(FCA)　　D. 审慎监管局(PRA)

【解析】2008年国际金融危机暴露出英国金融业的诸多问题，尤其是审慎监管方面的不足。《2012年金融服务法》对监管体制进行了大刀阔斧的改革：一是加强宏观审慎监管，在英格兰银行内部设立金融政策委员会，关注金融系统整体情况，维护金融稳定；二是在英格兰银行内部设立审慎监管局，以提高被监管机构的安全性和稳健性为主要目标，进行微观审慎监管；三是将金融服务局改为金融行为监管局，监管在英注册的所有金融机构行为，并对审慎监管局监管范围外的金融机构(多数为中小型金融服务机构)进行微观审慎监管。对于众多金融机构而言，要同时接受审慎监管局和金融行为监管局的监管，因此称之为“双峰”监管。

2. 根据《商业银行资本管理办法》，商业银行的未分配利润应当纳入(　　)。[2023年10月真题]

A. 其他一级资本　　B. 其他二级资本　　C. 核心一级资本　　D. 二级资本

【解析】核心一级资本包括：实收资本或普通股；资本公积；盈余公积；一般风险准备；未分配利润；少数股东资本可计入部分。其他一级资本包括：其他一级资本工具及其溢价；少数股东资本可计入部分。二级资本包括：二级资本工具及其溢价；超额贷款损失准备；少数股东资本可计入部分。

3. 以下选项中，属于商业银行流动性覆盖率计算中的分子项是(　　)。[2023年10月真题]

A. 一级资本　　B. 合格优质流动性资产

C. 流动性资产　　D. 核心一级资本

【解析】流动性覆盖率监管指标旨在确保商业银行具有充足的合格优质流动性资产，能够在规定的流动性压力情景下，通过变现这些资产满足未来至少30天的流动性需求。流动性覆盖率＝合格优质流动性资产/未来30天现金净流出量×100%。

4. 以下各项不属于《2012年金融服务法》对监管体制改革内容的是(　　)。[2018年10月真题]

A. 加强宏观审慎监管，在英格兰银行内部设立金融政策委员会，关注金融系统整体情况，维护金融稳定

B. 将金融服务局改为金融行为监管局，监管在英注册的所有金融机构行为，并对审慎监管局监管范围外的金融机构(多数为中小型金融服务机构)进行微观审慎监管

1A　2C　3B　4D

C. 在英格兰银行内部设立审慎监管局，以提高被监管机构的安全性和稳健性为主要目标，进行微观审慎监管

D. 金融行为监管局直接对英格兰银行负责，并在全国设有地方代表处

【解析】D 项，金融行为监管局独立于英格兰银行，直接对英国财政部和议会负责，其性质为有限责任公司，对全英境内 7 万余家金融机构进行监管，未设地方分支机构或代表处。

5. 超额备付金率是指银行为适应资金营运的需要，用于保证存款支付和资金清算的货币资金占存款总额的比率，计算方法为（　　）。［2021 年 6 月真题］

A.（在中央银行的超额准备金存款 + 库存现金）/各项存款 ×100%

B.（来自于最大十家同业机构交易对手的同业拆放 + 同业存放 + 卖出回购 + 委托方同业代付 + 发行同业存单 – 结算性同业存款）/总负债 ×100%

C. 各项垫款余额/（表外信用风险资产余额 + 各项垫款余额）×100%

D. 信用风险资产实际计提拨备/应计提拨备 ×100%

【解析】超额备付金率是指银行为适应资金营运的需要，用于保证存款支付和资金清算的货币资金与各项存款的比例，还用于反映银行的资金头寸情况，可以衡量单家银行的流动性和清偿能力。计算公式为：超额备付金率 =（在中央银行的超额准备金存款 + 库存现金）/各项存款 ×100%。B 项是最大十家同业融入比例；C 项是表外业务垫款比例；D 项是资产损失准备充足率。

6. 根据《商业银行杠杆率管理办法》，商业银行并表和未并表的杠杆率均不得（　　）。［2023 年 10 月真题］

A. 低于 3%　　B. 高于 4%　　C. 低于 4%　　D. 高于 3%

【解析】杠杆率计算公式为：杠杆率 =（一级资本 – 一级资本扣减项）/调整后的表内外资产余额 ×100%。根据《商业银行杠杆率管理办法》规定，商业银行并表和未并表的杠杆率均不得低于 4%。

7. 下列不属于银行业监管者维护市场信心手段的是（　　）。［2022 年 7 月真题］

A. 通过处罚违法违规经营行为，减少银行犯罪，维护正常的金融秩序和公平的竞争环境

B. 通过实施审慎有效的监管，及时预警、控制和处置风险，有效防范金融系统性风险

C. 通过窗口指导，控制银行业不良贷款暴露的规模和节奏，维护银行股东的信心

D. 通过信息披露，提高银行业金融机构经营的透明度

【解析】监管者维护市场信心，主要是运用以下手段实现的：①通过实施审慎有效的监管，及时预警、控制和处置风险，有效防范金融系统性风险；②通过信息披露，提高银行业金融机构经营的透明度，增强社会公众对银行体系的信心，防止出现挤提；③通过保护存款人利益，增强社会公众对银行监管机构的信任和对银行体系的信心，维护银行业的安全和稳定；④通过处罚违法违规经营行为，减少银行犯罪，维护正常的金融秩序和公平的竞争环境。

5A　6C　7C

8. 贷款拨备率监管标准和拨备覆盖率监管标准分别为(　　)。[2016 年 11 月真题]

A. 1.5%～2.5%，120%～250%　　B. 1.5%～2%，120%～150%

C. 1.5%～2.5%，120%～150%　　D. 2%～2.5%，120%～250%

【解析】贷款拨备率监管标准为 1.5%～2.5%，拨备覆盖率监管标准为 120%～150%，要求各级监管部门在上述区间范围内，按照"同质同类""一行一策"原则，明确银行贷款损失准备监管要求。

9. 商业银行流动性覆盖率指的是合格优质流动性资产占未来(　　)现金净流出量的比例。[2021 年 6 月真题]

A. 90 天　　B. 180 天　　C. 30 天　　D. 1 年

【解析】流动性覆盖率监管指标旨在确保商业银行具有充足的合格优质流动性资产，能够在规定的流动性压力情景下，通过变现这些资产满足未来至少 30 天的流动性需求。流动性覆盖率的计算公式为：流动性覆盖率＝合格优质流动性资产/未来 30 天现金净流出量×100%。商业银行流动性覆盖率的最低监管标准为不低于 100%。

10. 商业银行各级资本充足率不得低于如下最低要求：核心一级资本充足率不得低于______，一级资本充足率不得低于______，资本充足率不得低于______。(　　)[2017 年 10 月真题]

A. 5%；6%；8%　　B. 5%；6%；10%

C. 5%；8%；10%　　D. 6%；8%；10%

【解析】根据《商业银行资本管理办法》规定，商业银行的核心一级资本充足率不得低于 5%，一级资本充足率不得低于 6%，资本充足率不得低于 8%。

11. 我国银行业监管的目标是促进银行业合法、稳健运行和(　　)。

A. 维护金融体系的安全和稳定　　B. 维护市场的正常秩序

C. 维护公众对银行业的信心　　D. 保护债权人利益

【解析】《中华人民共和国银行业监督管理法》第三条规定，银行业监督管理的目标是促进银行业的合法、稳健运行，维护公众对银行业的信心。

12. 根据《商业银行风险监管核心指标(试行)》，商业银行不良贷款率不得高于(　　)。[2018 年 6 月真题]

A. 6%　　B. 5%　　C. 4%　　D. 7%

【解析】根据《商业银行风险监管核心指标(试行)》的规定，不良贷款率是指不良贷款余额占各项贷款余额的比重，不得高于 5%。

13.《银行业监督管理法》《公司法》和《证券法》分别强调对(　　)利益的保护。

A. 股东、存款人、投资者　　B. 投资者、股东、存款人

C. 存款人、投资者、股东　　D. 存款人、股东、投资者

【解析】各类市场主体的权益都应得到依法保护，只不过保护方式不同，《银行业监督管理法》强调对存款人利益的保护，《公司法》强调对股东利益的保护，《证券法》注重投资者权益特别是小股东权益的保护。

8C　9C　10A　11C　12B　13D

14. 金融机构把零散的、短期的储蓄转化为大量的、长期的投资资金的前提是(　　)。

A. 银行监管体系的完善　　B. 有效的宣传教育工作

C. 社会公众对中介机构和市场有信心　　D. 相关信息的完整及时的披露

【解析】金融机构作为信用中介，具有克服信息不对称的功能，能将零散的、短期的储蓄转化为大量的、长期的投资资金。但这种功能实现的前提是，社会公众对中介机构和市场有信心。

15. “实施法人监管，注重对银行业金融机构总体风险的把握、防范和化解”体现的是监管理念中的(　　)。

A. 管内控　　B. 管风险　　C. 管法人　　D. 提高透明度

【解析】所谓“管法人”，就是实施法人监管，注重对银行业金融机构总体风险的把握、防范和化解。

16. 下列不属于监管理念中“管风险”的原因的是(　　)。

A. 监管资源的稀缺性　　B. 金融风险的传染性

C. 银行风险的外部性　　D. 风险监管的前瞻性

【解析】之所以要“管风险”，主要基于三方面原因：①银行风险的外部性；②监管资源的稀缺性；③风险监管的前瞻性。

17. 贷款损失准备与不良贷款余额之比表示的是下列哪个指标？(　　)

A. 贷款拨备率　　B. 拨备覆盖率　　C. 存贷比　　D. 流动性覆盖率

【解析】《商业银行贷款损失准备管理办法》设立了拨备覆盖率和贷款拨备率两个指标来考核商业银行贷款损失准备的充足性。贷款拨备率为贷款损失准备与各项贷款余额之比；拨备覆盖率为贷款损失准备与不良贷款余额之比。

18. (　　)是法律、行政法规和国务院银行业监督管理机构对银行业金融机构提出的核心经营目标。

A. 合法经营规则　　B. 保本经营规则

C. 独立经营规则　　D. 审慎经营规则

【解析】国务院银行业监督管理机构依照法律、行政法规制定并发布对银行业金融机构及其业务活动监督管理的规章、规则。其中，审慎经营规则是法律、行政法规和国务院银行业监督管理机构对银行业金融机构提出的核心经营目标，包括风险管理、内部控制、资本充足率、资产质量、损失准备金、风险集中、关联交易、资产流动性等内容。银行业金融机构应当严格遵守审慎经营规则。

19. 截至2019年年末，某城市商业银行调整后对公存款余额为276亿元，调整后储蓄存款余额为229亿元，调整后贷款余额为375亿元。该银行的存贷比是(　　)。

A. 67.5%　　B. 68.51%　　C. 72.12%　　D. 74.26%

【解析】存贷比是指商业银行调整后贷款余额与调整后存款余额的比例。计算方法为：存贷比＝调整后贷款余额/调整后存款余额×100%＝375/(276＋229)×100%＝74.26%。

14C　15C　16B　17B　18D　19D

20. 在商业银行流动性风险管理中，流动性比例为流动性资产余额与(　　)之比。

A. 流动性负债余额　　B. 负债总额

C. 贷款余额　　D. 风险资产总额

【解析】流动性比例的计算公式为：流动性比例 = 流动性资产余额/流动性负债余额 ×100%。

21. 已知某商业银行总资产为2.5亿元，总负债为2亿元。其中，流动性资产为0.5亿元，流动性负债为1.5亿元。则该银行流动性比例为(　　)。

A. 20%　　B. 25%　　C. 33.3%　　D. 80%

【解析】流动性比例的计算公式为：流动性比例 = 流动性资产余额/流动性负债余额 ×100%。所以，该银行流动性比例 = 0.5 ÷ 1.5 ×100% = 33.3%。商业银行的流动性比例应当不低于25%。

22. 我国信用风险监测指标中的非同业单一客户风险暴露不得高于一级资本净额的(　　)。

A. 10%　　B. 15%　　C. 20%　　D. 50%

【解析】《商业银行大额风险暴露管理办法》规定，商业银行对非同业单一客户的贷款余额不得超过资本净额的10%，对非同业单一客户的风险暴露不得超过一级资本净额的15%。

23. 商业银行采用权重法计量信用风险加权资产的，超额贷款损失准备可计入二级资本，但不得超过信用风险加权资产的(　　)。

A. 0.25%　　B. 0.6%　　C. 1.25%　　D. 1.5%

【解析】对于超额贷款损失准备，要求：①商业银行采用权重法计量信用风险加权资产的，超额贷款损失准备可计入二级资本，但不得超过信用风险加权资产的1.25%。②商业银行采用内部评级法计量信用风险加权资产的，超额贷款损失准备可计入二级资本，但不得超过信用风险加权资产的0.6%。

24. 下列属于资本充足监管指标的是(　　)。

A. 全部关联度　　B. 杠杆率　　C. 集中度　　D. 不良贷款率

【解析】资本充足监管指标包括资本充足率和杠杆率。ACD三项都属于信用风险监管指标。

25. 反映银行的资金头寸情况，可以衡量单家银行的流动性和清偿能力的指标是(　　)。

A. 存贷比　　B. 核心负债比例　　C. 超额备付金率　　D. 流动性缺口率

【解析】超额备付金率是指银行为适应资金营运的需要，用于保证存款支付和资金清算的货币资金与各项存款的比例，该指标用于反映银行的资金头寸情况，可以衡量单家银行的流动性和清偿能力。

26. 盈利性监测指标不包括(　　)。

A. 资本利润率　　B. 资产利润率　　C. 净息差　　D. 存贷比

【解析】盈利性监测指标包括资本利润率、资产利润率、成本收入比、净息差、净利差、利息收入比以及中间业务收入比。D项是流动性风险监测指标。

20A　21C　22B　23C　24B　25C　26D

27. 国内系统重要性银行附加资本要求为风险加权资产的(　　)。

A. 1%　　B. 2%　　C. 5%　　D. 8%

【解析】国内系统重要性银行附加资本要求为风险加权资产的1%，由核心一级资本满足。若国内银行被认定为全球系统重要性银行，所适用的附加资本要求不得低于巴塞尔委员会的统一规定。

二、多项选择题(以下各小题给出的5个选项中，至少有2项符合题目要求，请将符合题目要求选项的代码填入括号内)

1. 以下属于商业银行信用风险监测指标的有(　　)。[2023年10月真题]

A. 净息差　　B. 贷款损失准备充足率

C. 贷款迁徙率　　D. 不良贷款偏离度

E. 同业融入比例

【解析】监测类指标是软约束指标，主要用于日常分析、评价和监测银行风险状况。信用风险监测指标包括：①最大十家集团客户授信集中度；②贷款迁徙率；③不良贷款偏离度；④表外业务垫款比例；⑤不良贷款期末重组率；⑥逾期90天以上贷款与不良贷款比率；⑦新发放贷款不良率；⑧当年新形成不良贷款率；⑨贷款损失准备充足率；⑩资产损失准备充足率；⑪不良贷款处置回收率；⑫单一国别风险集中度。A项，净息差属于盈利性监测指标；E项，同业融入比例属于流动性风险监测指标。

2. 我国银行业监管的具体目标包括(　　)。[2017年6月真题]

A. 提高银行资本收益率和资产收益率

B. 通过审慎有效的监管，保护广大存款人和消费者的利益

C. 通过宣传教育工作和相关信息披露，增进公众对现代金融产品、服务和相应风险的识别和了解

D. 努力减少金融犯罪，维护金融稳定

E. 通过审慎有效的监管，增进市场信心

【解析】根据《中华人民共和国银行业监督管理法》第三条规定，银行业监督管理的目标是促进银行业的合法、稳健运行，维护公众对银行业的信心。在此基础上，原银监会提出了我国银行业监管的四个具体目标：①通过审慎有效的监管，保护广大存款人和消费者的利益；②通过审慎有效的监管，增进市场信心；③通过宣传教育工作和相关信息披露，增进公众对现代金融产品、服务和相应风险的识别和了解；④努力减少金融犯罪，维护金融稳定。

3. 银行业监督管理机构在认真总结我国经验，并借鉴国际标准的基础上，提出了我国银行业监管理念，包括(　　)。[2016年11月真题]

A. 保护银行业消费者　　B. 法人监管

C. 重点监管风险　　D. 建立内控机制

E. 提高透明度

【解析】我国银行业监管的四项新理念是在总结我国经验，并借鉴国际标准的基础上提出的，即“管法人、管风险、管内控、提高透明度”。

27A　▌　1BCD　2BCDE　3BCDE

4. 2009年，金融稳定论坛更名为金融稳定理事会后，在(　　)方面取得了重大进展。［2018年6月真题］

A. 加强宏观审慎监管　　B. 督促修改国际会计标准

C. 推进执行国际监管标准　　D. 加强金融监管国际合作

E. 扩大监管范围

【解析】金融稳定理事会成立后，在以下方面取得了重大进展：①督促修改国际会计标准；②加强宏观审慎监管；③扩大监管范围；④推进执行国际监管标准；⑤加强金融监管国际合作；⑥加强薪酬和激励机制的监管。

5. 我国银行业监管的四项新理念中的“管风险”，主要是基于哪些原因？(　　)

A. 便于市场约束　　B. 监管资源的稀缺性

C. 助于增进市场信心　　D. 银行风险的外部性

E. 风险监管的前瞻性

【解析】AC两项属于四项新理念中“提高透明度”的主要原因。

6. 核心一级资本应当全额扣除的项目包括(　　)。

A. 由经营亏损引起的净递延税资产

B. 资产证券化销售利得

C. 商誉

D. 贷款损失准备缺口

E. 对资产负债表中未按公允价值计量的项目进行套期形成的现金流储备

【解析】核心一级资本应当全额扣除以下项目：商誉；其他无形资产(土地使用权除外)；由经营亏损引起的净递延税资产；贷款损失准备缺口；资产证券化销售利得；确定受益类的养老金资产净额；直接或间接持有本银行的股票；对资产负债表中未按公允价值计量的项目进行套期形成的现金流储备；商业银行自身信用风险变化导致其负债公允价值变化带来的未实现损益。

7. 下列属于监管类指标的有(　　)。

A. 集中度　　B. 杠杆率

C. 同业市场负债依存度　　D. 流动性覆盖率

E. 流动性缺口率

【解析】E项属于流动性风险监测指标。

8. 下列有关监管工具的说法正确的有(　　)。

A. 单家商业银行同业融入资金余额不得超过该银行负债总额的三分之二

B. 商业银行累计外汇敞口头寸比例不得超过30%

C. 商业银行操作风险损失收入比不得超过0.5%

D. 商业银行的流动性比例应当不低于25%

E. 商业银行的流动性覆盖率应当不低于100%

【解析】A项，根据《关于规范金融机构同业业务的通知》规定，单家商业银行同业融入

4ABCDE　5BDE　6ABCDE　7ABCD　8DE

资金余额不得超过该银行负债总额的三分之一；B 项，根据《商业银行风险监管核心指标》规定，商业银行累计外汇敞口头寸比例，即累计外汇敞口头寸与资本净额之比，不得超过 20%；C 项，根据《商业银行风险监管核心指标(试行)》规定，商业银行操作风险损失收入比，即操作造成的损失与前三期净利息收入加上非利息收入平均值之比，不得超过 0.25%。

9. 信用风险监管指标包括(　　)。
A. 不良贷款率
B. 拨备覆盖率和贷款拨备率
C. 集中度
D. 全部关联度
E. 资本充足率

【解析】E 项属于资本充足监管指标。

10. 下列属于流动性风险监测指标的有(　　)。
A. 超额备付金率
B. 最大十家同业融入比例
C. 最大十户存款比例
D. 同业融入比例
E. 核心负债比例

【解析】流动性风险监测指标除了上面的五项外，还包括流动性缺口、流动性缺口率、重要币种的流动性覆盖率、存贷比。

11. 下列关于资本充足率说法正确的有(　　)。
A. 储备资本要求为风险加权资产的 2.5%，由核心一级资本来满足
B. 除最低资本要求、储备资本和逆周期资本要求外，系统重要性银行还应当计提附加资本
C. 资本公积、盈余公积、未分配利润和超额贷款损失准备都属于核心一级资本
D. 商业银行资本充足率不得低于 8%
E. 资本充足率是资本充足监管指标之一

【解析】C 项，超额贷款损失准备属于二级资本。

12. 信用风险监测指标不包括(　　)。
A. 最大十家客户融资集中度
B. 不良贷款期末重组率
C. 最大十家同业融入比例
D. 单一国别风险集中度
E. 最大十户存款比例

【解析】CE 两项均属于流动性风险监测指标。

三、判断题(判断以下各小题的对错，正确的用 A 表示，错误的用 B 表示)

1. 根据《银行业消费者权益保护工作指引》，银行业金融机构应当了解银行业消费者的风险偏好和风险承受能力。(　　)[2023 年 10 月真题]

【解析】金融市场存在信息不充分、不对称、委托 - 代理及有关利益冲突问题、搭便车等导致的市场失灵。监管要求金融机构应根据消费者的不同风险偏好水平向其提供不同风险程度的产品，降低信息不对称，减少搭便车行为，并不得存在虚假宣传。

9ABCD　10ABCDE　11ABDE　12CE　▌　1A

2. 贷款拨备率和拨备覆盖率这两项标准中的较低者为商业银行贷款损失准备的监管标准。( )[2023 年 10 月真题]

【解析】贷款拨备率为贷款损失准备与各项贷款余额之比；拨备覆盖率为贷款损失准备与不良贷款余额之比。贷款拨备率基本标准为 2.5%，拨备覆盖率基本标准为 150%。该两项标准中的较高者为商业银行贷款损失准备的监管标准。

3. 资本利润率指的是商业银行在一个会计年度内获得的税后利润与总资产平均余额的比率。( )[2019 年 6 月真题]

【解析】资本利润率是指商业银行在一个会计年度内获得的税后利润与资本平均余额的比率，衡量商业银行所有者投入资本所形成权益的获利水平，是正向指标。

4. 流动性覆盖率和净稳定资金比例均是考虑了短期压力情景的流动性风险指标。( )[2017 年 10 月真题]

【解析】《巴塞尔协议Ⅲ》首次提出两个流动性监管量化标准：①流动性覆盖率，衡量短期压力情景下单个银行应对流动性中断的能力；②净稳定融资比率，度量中长期内银行可供使用的稳定资金来源能否支持其资产业务发展，推动银行使用稳定资金来源为其业务融资。

5. 促进银行业的合法、稳健运行是银行业监管的唯一目标。( )

【解析】《中华人民共和国银行业监督管理法》第三条规定，银行业监督管理的目标是促进银行业的合法、稳健运行，维护公众对银行业的信心。在此基础上，原银监会提出了我国银行业监管的四个具体目标：①通过审慎有效的监管，保护广大存款人和消费者的利益；②通过审慎有效的监管，增进市场信心；③通过宣传教育工作和相关信息披露，增进公众对现代金融产品、服务和相应风险的识别和了解；④努力减少金融犯罪，维护金融稳定。

6. 风险监管强调的是监管当局能够识别、监测、预警和处置风险。( )

【解析】风险监管是主动的、事前的和动态的，强调对风险的识别、计量、监测和控制，并在此基础上对风险进行预警，有利于将风险消灭在萌芽阶段，避免引发系统性、区域性风险。

7. 银行业金融机构风险防范的第一道防线是外部监督。( )

【解析】受信息不对称影响，银行监管仍然具有事后的特征，如果银行业金融机构没有建立起风险防范的第一道防线即内控机制，外部监管即使再全面、及时也不能解决根本问题。

8. 提高银行业金融机构经营透明度是新资本协议三大支柱之一。( )

【解析】提高银行业金融机构经营透明度是新资本协议三大支柱之一，逐渐成为国际上银行业监管的基本原则，其真正意义在于借此强化对银行业金融机构的市场监督。

9. 商业银行对单个关联方的授信余额不得超过银行资本净额的 15%。( )

【解析】监管部门还对商业银行与关联方的授信余额占资本净额的比例规定了上限，要求

2B 3B 4B 5B 6A 7B 8A 9B

商业银行对单个关联方的授信余额不得超过银行资本净额的10%，对一个关联法人或其他组织所在集团客户的授信余额总数不得超过商业银行资本净额的15%，对全部关联方的授信余额不得超过商业银行资本净额的50%。

10. 特定情况下，商业银行应当在最低资本要求和储备资本要求之上计提逆周期资本。要求为风险加权资产的0～2.5%，由二级资本来满足。（　　）

【解析】逆周期资本要求为风险加权资产的0～2.5%，应该由核心一级资本来满足。

11. 商业银行利用复杂的经济资本模型套利，变相提高了银行的资本充足水平。（　　）

【解析】商业银行利用复杂的经济资本模型套利，变相降低了银行的资本充足水平，削弱了银行的风险抵御能力，加剧了金融体系的脆弱性。

12. 中国银行业协会的最高权力机构是理事会。（　　）

【解析】中国银行业协会的最高权力机构为会员大会，由参加协会的全体会员单位组成。会员大会的执行机构为理事会，对会员大会负责。

13. 商业银行对全部关联方的授信余额不得超过商业银行资本净额的15%。（　　）

【解析】监管部门对商业银行与关联方的授信余额占资本净额的比例规定了上限，要求商业银行对全部关联方的授信余额不得超过商业银行资本净额的50%。

10B　11B　12B　13B

第三章　市场准入、非现场监管和现场检查

一、**单项选择题**(以下各小题所给出的4个选项中，只有1项最符合题目要求，请将正确选项的代码填入括号内)

1. 中资商业银行的董事长、行长、相关分支机构负责人的任职资格未获核准前(或缺位时)，商业银行应当指定符合相应任职资格条件的人员代为履职。代为履职的时间不得超过(　　)。[2023年10月真题]

A. 5个月　　B. 6个月　　C. 3个月　　D. 4个月

【解析】中资商业银行董事长、行长、分行行长、分行级专营机构总经理，中资商业银行从境内聘请的中资商业银行境外机构董事长、行长(总经理)、代表处首席代表的任职资格未获核准前，中资商业银行应当指定符合相应任职资格条件的人员代为履职，并自指定之日起3日内向负责任职资格审核的机关报告。代为履职的人员不符合任职资格条件的，监管机构可以责令中资商业银行限期调整代为履职的人员。代为履职的时间不得超过6个月。中资商业银行应当在6个月内选聘具有任职资格的人员正式任职。

2. 以下关于银行业监督管理机构非现场监管的作用，说法不正确的是(　　)。[2023年10月真题]

A. 非现场监管能发现被监管机构的所有风险

B. 非现场监管能够帮助监管机构有效配置资源

C. 非现场监管能够提高现场检查的针对性和有效性

D. 非现场监管的工作结果可以反映被监管机构日常经营状况

【解析】非现场监管通过持续收集、整理、积累监管数据来分析银行业金融机构的各种经营和监管指标，对其实施动态监测，实现风险识别和预警，弥补现场检查时间和频率的局限性，实施持续有效监管，是对银行业金融机构监管的重要手段，在监管流程、风险识别判断、监管行动制定和实施中发挥核心作用，主要体现在如下方面：①基础性作用；②风险识别和预警作用；③指导现场检查；④信息传递作用；⑤持续监管作用。

3. 风险评估是一个动态过程，银行业监督管理机构至少(　　)要对银行业金融机构法人进行一次整体风险评估。[2018年10月真题]

A. 每半年　　B. 每年　　C. 每个监管周期　　D. 每季度

【解析】在综合考虑非现场监管、现场检查和市场准入等情况的基础上，通过评估被监管机构主要业务的内在风险水平、相应的风险管理能力和风险未来发展变动方向，可以对银行业金融机构法人的整体风险状况进行定期评估。风险评估是一个动态过程，每个监管周期至少要对银行业金融机构法人进行一次整体风险评估。

4. 非现场监管应当贯彻(　　)的监管理念。[2017年6月真题]

A. 管理为本　　B. 稳定为本　　C. 风险为本　　D. 发展为本

【解析】非现场监管应当贯彻风险为本的监管理念，督促银行业金融机构完善内部控制和

1B　2A　3C　4C

全面风险管理体系，切实承担风险管理主体责任，持续提高风险管控和服务实体经济的能力。

5. 根据《银行业金融机构董事（理事）和高级管理人员任职资格管理办法》，下列选项中不适用办法的是（　　）。［2016 年 11 月真题］

A. 中资商业银行监事长的任职资格管理

B. 外资金融机构驻华代表机构的董事（理事）和高级管理人员的任职资格管理

C. 农村信用合作联社的董事（理事）和高级管理人员的任职资格管理

D. 金融资产管理公司的董事（理事）和高级管理人员的任职资格管理

【解析】《银行业金融机构董事（理事）和高级管理人员任职资格管理办法》对董事（理事）和高级管理人员任职资格条件、任职资格审查与核准、任职资格终止、金融机构的管理责任、监管机构的持续监管、法律责任等作出详细规定。

6. 商业银行下列变更事项不需要审批的是（　　）。［2016 年 11 月真题］

A. 变更名称

B. 开办除结售汇以外的外汇业务

C. 修改章程

D. 变更持有股份总额百分之三的股东

【解析】《商业银行法》规定，商业银行有下列变更事项之一的，应当经国务院银行业监督管理机构批准：包括变更名称、变更注册资本、变更总行或者分支行所在地、调整业务范围、变更持有资本总额或者股份总额 5% 以上的股东、修改章程，以及国务院银行业监督管理机构规定的其他变更事项。

7. 以下不属于巴塞尔委员会《有效银行监管核心原则》原则 5“发照规则”所强调的内容是（　　）。［2021 年 6 月真题］

A. 评估银行的内部控制、风险管理情况

B. 评估银行及所在集团的所有权结构和治理情况（包括董事会成员和高级管理层的资格）

C. 评估银行的战略和经营计划

D. 界定银行允许从事的业务范围

【解析】原则 5“发照规则”要求发照机关有权制定发照标准并拒绝一切不符合标准的申请。发照程序至少包括评估银行及所在集团的所有权结构和治理情况（包括董事会成员和高级管理层的资格）、银行的战略和经营计划、内部控制、风险管理和预计财务状况（包括资本基础）等。D 项，原则 4“行为许可”强调了银行业务的特许性，要求必须明确界定已获得执照并视同银行接受监管的机构允许从事的业务范围，并控制“银行”一词在名称中的使用。

8. 下列关于现场检查类型划分的表述，正确的是（　　）。［2016 年 11 月真题］

A. 专项检查是根据上级部门重大工作部署或针对银行业金融机构的重大事件开展的检查

B. 全面检查是对法人机构公司治理、经营管理和业务活动及风险状况的全面性检查，原则上每 3 年至少安排一次

C. 临时检查是对被查机构以往现场检查中发现的重大问题整改落实情况进行的检查

5A　6D　7D　8D

D. 稽核调查是采用现场检查办法对特定事项进行专门调查的活动

【解析】A 项，专项检查是对被查机构某一时段内，某些业务领域或区域进行的专门检查；B 项，全面检查原则上每 5 年至少安排一次；C 项，临时检查是指在年度现场检查计划之外，根据上级部门重大工作部署或针对银行业金融机构的重大突发事件等临时工作任务开展的检查。

9. 根据《中国银监会非现场监管暂行办法》，各级监管机构应当对银行业金融机构在(　　)层次上实施非现场监管。[2022 年 7 月真题]

A. 机构和业务　　B. 总行和分支机构

C. 法人和集团　　D. 集团和子公司

【解析】随着金融改革深化，银行业金融机构的经营范围、体系也不断扩大，在法人及其各级附属机构的基础上产生了银行集团。因此，监管部门对银行业金融机构实施非现场监管包含法人和集团两个层面。

10. 银行业金融机构不按照规定提供报表、报告等文件、资料的，由银行业监督管理机构责令改正，逾期不改正的，处______万元以上______万元以下罚款。(　　)[2023 年 6 月真题]

A. 十；三十　　B. 五；三十　　C. 五；二十　　D. 十；二十

【解析】根据《银行业监督管理法》第四十七条规定，银行业金融机构不按照规定提供报表、报告等文件、资料的，由银行业监督管理机构责令改正，逾期不改正的，处十万元以上三十万元以下罚款。

11. (　　)是指银行吸收非居民的资金，服务于非居民的金融活动。这里的银行是指经国家外汇管理局批准经营外汇业务的中资银行及其分支行。

A. 国际清算　　B. 私人银行业务　　C. 贵宾业务　　D. 离岸银行业务

【解析】离岸银行业务是指银行吸收非居民的资金，服务于非居民的金融活动。商业银行申请开办离岸银行业务或增加业务品种，应当符合以下条件：主要审慎监管指标符合监管要求；风险管理和内控制度健全有效；达到规定的外汇资产规模，且外汇业务经营业绩良好；有符合开展离岸银行业务要求的外汇从业人员、场所和设施等。

12. 商业银行监管评级要素由(　　)两类评级指标组成。[2018 年 6 月真题]

A. 基础和综合　　B. 定量和定性　　C. 经营和风险　　D. 法人和集团

【解析】商业银行监管评级要素由定量和定性两类评级指标组成。各监管评级要素的评价结果通过对评级指标的定量、定性评估，结合监管人员的专业判断综合得出。

13. (　　)要求必须明确界定已获得执照并视同银行接受监管的机构允许从事的业务范围。

A. 行为许可　　B. 发照规则

C. 重大所有权变更　　D. 重大收购

【解析】在巴塞尔委员会颁布的《有效银行监管的核心原则》中，原则 4“行为许可”强调了银行业务的特许性，要求必须明确界定已获得执照并视同银行接受监管的机构允许从事的业务范围，并控制“银行”一词在名称中的使用。

9C　10A　11D　12B　13A

14. 银行业金融机构的行政许可实施程序不包括(   )。

A. 申请与受理　　B. 审查　　C. 决定与送达　　D. 验收

【解析】《行政许可实施程序规定》明确了银行业金融机构行政许可事项的实施程序，规范了银行业监督管理机构及其派出机构实施行政许可的行为。行政许可实施程序分为申请与受理、审查、决定与送达三个环节。

15. 拨付各分支机构营运资金额的总和，不得超过总行资本金总额的(   )。

A. 50%　　B. 55%　　C. 60%　　D. 70%

【解析】商业银行在境内设立分支机构，应当按照规定拨付与其经营规模相适应的营运资金额。拨付各分支机构营运资金额的总和，不得超过总行资本金总额的60%。

16. 下列不属于机构终止情形的是(   )。

A. 停业整改　　B. 被撤销　　C. 破产　　D. 解散

【解析】机构终止分为解散、被撤销和破产三种情形。银行业金融机构解散、被撤销和破产的，应当依法成立清算组，进行清算。

17. (   )是借鉴资产证券化模式，通过收益权转让和现金流分层结构设计，提前变现部分信贷资产的可回收价值。

A. 衍生品交易业务　　B. 信贷资产收益权转让

C. 发行资本补充工具　　D. 信贷资产证券化

【解析】信贷资产收益权转让是借鉴资产证券化模式，通过收益权转让和现金流分层结构设计，提前变现部分信贷资产的可回收价值。信贷资产收益权转让应当遵守“报备办法、报告产品和登记交易”，并对出让方银行计提资本、会计核算和账务处理、相关统计口径投资者及其资金来源以及信息披露等提出要求。

18. (   )是指由商业银行作为发起管理人设立、以单一企业的债权融资为资金投向的标准化投资载体。

A. 理财直接融资工具　　B. 信贷资产收益权转让

C. 募集发行债务、资本补充工具　　D. 衍生产品交易业务

【解析】理财直接融资工具是指由商业银行作为发起管理人设立、以单一企业的债权融资为资金投向、在指定的登记托管结算机构统一登记托管、在合格投资者之间公开交易、在指定渠道进行公开信息披露的标准化投资载体。

19. (   )主要是由于客观原因的出现导致董事(理事)和高级管理人员没有履职或难以履行职务，造成任职资格的失效。

A. 任职资格终止　　B. 撤销任职资格　　C. 任职资格失效　　D. 取消任职资格

【解析】任职资格失效主要是由于客观原因的出现导致董事(理事)和高级管理人员没有履职或难以履行职务，造成任职资格的失效。例如，监管机构发出任职资格核准文件三个月后，未实际到任履行相应职责，且未向监管机构提供正当理由的等。

20. 银行业金融机构向监管机构提交行政许可申请时，如申请材料不齐全或不符合规定要

14D　15C　16A　17B　18A　19C　20C

求，应在(　　)个月内进行补正。[2021年6月真题]

A. 1　　B. 2　　C. 3　　D. 4

【解析】申请人应按照行政许可事项申请材料目录及格式要求，向受理机关提交申请材料。受理机关首先对申请材料要件和形式进行审查，发现申请材料不齐全或不符合规定要求的，告知申请人限期3个月内进行补正。

21. (　　)是监管人员发现核实问题的有效手段。

A. 市场准入　　B. 风险监测　　C. 非现场监管　　D. 现场检查

【解析】现场检查是监管人员发现核实问题的有效手段，不仅是有效银行监管不可或缺的关键环节，也是法律赋予监管者的重要职责。

22. 在进行现场检查时，检查人员不得少于(　　)人。

A. 2　　B. 3　　C. 4　　D. 5

【解析】组织实施现场检查时，检查人员不得少于二人，并应当出示合法证件和检查通知书，检查人员少于二人或未出示合法证件和检查通知书的，银行业金融机构有权拒绝检查。

23. 监管部门对金融机构报送的数据、报表和有关资料等信息进行整理和分析，并通过一系列风险监测和评价指标，对金融机构的经营风险做出初步评价和早期预警的监管方式属于(　　)。

A. 现场检查　　B. 市场准入　　C. 非现场监管　　D. 风险监测分析

【解析】非现场监管是指通过收集银行业金融机构以及行业整体的业务活动和风险状况的报表数据、经营管理情况及其他内外部资料等信息，对银行业金融机构以及行业整体风险状况和服务实体经济情况进行分析，作出评价，并采取相应措施的持续性监管过程。

24. 非现场检查的特点不包括(　　)。

A. 直接性　　B. 非直接性

C. 单体法人与系统整体的统一　　D. 静态与动态的统一

【解析】非现场监管的特点主要体现在：①非直接性；②注重单体法人和系统整体的统一；③注重静态与动态的统一。在设置非现场监管指标、压力测试场景时体现趋势性，尽早发现苗头性风险，及早进行提示、预警和干预。

25. (　　)主要针对银行的资本充足情况、信用风险等进行识别、计量、监测和分析。

A. 并表监管　　B. 定量监管　　C. 定性监管　　D. 跨业监管

【解析】定量监管主要是针对银行集团的资本充足状况，以及信用风险、流动性风险、操作风险和市场风险等进行识别、计量、监测和分析，进而在并表基础上对银行集团的风险状况进行量化评价。

26. 监管评级中流动性风险的标准权重为(　　)。

A. 10%　　B. 15%　　C. 20%　　D. 25%

21D　22A　23C　24A　25B　26B

【解析】在评级方法中，各监管评级要素的标准权重分配如下：资本充足(15%)、资产质量(15%)、公司治理与管理质量(20%)、盈利状况(5%)、流动性风险(15%)、市场风险(10%)、数据治理(5%)、信息科技风险(10%)、机构差异化要素(5%)。

二、多项选择题(以下各小题给出的5个选项中，至少有2项符合题目要求，请将符合题目要求选项的代码填入括号内)

1. 下列关于现场检查的严查严处原则，说法正确的有(　　)。

A. 银行业金融机构是落实政策、防范风险、稳健发展的第一责任人

B. 需要对现场检查发现问题进行严厉惩处，树立监管权威，切实做到“三铁三见”

C. 检查取证铁板钉钉，严格按照程序进行取证，确保证据材料符合法律规定，发挥应有作用

D. 在处罚银行保险机构时，依法对相关责任人员采取责令纪律处分、行政处罚等方式追究法律责任

E. 进行经济处罚要见钱，与违法行为造成的经济损失要匹配，提高违规成本

【解析】ABCDE五项均属于现场检查严查严处原则的相关内容，五项说法均正确。

2. 现场检查按照检查范围分为(　　)。

A. 集成检查　　B. 常规检查　　C. 临时检查　　D. 交叉调查

E. 稽核调查

【解析】现场检查按照检查范围划分，现场检查分为常规检查、临时检查和稽核调查；按照现场检查的人员组织方式划分，分为集成检查、属地检查和交叉检查。

3. 我国银行业市场准入法规体系包括(　　)。[2022年11月真题]

A.《行政许可法》

B.《银行业监督管理法》

C.《商业银行法》

D.《外资银行管理条例》

E.《农村中小金融机构行政许可事项实施办法》

【解析】经过持续的立法建设，我国建立了以《行政许可法》《商业银行法》《银行业监督管理法》等法律为核心，以《外资银行管理条例》等行政法规和《农村中小金融机构行政许可事项实施办法》等部门规章为主体的银行业金融机构市场准入法规体系。

4. 下列属于市场准入的主要内容的有(　　)。

A. 机构设立、变更和终止　　B. 调整业务范围

C. 增加业务品种　　D. 董事(理事)任职资格许可

E. 高级管理人员任职资格许可

【解析】市场准入是风险监管的第一关，与现场检查、非现场监管共同构成风险监管的“三驾马车”。银行业金融机构的市场准入包括机构设立、变更和终止，调整业务范围和增加业务品种，董事(理事)和高级管理人员任职资格许可。

5. 根据《中国银保监会外资银行行政许可事项实施办法》，下列事项应当经银行业监督管理

1ABCDE　2BCE　3ABCDE　4ABCDE　5ABCDE

机构行政许可的有(　　)。[2023年10月真题]

A. 业务范围　B. 机构终止　C. 机构变更　D. 机构设立

E. 董事和高级管理人员任职资格

【解析】根据《中国银保监会外资银行行政许可事项实施办法》第四条，外资银行下列事项应当经银行业监督管理机构及其派出机构行政许可：机构设立、机构变更、机构终止、业务范围、董事和高级管理人员任职资格，以及法律、行政法规规定和国务院决定的其他行政许可事项。

6. 下列选项属于非现场监管周期的是(　　)。

A. 日常监测分析　B. 制定监管计划　C. 监管评级　D. 检查规定执行情况

E. 现场检查联动

【解析】单一监管周期包括制定监管计划、日常监测分析、风险评估、现场检查联动、监管评级和监管总结等六个环节，形成持续性的非现场监管循环。

7. 下列属于非现场监管的作用有(　　)。

A. 基础性作用　B. 风险识别和预警作用

C. 指导现场检查　D. 信息传递作用

E. 持续监管作用

【解析】非现场监管是对银行业金融机构监管的重要手段，在监管流程、风险识别判断、监管行动制定和实施中发挥核心作用，主要体现在如下方面：①基础性作用；②风险识别和预警作用；③指导现场检查；④信息传递作用；⑤持续监管作用。

8. 系统性区域性风险非现场监管应重点监测(　　)。[2019年6月真题]

A. 金融体系运行情况，关注金融风险的跨部门传递

B. 法律政策调整情况，包括境内法律制度、货币政策、财政政策、产业政策等对系统性区域性风险的影响

C. 国际主要经济体和国内宏观经济运行情况，评估特定行业、特定领域和经济波动对金融体系的冲击

D. 银行业风险情况，特别是系统重要性机构风险情况

E. 区域性风险情况，关注特定地域内的经济、金融市场以及地方性金融机构的风险状况

【解析】系统性区域性风险非现场监管应重点监测：①国际主要经济体和国内宏观经济运行情况，评估特定行业、特定领域和经济周期波动对金融体系的冲击；②金融体系运行情况，关注金融风险的跨部门传递；③银行业风险情况，特别是系统重要性机构风险情况；④法律政策调整情况，包括境内外法律制度、货币政策、财政政策、产业政策等对系统性区域性风险的影响；⑤区域性风险情况，关注特定地域内的经济、金融市场以及地方性金融机构的风险状况。

9. 监管评级应当遵循(　　)原则。[2018年6月真题]

A. 及时性　B. 全面性　C. 差异性　D. 审慎性

6ABCE　7ABCDE　8ABCDE　9ABDE

E. 系统性

【解析】监管部门应当根据日常监管、风险评估和现场检查结果，对银行业金融机构法人开展监管评级。监管评级应当遵循以下原则：①全面性原则；②及时性原则；③系统性原则；④审慎性原则。

10. 下列属于非现场监管体系的有(　　)。

A. 风险监测计量指标体系　　B. 风险评估判断体系

C. 基础信息体系　　D. 风险预警体系

E. 风险分析体系

【解析】在现场检查结束后，非现场监管可以对违规问题整改情况实施持续跟踪，对整改不力的机构采取监管措施。其中非现场监管体系包括：①基础信息体系；②风险监测计量指标体系；③风险评估判断体系；④风险预警体系。

11. 下列属于商业银行监管评级要素的有(　　)。

A. 资本充足　　B. 资产质量　　C. 盈利状况　　D. 流动性风险

E. 信息科技风险

【解析】商业银行监管评级要素包括：资本充足、资产质量、公司治理与管理质量、盈利状况、流动性风险、市场风险、数据治理、信息科技风险和机构差异化要素。

12. 并表管理要素包括(　　)。

A. 并表管理范围　　B. 业务协同　　C. 公司治理　　D. 全面风险管理

E. 资本管理

【解析】并表管理是指商业银行对银行集团及其附属机构的公司治理、资本和财务等进行全面持续的管控，并有效识别、计量、监测和控制银行集团总体风险状况。商业银行应当对整个银行集团实施并表管理。并表管理要素包括并表管理范围、业务协同、公司治理、全面风险管理、资本管理、集中度管理、内部交易管理和风险隔离等。

三、判断题(判断以下各小题的对错，正确的用A表示，错误的用B表示)

1. 根据《中华人民共和国外资银行管理条例实施细则》，外国银行分行改制的由其总行单独出资的外商独资银行可以承继原外国银行分行已经获准经营的全部业务。(　　)[2023年10月真题]

【解析】根据《中华人民共和国外资银行管理条例实施细则》第三十五条，外国银行分行改制的由其总行单独出资的外商独资银行可以承继原外国银行分行已经获准经营的全部业务。

2. 银行业监督管理机构可以对银行业金融机构及其董事、高级管理人员采取监管强制措施，而没有对银行业金融机构的股东采取监管强制措施的权力。(　　)[2023年10月真题]

【解析】对于检查中发现被查机构存在违反审慎经营规则情形的，应依法采取《银行业监督管理法》第三十七条规定的以下监管强制措施：①责令暂停部分业务、停止批准开办新业务；②限制分配红利和其他收入；③限制资产转让；④责令控股股东转让股权或限

10ABCD　11ABCDE　12ABCDE　▌　1A　2B

制有关股东的权利；⑤责令调整董事、高级管理人员或限制其权利；⑥停止批准增设分支机构。监管强制措施的实施流程，依据各级派出机构制定的有关规定执行。

3. 巴塞尔委员会《有效银行监管的核心原则》明确，监管者有权批准或拒绝银行的重大收购或投资，并对该收购或投资设定审慎性条件。（　　）［2017 年 10 月真题］

【解析】巴塞尔委员会颁布的《有效银行监管的核心原则》原则 7“重大收购”要求监管者有权批准或拒绝银行的重大收购或投资，并对该收购或投资设定审慎性条件，包括建立跨国经营，并确定企业的隶属关系或结构不使得银行承担太大的风险或阻碍有效的监督。

4. 现场检查是法律赋予监管的重要职责，与非现场监管、行政处罚共同构成了中国银行业的主要监管方法。（　　）［2016 年 11 月真题］

【解析】现场检查是监管人员发现核实问题的有效手段，不仅是有效银行监管不可或缺的关键环节，也是法律赋予监管者的重要职责。现场检查与市场准入、非现场监管共同构成了银行业监管的“三驾马车”。

5. 目前，银行业监督管理机构对信贷资产证券化产品进行备案登记，同时实施信贷资产证券化信息登记。（　　）

【解析】2020 年 9 月，银行业监督管理机构发布《关于银行业金融机构信贷资产证券化信息登记有关事项的通知》，进一步优化银行业金融机构信贷资产证券化登记管理流程，不再对信贷资产证券化产品进行备案登记，实施信贷资产证券化信息登记。

6. 理财直接融资工具的设立采取核准制。（　　）

【解析】理财直接融资工具的设立采取注册登记制，银行业监督管理机构理财直接融资工具专家评估组对相关申请进行评估。

7. 衍生产品交易基础类资格只能从事套期保值类衍生产品交易。（　　）

【解析】银行业金融机构开办衍生产品交易业务的资格分为基础类资格和普通类资格两类，其中基础类资格只能从事套期保值类衍生产品交易，普通类资格指除基础类资格可以从事的衍生产品交易之外，还可以从事非套期保值类衍生产品交易。

8. 取消任职资格是一种刑事处罚措施。（　　）

【解析】如果商业银行违反法律、行政法规以及国家有关银行业监督管理规定的，银行业监督管理机构可以取消直接负责的董事（理事）、高级管理人员一年以上直至终身的任职资格。取消任职资格是一种行政处罚措施。

9. 现场检查在市场准入、现场检查、非现场监管“三大”监管手段中具有突出重要的位置。（　　）

【解析】现场检查是银行业监管部门对金融机构实施金融监管的基本方式之一。在市场准入、现场检查、非现场监管“三大”监管手段中具有突出重要的位置，是国务院银行业监督管理机构及其派出机构监管流程的重要组成部分。

10. 在非现场监管中，商业银行可以按自己制定的格式和口径报送基础报表和数

3A　4B　5B　6B　7A　8B　9A　10B

据。（ ）

【解析】2007 年，国务院银行业监督管理机构开发的非现场监管信息系统正式投入运行。国务院银行业监督管理机构制定了一套完整的非现场监管报表制度，对银行业金融机构数据报送和管理要求进行了明确，建立了报表指标解释说明机制，形成了统一规范的非现场监管数据内部共享和对外披露规范。

11. 在监管评级要素的标准权重中，资本充足权重为 20%。（ ）

【解析】各监管评级要素的标准权重分配如下：资本充足（15%）、资产质量（15%）、公司治理与管理质量（20%）、盈利状况（5%）、流动性风险（15%）、市场风险（10%）、数据治理（5%）、信息科技风险（10%）、机构差异化要素（5%）。

第四章　监管措施、行政处罚与行政救济

一、**单项选择题**（以下各小题所给出的4个选项中，只有1项最符合题目要求，请将正确选项的代码填入括号内）

1. 下列选项中不属于实体公正要求的是（　　）。[2023年10月真题]

A. 存在利害关系争议时，应回避　　B. 依法进行行政处罚，不偏私

C. 平等对待相对人，不歧视　　D. 合理考虑相关因素，不专断

【解析】公正原则包括实体公正和程序公正两个方面的要求。实体公正的要求有：依法进行行政处罚，不偏私；平等对待相对人，不歧视；合理考虑相关因素，不专断。程序公正的要求有：处理涉及与自己有利害关系的事物或裁决与自己有利害关系的争议时，应实行回避制度；不在事先未通知和听取相对人申辩意见的情况下作出对行政相对人不利的行政处罚行为。

2. 根据《中国银保监会行政处罚办法》，行政处罚应当遵守法定程序，坚持（　　）的原则。[2018年10月真题]

A. 效率优先、兼顾公平　　B. 诚信合规、审慎监管

C. 公平、公正、公开　　D. 有法可依、有法必依

【解析】《中国银保监会行政处罚办法》第四条规定，行政处罚应当遵守法定程序，坚持公平、公正、公开原则以及程序合法、过罚相当、维护当事人的合法权益、处罚与教育相结合。

3. 根据《中国银行业监督管理委员会行政复议办法》规定，下列有关行政复议的表述，正确的是（　　）。[2017年6月真题]

A. 行政复议只审查具体行政行为是否合法

B. 公民、法人或其他组织认为行政机关的具体行政行为侵犯其合法权益，可以向该行政机关申请复议

C. 复议机关依法复议后不得再提起行政诉讼

D. 书面审理是复议机关审理复议案件的基本形式

【解析】A项，行政复议机关依照法定程序对申请的行政行为进行合法性、适当性审查，并作出行政复议决定；B项，行政复议的范围是行政相对人认为行政机关作出的行政行为侵犯其合法权益，依法可向行政复议机关请求重新审查；C项，申请人如果不服行政复议决定，可依法提起行政诉讼。

4. 根据《银行业监督管理法》，下列不属于国务院银行业监督管理机构可以采取的监管强制措施的是（　　）。[2023年6月真题]

A. 责令撤换董事、高级管理人员或者限制其权利

B. 责令控股股东转让股权或者限制有关股东的权利

C. 责令分支机构终止营业

1A　2C　3D　4C

D. 责令暂停部分业务、停止批准开办新业务

【解析】根据《银行业监督管理法》第三十七条，监管强制措施可以分为以下几种类型：①对银行业金融机构的措施，具体包括责令暂停部分业务、停止批准开办新业务、停止增设分支机构申请的审查批准；限制资产转让；限制分配红利和其他收入。②对银行业金融机构股东的措施，监管部门可以责令控股方转让股权或者限制部分股东的权利。③对银行业金融机构董事、高级管理人员的措施，监管部门有权责令银行业金融机构撤换董事、高级管理人员或者限制其权利。

5. 下列关于行政处罚原则中维护当事人的合法权益原则，说法错误的是(　　)。

A. 在行政处罚过程中，当事人无赔偿请求权、申诉检举权

B. 在行政处罚过程中，当事人有知情权、确认权、申请回避权、陈述申辩权、举证权、免于不利陈述权、申请听证权、申请复议权、提起诉讼权等

C. 行政机关在处罚过程中，有可能存在适用法律不当、滥用自由裁量权、办案程序不当、不注重当事人陈述申辩甚至掺杂个人好恶等问题

D. 维护当事人合法权益原则，其目的是维护法律的公正性，把权力装进制度的笼子

【解析】在行政处罚过程中，当事人有知情权、确认权、申请回避权、陈述申辩权、举证权、免于不利陈述权、申请听证权、申请复议权、提起诉讼权、赔偿请求权、申诉检举权等多项权利。

6. 当银行业金融机构存在着严重违规的关联交易行为，有可能低价转让资产时，可采取(　　)的强制措施。

A. 责令暂停部分业务　　B. 限制资产转让

C. 限制分配红利和其他收入　　D. 撤换董事、高级管理人员或者限制其权利

【解析】限制资产转让主要是针对银行业金融机构的内部控制和风险管理有比较严重的缺陷，存在着严重违规的关联交易行为，有可能低价转让资产，使该机构蒙受损失等情况。

7. 根据《中国银保监会行政处罚办法》，当事人有以下(　　)情形的，应当依法从轻或者减轻行政处罚。［2022 年 7 月真题］

A. 隐藏违法违规材料　　B. 如实陈述违法行为的

C. 受他人胁迫有违法行为的　　D. 配合监管检查的

【解析】根据《中国银保监会行政处罚办法》第七条，当事人有下列情形之一的，应当依法从轻或者减轻行政处罚：①主动消除或者减轻违法行为危害后果的；②受他人胁迫有违法行为的；③配合行政机关查处违法行为有立功表现的；④其他依法从轻或者减轻行政处罚的。违法行为轻微并及时纠正，没有造成危害后果的，不予行政处罚。

8. 下列关于行政处罚原则中处罚与教育相结合原则的相关说法，错误的是(　　)。

A. 处罚本身的教育作用不强，需要与教育相结合

B. 一方面要对违反行政管理法律规范的行政相对人进行惩罚，另一方面也要教育他们自觉遵守法律

5A　6B　7C　8A

C. 教育须以处罚为后盾，教育代替不了处罚

D. 行政处罚主要是通过对违反行政法义务的行政相对人进行惩罚，从而对其本人及其他行政管理相对人产生威慑作用，抑制并预防将来可能的对行政管理秩序的侵害

【解析】A 项，行政处罚主要是通过对违反行政法义务的行政相对人进行惩罚，从而对其本人及其他行政管理相对人产生威慑作用，抑制并预防将来可能的对行政管理秩序的侵害，所以处罚本身具有很强的教育作用。

9. 行政处罚委员会办公室应当在行政处罚决定作出(　　)日内，依照行政诉讼法有关规定，将行政处罚决定书送达当事人。

A. 3　　B. 5　　C. 7　　D. 15

【解析】行政处罚委员会办公室应当在行政处罚决定作出 7 日内，依照《行政诉讼法》有关规定，将行政处罚决定书送达当事人。当事人逾期不履行行政处罚决定的，作出行政处罚决定的机构可以加收行政处罚款或申请人民法院强制执行。

10. 下列属于行政处罚公正原则中程序公正的是(　　)。

A. 依法进行行政处罚

B. 涉及与自己有利害关系的争议时，实行回避制度

C. 平等对待相对人

D. 合理考虑相关因素

【解析】实体公正的要求有：①依法进行行政处罚，不偏私；②平等对待相对人，不歧视；③合理考虑相关因素，不专断。程序公正的要求有：①处理涉及与自己有利害关系的事物或裁决与自己有利害关系的争议时，应实行回避制度；②不在事先未通知和听取相对人申辩意见的情况下做出对行政相对人不利的行政处罚行为。

11. 行政处罚原则中的公平原则最初来源于(　　)。

A. 民法领域　　B. 商法领域　　C. 刑法领域　　D. 行政法领域

【解析】公平原则最初来源于民法领域，其核心要义在于平等。

12. “设定和实施行政处罚必须以事实为依据，与违法行为的事实、性质、情节以及社会危害程度相当”指的是行政处罚原则中的(　　)。

A. 公平、公正、公开原则　　B. 程序合法原则

C. 过罚相当原则　　D. 维护当事人的合法权益原则

【解析】过罚相当原则是指设定和实施行政处罚必须以事实为依据，与违法行为的事实、性质、情节以及社会危害程度相当。

13. 下列关于行政处罚体制的说法错误的是(　　)。

A. 监督检查部门负责立案、调查取证

B. 行政处罚委员会负责提出行政处罚建议

C. 行政处罚委员会办公室负责行政处罚案件的审理、组织听证

D. 行政处罚委员会负责审议决定行政处罚案件

【解析】最新修订的《行政处罚办法》确立了调查、审理和决定环节负责部门分离的行政

9C　10B　11A　12C　13B

处罚体制。明确了监督检查部门负责立案、调查取证、提出行政处罚建议；行政处罚委员会办公室负责行政处罚案件的审理、组织听证和行政处罚委员会审议会议；行政处罚委员会负责审议决定行政处罚案件。

14. 下列有关审议的说法错误的是(　　)。

A. 作出行政处罚决定的，应当获得行政处罚委员会全体委员三分之二及以上的同意

B. 行政处罚委员会办公室审理后认为应当予以行政处罚的，必须制作审理报告，提出拟处罚意见、理由和依据

C. 当事人需要陈述和申辩的，应当在收到行政处罚意见告知书之日起10日内将陈述和申辩的书面材料提交拟作出处罚的国务院银行业监督管理机构或其派出机构

D. 行政处罚委员会办公室应当审查当事人的陈述和申辩意见，对当事人提出的事实、理由和证据进行复核

【解析】A项，作出行政处罚决定的，应当获得行政处罚委员会全体委员半数以上的同意。

15. 监督检查部门应当在立案之日起(　　)日内完成调查工作。在规定时间内无法完成的，经行政处罚委员会主任委员批准，可以延长调查期限。

A. 30　　B. 60　　C. 90　　D. 120

【解析】监督检查部门应当在立案之日起90日内完成调查工作。有特殊情况的，可以适当延长。调查终结，监督检查部门认为违法、违规行为应当予以行政处罚的，必须制作调查报告。

16. 在行政处罚的审理环节中，监督检查部门认为需要给予行政处罚的，行政处罚委员会办公室应当在______日内作出是否接收的决定，并自接收之日起______日内完成审理工作。(　　)

A. 5；30　　B. 5；60　　C. 7；30　　D. 7；60

【解析】监督检查部门认为需要给予行政处罚的，应当将相关案件材料移送行政处罚委员会办公室。行政处罚委员会办公室应当在5日内作出是否接收的决定，并自接收之日起60日内完成审理工作。

17. 下列有关行政诉讼程序的说法错误的是(　　)。

A. 行政诉讼的一审程序，又称上诉审程序

B. 行政诉讼的一审程序包括审理前的准备、开庭审理、合议庭评议和判决等阶段

C. 二审法院经过对案件的审理，应根据行政行为的不同情况作出裁定撤销一审判决或裁定、依法改判、维持原判的裁判

D. 当事人对不予受理的裁定不服的，可以在接到裁定书之日起的规定期限内向上一级人民法院提出上诉，上一级人民法院的裁定为终局裁定

【解析】A项，行政诉讼的二审程序又称上诉审程序，是指一审法院作出裁决后，诉讼当事人不服，在法定期限内提请一审法院的上一级法院重新审理并作出裁判的程序。

18. 下列有关行政复议程序说法错误的是(　　)。

14A　15C　16B　17A　18A

A. 复议决定有三种：维持决定、履行法定职责决定、驳回申请决定

B. 复议申请不符合法定条件的，决定不予受理，并告知理由和相应的处理方式，而不能简单地一退了之

C. 复议申请符合其他法定条件，但不属于本行政机关受理的，应告知申请人向有关行政机关提出

D. 复议机关既有权审查行政行为是否合法，也有权审查行政行为是否适当

【解析】A 项，复议决定有四种：①维持决定；②履行法定职责决定；③撤销、变更、确认违法和重新作出具体行政行为的决定；④驳回申请决定。

19. 下列关于行政复议作用的说法错误的是(　　)。

A. 行政复议有利于解决行政争议

B. 行政复议是行政监督的重要手段

C. 行政复议是一种重要的司法救济方法

D. 行政复议可以维护行政活动的严肃性和权威性

【解析】C 项，行政复议作为一种重要的行政救济方法，可以为公民、法人或者其他组织的合法权益提供有力的法制保障，使其免受不法行政的侵害，又能够维护行政活动的严肃性和权威性，保障行政活动顺畅进行，提高行政效率。

二、多项选择题(以下各小题给出的 5 个选项中，至少有 2 项符合题目要求，请将符合题目要求选项的代码填入括号内)

1. 以下行政处罚中，既可适用于对机构的处罚，也可适用于对个人的处罚的有(　　)。[2023 年 10 月真题]

A. 取消董(理)事、高级管理人员一定期限直至终身的任职资格

B. 没收违法所得

C. 责令停业整顿

D. 警告

E. 罚款

【解析】A 项，取消董(理)事、高级管理人员一定期限直至终身任职资格属于资格罚，因任职资格一般以履行职务为基础，根据《银行业监督管理法》第四十八条的规定，取消董(理)事、高级管理人员一定期限直至终身任职资格的行政处罚，其适用须以在履行职务期间有违法、违规行为为前提。C 项，责令停业整顿是指行政机关对违反行政管理法规的金融机构，依法在一定期限内剥夺其开展经营活动的权利的行政处罚。责令停业整顿将极大地影响银行业金融机构的经济利益，因此只有对情节特别严重的行政违法行为才能适用。

2. 银行业监督管理机构依法实施行政处罚，对(　　)具有重要作用。[2019 年 6 月真题]

A. 提升银行业务依法合规经营水平　　B. 维护金融秩序

C. 提升银行业资本管理水平　　D. 惩治金融违法行为

E. 保护金融投资者和消费者合法权益

【解析】行政处罚是国务院银行业监督管理机构及其派出机构的一项重要监管权力，是有

19C　┃　1BDE　2ABDE

效银行监管的重要制度保障。依法正确实施行政处罚，对惩治金融违法行为、维护金融秩序、保护金融投资者和消费者合法权益、提升银行业依法合规经营水平具有重要作用。

3. 根据《银行业监督管理法》，属于银行业金融机构的审慎经营规则的是（　　）。[2017年6月真题]

A. 风险管理　B. 关联交易　C. 内部控制　D. 资本充足率

E. 损失准备金

【解析】审慎经营规则的内容可以包括风险管理、内部控制、资本充足率、流动性、资产质量、损失准备金、风险集中、关联交易等各个方面。

4. 下列可以对银行业金融机构进行行政处罚的种类包括（　　）。[2016年11月真题]

A. 警告、罚款、没收违法所得

B. 取消董（理）事、高级管理人员一定期限直至终身任职资格

C. 暂停部分业务，停止审批新业务

D. 禁止一定期限直至终身从事银行业工作

E. 吊销金融许可证

【解析】行政处罚的种类包括：①警告；②罚款；③没收违法所得；④责令停业整顿；⑤吊销金融许可证；⑥取消董（理）事、高级管理人员一定期限直至终身任职资格；⑦禁止一定期限直至终身从事银行业工作；⑧法律、行政法规规定的其他行政处罚。

5. 下列有关监管强制措施错误的有（　　）。

A. 银行业金融机构监管部门应当自验收完毕之日起五日内解除对其采取的有关措施，防止监管机构滥用监督管理权力

B. 我国监管强制措施的类型分为对银行业金融机构的措施、对银行业金融机构股东的措施、对银行业金融机构董事、高级管理人员的措施

C. 严重危及该机构的稳健运行、损害存款人和其他客户合法权益，银行业监督管理机构不需要经过责令银行业金融机构限期改正这一过程，可直接采取监管强制措施

D. 针对银行从业人员，监管部门有权责令银行业金融机构撤换董事、高级管理人员或者限制其权利

E. 银行业监督管理机构根据检查确认的事实，由国务院银行业监督管理机构或者其市一级派出机构发布通知执行

【解析】A项，银行业金融机构完成整改，经验收符合有关审慎经营规则时，监管部门应当自验收完毕之日起三日内解除有关措施，防止监管机构滥用监管权力；E项，应由国务院银行业监督管理机构或者其省一级派出机构发布通知执行。

6. 属于实施行政处罚的程序的有（　　）。

A. 立案　B. 调查　C. 取证　D. 审理

E. 审议

【解析】根据《行政处罚办法》，国务院银行业监督管理机构及其派出机构实施行政处罚

3ABCDE　4ABDE　5AE　6ABCDE

的程序可分为立案、调查、取证、审理、审议、听证、决定与执行等环节。

7. 下列有关听证的说法错误的是(　　)。

A. 银行业监督管理机构在作出重大行政处罚决定前，应当在行政处罚意见告知书中告知当事人有要求举行听证的权利

B. 当事人应当自收到行政处罚意见告知书之日起7日内，向银行业监督管理机构提交经本人签字或盖章的听证申请书，说明听证的要求和理由

C. 银行业监督管理机构决定组织听证的，应当在举行听证7日前，书面通知当事人举行听证的时间、地点、方式

D. 听证工作组应当充分听取当事人或其代理人的意见，对当事人或其代理人提出的事实、理由和证据进行复核

E. 银行业监督管理机构决定组织听证的，应当自收到听证申请之日起60日内举行听证

【解析】B项，当事人应当自收到行政处罚意见告知书之日起5日内，向银行业监督管理机构提交经本人签字或盖章的听证申请书，说明听证的要求和理由；E项，银行业监督管理机构决定组织听证的，应当自收到听证申请之日起30日内举行听证。

8. 行政复议的具体程序有(　　)。

A. 起诉　　B. 申请　　C. 受理　　D. 审理

E. 决定

【解析】行政复议的具体程序分为申请、受理、审理、决定四个环节。A项属于行政诉讼程序。

9. 行政复议的原则有(　　)。

A. 公平原则　　B. 公正原则

C. 便民原则　　D. 一级复议原则

E. 司法最终原则

【解析】行政复议的原则主要有合法审查原则、合理性审查原则、公开原则、公正原则、效率原则、便民原则、一级复议原则和司法最终原则。

10. 行政诉讼执行启动必须要有的条件包括(　　)。

A. 生效的判决书　　B. 生效的裁定书

C. 可供执行的内容　　D. 被执行人有能力履行而不履行义务

E. 申请人在法定期限内提出了执行申请

【解析】行政诉讼的执行，必须在具备法律规定的一定条件后才能发生，没有这些条件，执行程序也就不能启动。启动的条件包括：①须有执行根据，就是强制执行据以执行的法律文书，即生效的判决书、裁定书和赔偿调解书；②须有可供执行的内容，一般是指赔偿，实施特定行为的义务；③被执行人有能力履行而不履行义务；④申请人在法定期限内提出了执行申请。

11. 下列属于行政诉讼参加人的有(　　)。

A. 行政复议代理人　　B. 当事人

7BE　8BCDE　9BCDE　10ABCDE　11BDE

C. 行政复议被申请人　　　　　　　　D. 诉讼中的第三人

E. 诉讼代理人

【解析】依据《行政诉讼法》的规定，行政诉讼参加人具体包括当事人、共同诉讼人、诉讼中的第三人和诉讼代理人。AC 两项均属于行政复议参加人。

三、判断题(判断以下各小题的对错，正确的用 A 表示，错误的用 B 表示)

1. 监管强制措施给审慎经营规则的执行提供了保证，使监督机构在银行业金融机构偏离审慎经营方向或从事损害客户利益的行为时，及时阻止并进行纠正。(　　)[2019 年 6 月真题]

【解析】监管强制措施是银行业监督管理机构对银行业金融机构实施有效监督管理的必要手段。监管强制措施为审慎经营规则的执行提供了保证，使监管机构在银行业金融机构偏离审慎经营方向或从事损害客户利益的行为时，能够及时阻止并进行纠正，促使银行业金融机构自觉遵守法律法规。

2. 重要的行政救济途径只有行政复议。(　　)

【解析】行政复议与行政诉讼是两种重要的行政救济途径，都是基于行政行为争议的存在，用以解决争议的法律制度，都是权利救济手段。

3. 根据《行政诉讼法》，行政处罚违反法定程序的，将面临被人民法院予以判决撤销的严重后果。(　　)[2017 年 6 月真题]

【解析】程序法定是行政法治的主要理念之一，《行政处罚法》规定，不遵守法定程序的，行政处罚无效。这意味着严格遵循法定程序是行政处罚合法有效的前提，根据《行政诉讼法》规定，行政处罚违反法定程序的，将面临被人民法院予以判决撤销的严重后果。

4. 行政处罚的公正原则是公开原则的必然要求和必要保障。(　　)

【解析】行政处罚的公开原则是公正原则的必然要求和必要保障。

5. 银行业监督管理机构发现当事人涉嫌违反法律相关规定，依法应当给予行政处罚且有管辖权的，应当予以立案。(　　)

【解析】银行业监督管理机构发现当事人涉嫌违反法律、行政法规和银行业及保险业监管规定，依法应当给予行政处罚且有管辖权的，应当予以立案。

6. 行政处罚委员会办公室审理后认为应当予以行政处罚的，可直接进行处罚。(　　)

【解析】行政处罚委员会办公室审理后认为应当予以行政处罚的，必须制作审理报告，提出拟处罚意见、理由和依据。

7. 罚款不同于刑法中的罚金，罚金是一种附加刑，只能由人民法院依法判决。(　　)

【解析】罚款是行政处罚的一种，是指行政机关依法强制对违反行政管理法规的公民、法人及其他组织在一定期限内缴纳一定数量货币的处罚行为。罚款不同于《刑法》中的罚金，罚金是一种附加刑，只能由人民法院依法判决。

8. 根据证据的不同形式，行政诉讼的证据可以分为书证、物资、视听资料、电子数据、证

1A　2B　3A　4B　5A　6B　7A　8B

人证言、当事人陈述、鉴定意见七类。(　　)

【解析】依据《行政诉讼法》的规定，根据证据的不同形式，行政诉讼的证据可以分为书证、物资、视听资料、电子数据、证人证言、当事人陈述、鉴定意见、勘验笔录和现场笔录。

9. 银行业监督管理机构通过非现场监管和现场检查手段发现银行业金融机构存在符合实施监管强制措施前提条件的行为时，根据检查确认的事实，经监管检查人员报请所在地银行业监督管理派出机构发布通知执行。(　　)［2018 年 6 月真题］

【解析】银行业监督管理机构通过非现场监管和现场检查手段发现银行业金融机构存在符合实施监管强制措施前提条件的行为时，根据检查确认的事实，经监管检查人员报请国务院银行业监督管理机构或者其省一级派出机构负责人批准，由国务院银行业监督管理机构或者其省一级派出机构发布通知执行。

9B

第五章　负债业务

一、单项选择题(以下各小题所给出的4个选项中，只有1项最符合题目要求，请将正确选项的代码填入括号内)

1. 根据商业银行储蓄存款业务特征，以下不属于储蓄存款业务范畴的是(　　)。[2023年10月真题]

A. 同业存放　　B. 活期储蓄　　C. 定期储蓄　　D. 个人通知存款

【解析】根据《储蓄管理条例》的规定，储蓄存款又叫个人存款、住户存款，即商业银行吸收的个人存款。储蓄行为是指居民个人将闲置不用的货币资金存入商业银行，可随时或按约定时间支取款项的一种信用行为。按存款的支取方式不同，一般分为以下类型：①活期存款；②定期存款；③其他种类的储蓄存款，包括定活两便储蓄存款、个人通知存款、教育储蓄存款等。

2. 商业银行开展保证金存款业务时，以下处理不合规的是(　　)。[2023年10月真题]

A. 保证金专户实行封闭管理　　B. 在银行账户下设立保证金分户

C. 对保证金实行集中管理　　D. 对保证金存款约定不予计息

【解析】各商业银行的有关信用风险业务管理办法从会计核算、日常管理、扣款等方面作出了"保证金管理"若干操作性规定，要求会计核算部门按规定在银行承兑汇票保证金科目下逐笔开立子账户：一是保证金专户必须实行封闭管理，用于支付对应到期的银行承兑汇票。严禁发生保证金专户与客户结算户串用、各子账户之间相互挪用等行为；不得提前支取保证金。二是基层行可根据具体情况确定保证金存放行与承兑行相分离的适当方式，对保证金实行集中管理。

3. 债券回购交易是一种比较灵活的融资方式，做一笔回购交易，对于债券持有者来说，是卖债券的______和买债券的______结合；对于货币持有者来说，是买债券的______和卖债券的______结合。(　　)[2023年10月真题]

A. 即期交易，远期合同，即期交易，远期合同

B. 远期交易，即期合同，远期交易，即期合同

C. 即期合同，远期交易，即期合同，远期交易

D. 远期合同，即期交易，远期合同，即期交易

【解析】回购交易是现货交易与远期交易的结合。回购交易是一种比较灵活的融资方式，作一笔回购交易，对于债券持有者来说，是卖债券的即期交易和买债券远期合同的结合；对于货币持有者来说，是买债券的即期交易和卖债券远期合同的结合。卖出债券回购合同预示着同到期时最初售出人以远期交割的方式再将债券买回，最初购买人以远期交割的方式再将债券卖出。

4. 商业银行的负债分类方法较多，下列不属于按资金来源分类的是(　　)。[2021年6月真题]

1A　2D　3A　4B

A. 结算性负债　　B. 或有负债　　C. 借入负债　　D. 存款负债

【解析】商业银行的负债业务主要由存款和借款构成。按资金来源分类，可分为存款负债、借入负债和结算性负债三种。

5. 商业银行的各类负债业务中，最核心的业务是(　　)。[2018 年 10 月真题]

A. 同业拆入业务　　B. 资金业务　　C. 存款业务　　D. 债券业务

【解析】在各类负债业务中，存款是最核心的业务，同业存放、同业拆入、向中央银行借款及债券融资也是重要的资金来源渠道，应付款项、或有负债等其他负债在商业银行资金来源中保持一定的规模和占比。

6. 下列业务中不属于商业银行开展的负债业务的是(　　)。[2017 年 10 月真题]

A. 代销理财　　B. 大额可转让定期存单

C. 同业存放　　D. 结构性存款

【解析】商业银行的负债业务主要由存款和借款构成。按资金来源分类，可分为存款负债、借入负债和结算性负债三种。按业务品种分类，可分为：单位存款、储蓄存款、同业存放、同业拆入、向人民银行中央银行借款、债券融资以及应付款项等。随着市场竞争日趋激烈，商业银行相继研发了新型的负债业务，包括发行结构性存款、大额可转让定期存单、出售或发行商业票据等。

7. (　　)不属于新型负债业务。

A. 结构性存款　　B. 大额可转让定期存单

C. 出售商业票据　　D. 同业存放

【解析】随着市场竞争日趋激烈，商业银行相继研发了新型的负债业务，包括发行结构性存款、大额可转让定期存单、出售或发行商业票据等，这些新业务既丰富了负债业务的产品库，也日益成为负债业务发展亮点和新的业务增长点。

8. (　　)要求商业银行筹资需要考虑其成本负担能力，根据自身的条件、实力和基础，合理、适度地筹措资金。

A. 依法筹资原则　　B. 成本控制原则　　C. 量力而行原则　　D. 结构合理原则

【解析】量力而行原则是指商业银行筹资必须考虑其经营效益和成本负担能力，不能无止境地追求资金来源，必须根据自身的条件、实力和基础，合理、适度地筹措资金，同时将所筹资金及时、合理地运用出去。

9. 商业银行对客户存入的款项不入账而用于从事账外经营，体现了负债业务的(　　)。

A. 操作风险　　B. 流动性风险　　C. 市场风险　　D. 法律风险

【解析】负债业务操作风险是指商业银行在从事负债业务时，由于内部程序、人员或系统的不完善或失误而直接或间接造成损失的风险。如缺乏对存款客户基本情况和资金来源的了解，导致客户利用账户从事洗钱活动；如对客户存入的款项不入账而用于从事账外经营；对重要空白凭证保管和印章保管不严，导致内部人员盗取客户资金；内部人员空存实取盗取银行资金；内部人员擅自改变计算机系统的账户信息或计息参数，达到盗取资金的目的等。

5C　6A　7D　8C　9A

10. (　　)是指商业银行根据规定与特定客户签署协议，自主确定存款期限、金额、利率、结息方式的存款。

A. 单位协定存款　B. 保证金存款　C. 对公存款　D. 协议存款

【解析】协议存款是指利率市场化前，根据人民银行有关规定，商业银行可与保险公司、全国社会保障基金会等特定客户签署协议，自主确定存款期限、金额、利率、结息方式的存款，各类协议存款有最低起存期限和金额要求。

11. 大额存单的期限品种不包括(　　)。

A. 7天　B. 3个月　C. 6个月　D. 5年

【解析】大额存单采取标准期限的产品形式，包括1个月、3个月、6个月、9个月、1年、18个月、2年、3年和5年共9个品种。

12. (　　)承受的操作风险和流动性风险较为集中，易发生金融犯罪案件。

A. 单位存款业务　B. 个人存款　C. 储蓄存款　D. 保证金存款

【解析】单位存款业务是商业银行负债业务的主体之一，承受的操作风险和流动性风险较为集中，易发生诈骗、洗钱、贪污、挪用等经济案件。

13. 下列做法属于单位存款核算不真实风险点的是(　　)。

A. 未落实反洗钱的相关制度和防控措施

B. 将单位存款考核指标分解下达给职工个人，且与职工个人工资、奖励、福利、行政职务安排等挂钩

C. 未结合当地经济及自身实际制定单位存款业务发展的中、长期规划，存款考核激励机制不完善

D. 以其他资金来源虚增单位存款

【解析】从商业银行的经营情况看，单位存款主要有以下风险点：内控不完善、业务不合规、核算不真实。AB两项均属于业务不合规；C项属于内控不完善。

14. 银行承兑汇票保证金一般不低于承兑汇票金额的(　　)。

A. 10%　B. 15%　C. 20%　D. 30%

【解析】银行为防范由其承兑的汇票到期后、承兑申请人账户无足够款项支付汇票款，在汇票签发前与申请人约定将其一定比例的资金存入专门开立的账户，具有现金担保的性质。银行承兑汇票保证金一般不低于承兑汇票金额的20%。

15. 金融机构属于个人性质的保证金存款，比照(　　)利率执行结息、计息。

A. 对公存款　B. 储蓄存款　C. 单位协定存款　D. 协议存款

【解析】根据《人民币利率管理规定》规定，金融机构经中国人民银行批准收取的保证金，按单位存款结息、计息。属于个人性质的保证金存款，比照储蓄存款利率执行。

16. 同业存放和存放同业分别属于商业银行的(　　)。

A. 负债业务；资产业务　B. 资产业务；负债业务

C. 中间业务；负债业务　D. 表外业务；中间业务

10D　11A　12A　13D　14C　15B　16A

【解析】同业存放是指因支付清算、提取及解缴现金款项等需要，由其他金融机构存放于商业银行款项的业务，同业存放属于商业银行的负债业务；办理存放同业业务是指金融机构与国内同业按约定的利率、期限及金额，以协议的方式将本外币资金存放至同业客户，属于商业银行的资产业务。

17. 下列不属于向中央银行借款业务的是(　　)。［2023 年 6 月真题］
A. 再贴现业务　　B. 中期借贷便利　　C. 购买国债　　D. 常备借贷便利
【解析】向中央银行借款包括再贴现、再贷款、常备借贷便利、中期借贷便利、定向中期借贷便利等。再贴现是指金融机构为了取得资金，将未到期的已贴现商业汇票再以贴现方式向中国人民银行转让的票据行为，是中央银行的一种货币政策工具。中期借贷便利是中央银行提供中期基础货币的货币政策工具。常备借贷便利是中央银行提供流动性供给的重要渠道之一，主要功能是满足金融机构期限较长的大额流动性需求。

18. 下列各项中不属于商业银行同业拆入的主要风险点的是(　　)。
A. 内部控制薄弱　　B. 风险管理欠缺
C. 内部审计监督不到位　　D. 资产和负债期限错配
【解析】商业银行同业拆入的主要风险点除了上述的 ABC 三项外，还包括业务不合规、核算不真实。D 项，资产和负债期限错配风险是商业银行债券融资的主要风险点。

19. 下列做法属于同业拆入内部控制薄弱风险点的是(　　)。
A. 拆入资金不入大账，违规从事账外经营
B. 拆入资金的对象和期限过于集中，风险集中度高
C. 将拆入资金与拆出资金轧差核算，虚假反映拆入资金业务量
D. 未及时核对同业拆借业务的账务，存在会计数据与统计数据不一致的情况
【解析】商业银行同业拆入业务的风险点主要表现在以下五个方面：业务不合规、内部控制薄弱、风险管理欠缺、核算不真实、内部审计监督不到位。A 项，属于业务不合规；B 项属于风险管理欠缺；C 项属于核算不真实。

20. 金融债券是指依法在我国境内设立的金融机构法人在境内外债券市场发行的、按约定还本付息的有价证券。目前我国(　　)金融债券占有较大的比重。
A. 商业银行　　B. 政策性银行　　C. 证券公司　　D. 财务公司
【解析】按发行主体划分，金融债券可以分为政策性银行金融债券、商业银行金融债券、财务公司金融债券以及其他金融机构发行的金融债券，目前政策性银行金融债券占有较大的比重。

二、多项选择题(以下各小题给出的 5 个选项中，至少有 2 项符合题目要求，请将符合题目要求选项的代码填入括号内)

1. 关于商业银行个人存款业务，下列表述正确的包括(　　)。［2023 年 10 月真题］
A. 教育储蓄存款利息免征储蓄存款利息所得税
B. 个人通知存款开户时不约定存期，也不预先约定品种，支取时只要提前一定时间通知银行，约定支取日期及金额

17C　18D　19D　20B　｜　1ACDE

C. 定活两便储蓄存款开户时不约定存期，一次存入本金，随时可以支取，银行根据客户存款的实际存期按约定计息

D. 教育储蓄存款属于零存整取定期储蓄存款，提前支取时必须全额支取

E. 教育储蓄的储户为在校小学四年级(含四年级)以上学生

【解析】B 项，个人通知存款开户时不约定存期，预先确定品种，支取时只要提前一定时间通知银行，约定支取日期及金额。目前，银行提供一天、七天通知储蓄存款两个品种。

2.《关于加强商业银行存款偏离度管理有关事项的通知》明确的存款业务违规行为包括(　　)。[2018 年 10 月真题]

A. 以贷转存吸存　　B. 延迟支付吸存

C. 通过第三方中介吸存　　D. 通过同业业务倒存

E. 通过理财产品倒存

【解析】商业银行应进一步规范吸收存款行为，不得采取七类手段违规吸收和虚假增加存款：①违规返利吸存，通过返还现金或有价证券、赠送实物等不正当手段吸收存款；②通过个人或机构等第三方资金中介吸收存款；③延迟支付吸存，通过设定不合理的取款用款限制、关闭网上银行、压票退票等方式拖延、拒绝支付存款本金和利息；④以贷转存吸存，强制设定条款或协商约定将贷款资金转为存款，以存款作为审批和发放贷款的前提条件，向"空户"虚假放贷、虚假增存；⑤以贷开票吸存，将贷款资金作为保证金循环开立银行承兑汇票并贴现，虚增存贷款；⑥通过理财产品倒存，理财产品期限结构设计不合理，发行和到期时间集中于每月下旬，于月末、季末等关键时点将理财资金转为存款；⑦通过同业业务倒存，将同业存款纳入一般性存款科目核算，或将财务公司等同业存放资金于月末、季末等关键时点临时调作一般对公存款，虚假增加存款。

3. 保证金存款是商业银行为客户出具的具有结算功能的信用工具，其按照保证金担保的对象不同可分为(　　)。[2023 年 6 月真题]

A. 银行承兑汇票保证金　　B. 信用证保证金

C. 黄金交易保证金　　D. 远期结售汇保证金

E. 期权交易保证金

【解析】按照保证金担保的对象不同，保证金存款可分为银行承兑汇票保证金、信用证保证金、黄金交易保证金、个人购汇保证金、远期结售汇保证金。

4. 按业务品种划分，商业银行存款业务主要包括(　　)。

A. 活期存款　　B. 单位存款　　C. 储蓄存款　　D. 定期存款

E. 保证金存款

【解析】存款是银行对存款人的负债，是我国商业银行最主要的资金来源，按业务品种划分，主要包括单位存款、储蓄存款和保证金存款。活期存款和定期存款均属于储蓄存款。

5. 单位通知存款是指客户在存入款项时不约定存期，支取时需提前通知商业银行的存款。

2ABCDE　3ABCD　4BCE　5AD

目前，银行提供(　　)天通知存款。

A. 1　　B. 3　　C. 5　　D. 7

E. 10

【解析】单位通知存款是指客户存款时不必约定存期，支取时需提前通知银行，并约定支取存款日期和金额方能支取的一种存款方式。不论实际存期多长，按存款人提前通知的期限长短可再分为 1 天通知存款和 7 天通知存款两个品种。

6. 下列关于商业银行单位协定存款的表述，正确的有(　　)。

A. 超过基本存款额度的存款按定期存款利率计付利息

B. 基本存款额度按活期存款利率计付利息

C. 基本存款额度按中国人民银行规定上浮利率计付利息

D. 超过基本存款额度的存款按活期存款计付利息

E. 单位类客户通过与银行签订合同约定合同期限，确定结算账户需要保留的基本存款额度

【解析】单位协定存款指单位类客户通过与商业银行签订合同的形式约定合同期限、确定结算账户需要保留的基本存款额度，对超过基本存款额度的存款按中国人民银行规定的上浮利率计付利息、对基本存款额度按活期存款利率付息的存款类型。

7. 下列各项中属于不约定存期的存款类型的有(　　)。

A. 单位通知存款　　B. 单位协定存款　　C. 协议存款　　D. 定活两便储蓄

E. 个人通知存款

【解析】B 项，单位协定存款的客户需要与商业银行签订合同来约定合同期限；C 项，协议存款客户需要签订协议，自主确定存款期限、金额、利率和结息方式。

8. 下列各项中属于单位存款业务的主要风险点的有(　　)。

A. 业务不合规　　B. 操作风险　　C. 核算不真实　　D. 内控不完善

E. 监管不到位

【解析】单位存款业务的主要风险点包括：①内控不完善。②业务不合规。③核算不真实。④其他风险，主要表现在利率风险及信息科技风险等新型风险；内部审计部门对单位存款业务审计的范围、频率、力度有缺陷。

9. 在下列哪些情况下，保证金存款承担了业务不合规的风险？(　　)

A. 商业银行设立新的保证金类别时未报经监管部门批准

B. 商业银行向客户收取的保证金超过其所担保的业务金额

C. 商业银行未按存款人设置明细账

D. 商业银行工作人员不按照有关会计核算规定操作

E. 商业银行对保证金存款不按规定计息

【解析】C 项，商业银行未按存款人设置明细账属于内部控制薄弱风险；D 项，商业银行工作人员不按照有关会计核算规定操作属于操作风险。

10. 负债业务的主要风险包括(　　)。[2020 年 10 月真题]

6BE　7ADE　8ACD　9ABE　10ABCDE

A. 市场风险　B. 操作风险　C. 信息科技风险　D. 法律风险
E. 流动性风险

【解析】随着商业银行负债业务种类的扩大，其面临风险也日益增多，商业银行和监管部门的重视程度不断提高。负债业务的主要风险包括操作风险、流动性风险、市场风险、法律风险、信息科技风险等。

11. 商业银行办理再贴现业务面临的主要风险点不包括(　　)。
A. 内控不完善　B. 业务不合规　C. 还款不及时　D. 核算不真实
E. 清算损失风险

【解析】商业银行办理再贴现业务面临的主要风险点包括五个方面：①内控不完善；②业务不合规；③核算不真实；④风险管理薄弱；⑤内部审计不到位。

三、判断题(判断以下各小题的对错，正确的用 A 表示，错误的用 B 表示)

1. 为了保护消费者的隐私权，银行应采取有效措施加强对个人金融信息保护，确保信息安全，严禁交易信息公开。(　　)[2023 年 10 月真题]

【解析】2011 年 1 月，中国人民银行发布《关于银行业金融机构做好个人金融信息保护工作的通知》，首次对个人金融信息进行了定义和分类，并要求银行业金融机构在收集、保存、使用、对外提供个人金融信息时，应当严格遵守法律规定，采取有效措施加强对个人金融信息保护，确保信息安全，防止信息泄露和滥用。

2. 按照《人民币单位存款管理办法》规定，单位定期存款要实行账户管理，款项从单位基本账户转入，到期后提取使用要经过单位基本账户。对于单位基本账户中的定期存款，可用于结算或从该账户中提取现金。(　　)[2023 年 10 月真题]

【解析】对单位定期存款，按照《人民币单位存款管理办法》的规定，也要实行账户管理，款项从单位基本账户转入，到期后提取使用要经过单位基本账户，严禁将定期存款用于结算或从该账户中提取现金。

3. 商业银行大额存单的发行利率以市场化方式确定，应当以上海银行间同业拆借利率(Shibor)为浮动利率基准计息。(　　)[2023 年 10 月真题]

【解析】大额存单发行利率以市场化方式确定。固定利率存单采用票面年化收益率的形式计息，浮动利率存单以上海银行间同业拆借利率(Shibor)为浮动利率基准计息。上海银行间同业拆借利率作为货币市场基准利率，具有基准性高、公信力强等优点，以其作为大额存单的计息基准，符合国际惯例，有利于促进形成合理的存单市场价格，进一步完善市场化利率形成机制。

4. 大额存单是市场化的负债产品，存单期限和购买起点可由商业银行自行设定。(　　)[2023 年 6 月真题]

【解析】《大额存单管理暂行办法》规定，机构投资人认购的大额存单起点金额不低于 1000 万元，个人投资人认购大额存单起点金额不低于 20 万元。大额存单采取标准期限的产品形式，包括 1 个月、3 个月、6 个月、9 个月、1 年、18 个月、2 年、3 年、5 年共 9 个品种。

11CE　▎　1A　2B　3A　4B

5. 负债具有偿还性，必须在未来某个时间以转让资产或提供劳务来偿还。(　　)

【解析】偿还性是负债的四个基本特征之一，负债的偿还性说明负债必须在未来某个时间以转让资产或提供劳务的方式来偿还。

6. 部队将货币资金存入商业银行的存款不是单位存款。(　　)

【解析】单位存款又称机构存款、对公存款，是机关、团体、部队、企业、事业单位和其他组织以及个体工商户将货币资金存入商业银行，并可以随时或按约定时间支取款项的一种信用行为，是商业银行对存款单位的负债。

7. 存款定价时，要与市场价格保持均衡、区别确定差别价格。(　　)

【解析】商业银行应在明确自身阶段经营目标前提下，综合分析价格对存款人的吸引力、自身承受能力、资金用途、盈利能力、资金价格走势等因素后，制定适宜的价格标准。存款定价时，要与市场价格保持均衡、区别确定差别价格。

8. 单位定期存款是指单位类客户在商业银行办理的不约定期限、整笔存入，到期一次性支取本息的存款类型。(　　)

【解析】单位定期存款是指单位类客户在商业银行办理的约定期限、整笔存入，到期一次性支取本息的存款类型，存期分3个月、6个月、1年、2年、3年、5年6个档次。

9. 根据《商业银行法》，对于单位存款，商业银行有权拒绝任何单位或个人查询，但法律、行政法规另有规定的除外。(　　)

【解析】根据《商业银行法》第三十条规定，对单位存款，商业银行有权拒绝任何单位或个人查询，但法律、行政法规另有规定的除外；有权拒绝任何单位或者个人冻结、扣划，但法律另有规定的除外。

10. 活期储蓄不规定存期与存取金额。(　　)

【解析】活期存款是指不规定存款期限，客户可以随时存取、存取金额不限的存款类型。

11. 境内机构可以开立多个经常项目外汇账户。(　　)

【解析】境内机构原则上只能开立一个经常项目外汇账户。境内机构经常项目外汇账户的限额统一采用美元核定。

12. 商业银行个人存款必须采取实名制。(　　)

【解析】《个人存款账户实名制规定》确定了个人存款实名制。商业银行为个人客户办理存取款业务时必须严格审核其有效身份证件与存单、存折姓名一致。

13. 保证金存款属于同业存款。(　　)

【解析】保证金存款，是商业银行为客户出具具有结算功能的信用工具，或提供资金融通后按约履行相关义务，而与其约定将一定数量的资金存入特定账户所形成的存款类别。保证金存款不属于同业存款，个人存款和单位存款的种类中都有保证金存款。

14. 商业银行优质授信客户可以减缴保证金，但不能免缴保证金。(　　)

【解析】商业银行的非授信客户一般要缴存100%的保证金，优质授信客户可在签订《减

5A　6B　7A　8B　9A　10A　11B　12A　13B　14B

免保证金开证合同》后减缴或免缴保证金。

15. 个人购汇保证金是商业银行向居民个人收存的人民币，作为居民购汇取得外汇保证金的前提。(　　)

【解析】由于我国境内居民个人自费出国(境)留学需预交一定比例外汇保证金才能取得前往国家入境签证，外汇管理局允许商业银行向居民个人收存一定比例人民币，即个人购汇保证金，作为居民购汇取得外汇保证金的前提。

16. 商业银行同业存放按存放目的不同可以分为结算性存放、合作性存放和收益性存放。(　　)

【解析】商业银行同业存放按存放目的不同分为结算性存放和合作性存放。前者是指金融机构之间由于正常业务往来引起资金结算而发生的同业间存放业务；后者是指由于金融机构之间的业务合作原因发生的存放业务。

17. 商业银行拆入资金的对象应分散，不宜集中。(　　)

【解析】商业银行拆入资金的对象和期限过于集中，则风险集中度高。

18. 同业拆借可以在金融机构和非金融机构之间进行，严禁个人参与。(　　)

【解析】同业拆借应在银行、非银行金融机构之间进行，严禁非金融机构和个人参与。

19. 商业银行的次级债券是指本金和利息的清偿顺序列于商业银行其他负债之后、先于商业银行股权资本的债券。(　　)[2019 年 6 月真题]

【解析】金融债券是指依法在我国境内设立的金融机构法人在境内外债券市场发行的、按约定还本付息的有价证券。商业银行发行的次级债券是指本金和利息的清偿顺序列于商业银行其他负债之后、先于商业银行股权资本的债券。

20. 储蓄存款业务的客户群体大，涉及面广，其所面临的操作风险较为明显，实际发生诈骗、洗钱、贪污、挪用等经济案件较多。(　　)[2018 年 6 月真题]

【解析】储蓄存款业务的客户群体大，涉及面广，其所面临的操作风险较为明显，实际发生诈骗、洗钱、贪污、挪用等经济案件较多。主要风险点有内控不完善、业务不合规、核算不真实等。

15A　16B　17A　18B　19A　20A

第六章　资产业务

一、**单项选择题**(以下各小题所给出的4个选项中，只有1项最符合题目要求，请将正确选项的代码填入括号内)

1. 银团贷款的组织者或安排者称为(　　)。[2023年10月真题]

A. 参加行　　B. 经理行　　C. 牵头行　　D. 代理行

【解析】银团贷款牵头行是指经借款人同意，负责发起组织银团、分销银团贷款份额的银行，是银团贷款的组织者和安排者。按照牵头行对贷款最终安排额所承担的责任，银团牵头行分销银团贷款可以分为全额包销、部分包销和尽最大努力推销三种类型。

2. 包买商从出口商那里无追索地购买已经承兑的，并通常由进口商所在地银行担保的远期汇票或本票的业务是指(　　)。[2023年10月真题]

A. 保理　　B. 信用证　　C. 福费廷　　D. 出口押汇

【解析】福费廷是指包买商从出口商那里无追索地购买已经承兑的，并通常由进口商所在地银行担保的远期汇票或本票的业务，也被称作包买票据，英文名称 Forfaiting，音译为福费廷。福费廷是基于信用证等基础结算工具的贸易金融业务，具有贸易结算和融资的特点，是银行信用介入贸易融资链条的间接融资，属于贸易金融产品。

3. 商业银行并购贷款期限一般不超过(　　)年。[2023年10月真题]

A. 7　　B. 5　　C. 3　　D. 10

【解析】并购贷款是指商业银行向并购方或其子公司发放的，用于支付并购交易价款和费用的贷款。并购贷款的特点主要表现在技术含量高、风险评估要求高、并购整合难度高以及高风险高收益等方面。并购贷款期限一般不超过7年。

4. 某债券面额为1000元，票面利率为5%，投资者以950元的价格从市场购得，则投资者可获得的即期收益率为(　　)。[2023年10月真题]

A. 5%　　B. 5.5%　　C. 5.26%　　D. 10.53%

【解析】即期收益率是债券票面利率与购买价格之间的比率，其计算公式是：即期收益率=票面利息/购买价格×100%。该债券即期收益率=1000×5%/950×100%=5.26%。

5. 以建筑物和其他土地附着物或者建设用地使用权抵押的，抵押权自(　　)设立。[2023年10月真题]

A. 登记时　　B. 借款合同生效时

C. 抵押合同成立时　　D. 抵押人同意设定抵押时

【解析】以建筑物和其他土地附着物、建设用地使用权、海域使用权、正在建造的建筑物等不动产抵押的，应当办理抵押登记。抵押权自登记时设立。

6. 个人住房贷款业务中，(　　)不以营利为目的，实行“低进低出”的利率政策。[2023年10月真题]

1C　2C　3A　4C　5A　6C

A. 个人经营性用房贷款　　B. 个人住房组合贷款

C. 公积金个人住房贷款　　D. 自营性个人住房贷款

【解析】公积金个人住房贷款也称委托性住房公积金贷款，是指由各地住房公积金管理中心运用个人及其所在单位缴纳的住房公积金，委托商业银行向购买、建造、翻建、大修自住住房的住房公积金缴存人以及在职期间缴存住房公积金的离退休职工发放的专项住房贷款。该贷款不以营利为目的，实行“低进低出”的利率政策，带有较强的政策性，贷款额度受到限制。因此，它是一种政策性个人住房贷款。

7. 下列不属于我国商业银行信贷业务的是（　　）。［2018 年 10 月真题］

A. 保理业务　　B. 基金业务

C. 固定资产贷款业务　　D. 贴现业务

【解析】贷款业务也称信贷业务或授信业务，是商业银行将其所吸收的资金，按一定的利率给客户并约期归还的业务。按照借款人性质不同，贷款可分为公司贷款和个人贷款。按照贷款用途和风险特征不同，公司贷款还可细分为流动资金贷款、固定资产贷款、项目融资、贸易融资、贴现、透支、保理等；个人贷款还可细分为个人住房贷款、个人消费贷款、个人经营贷款等。

8. 按照贷款资金来源和经营模式，贷款可以分为（　　）。［2018 年 10 月真题］

A. 项目贷款、流动资金贷款、个人贷款

B. 短期贷款、中长期贷款

C. 自营贷款、委托贷款、特定贷款

D. 正常贷款、关注类贷款、不良贷款

【解析】按照贷款资金来源和经营模式不同，商业银行贷款可分为自营贷款、委托贷款和特定贷款。按照借款人性质不同，贷款可分为公司贷款和个人贷款。按照贷款用途和风险特征不同，公司贷款还可细分为流动资金贷款、固定资产贷款、项目融资、贸易融资、贴现、透支、保理等；个人贷款还可细分为个人住房贷款、个人消费贷款、个人经营贷款等。

9. 贷款发放前，贷款人应当（　　），并与贷款配套使用。［2022 年 7 月真题］

A. 确认与拟发放贷款同比例的项目资本金足额到位

B. 确认所有的项目资本金先行到位

C. 确认 50% 的项目资本先行到位

D. 确认借款人必须在贷款到位后的 1 个月内项目资本金足额到位

【解析】商业银行应当根据项目的实际进度和资金需求，按照合同约定的条件发放贷款资金。贷款发放前，贷款人应当确认与拟发放贷款同比例的项目资本金足额到位，并与贷款配套使用。

10. 企业 A 要并购企业 B，两家企业同为在国内经营的企业，企业 A 向甲银行融资，下列不属于该笔贷款主要风险点的是（　　）。［2023 年 6 月真题］

A. 交易价格是否合理反映企业 B 价值

7B　8C　9A　10B

B. 并购过程中的资金过境风险

C. 企业A和企业B能否形成协同

D. 该笔并购交易是否按有关规定已经或即将获得批准

【解析】资金过境风险出现在跨境并购中，A、B两家企业均是国内经营的企业，所以不存在并购过程中的资金过境风险。

11. 根据《个人贷款管理暂行办法》，对于借款人无法事先确定具体交易对象且金额不超过______人民币的个人贷款和贷款资金用于生产经营且金额不超过______人民币的个人贷款。经贷款人同意可以采取借款人自主支付方式。(　　)[2020年10月真题]

A. 30万元；60万元　　B. 20万元；50万元

C. 30万元；50万元　　D. 15万元；30万元

【解析】个人贷款资金应当采用商业银行受托支付方式向借款人交易对象支付，但有下列情形之一的个人贷款，经商业银行同意可以采取借款人自主支付方式：借款人无法事先确定具体交易对象且单次提款金额不超过30万元人民币的；借款人交易对象不具备条件有效使用非现金结算方式的；贷款资金用于生产经营且单次提款金额不超过50万元人民币的；法律法规规定的其他情形的。

12. 商业银行以收取利息为条件对外融出或存放资金而形成的资产是指(　　)。[2016年11月真题]

A. 自营贷款　　B. 委托贷款　　C. 特定贷款　　D. 不良贷款

【解析】自营贷款是指银行以合法方式筹集的资金自主发放的贷款，其风险由银行承担，并由银行收回本金和利息。

13. 由国务院批准并对贷款可能造成的损失采取相应补救措施后责成银行发放的贷款是(　　)。

A. 自营贷款　　B. 委托贷款　　C. 特定贷款　　D. 强制贷款

【解析】按照贷款资金来源和经营模式不同，商业银行贷款可分为自营贷款、委托贷款和特定贷款。特定贷款是指经国务院批准并对贷款可能造成的损失采取相应补救措施后责成银行发放的贷款。

14. (　　)是指从借款合同规定的第一次还款日起至全部本息清偿日止的期间。

A. 提款期　　B. 宽限期　　C. 还款期　　D. 借款期

【解析】贷款期限通常分为提款期、宽限期和还款期。还款期是指从借款合同规定的第一次还款日起至全部本息清偿日止的期间。

15. 下列关于抵押贷款的说法，错误的是(　　)。

A. 银行与抵押人未就抵押权实现方式达成协议的，银行不得请求人民法院拍卖抵押财产

B. 借款人不履行到期债务或者发生当事人约定的实现抵押权的情形，银行可以与抵押人协议以抵押财产折价或者以拍卖、变卖该抵押财产所得的价款优先受偿

C. 抵押财产折价或者变卖的，应当参照市场价格

11C　12A　13C　14C　15A

D. 海域使用权可以作为抵押物

【解析】A项，银行与抵押人未就抵押权实现方式达成协议的，银行可以请求人民法院拍卖、变卖抵押财产。

16. 某借款人营运资金量为800万元，自有资金300万元，现有流动资金200万元，可通过其他渠道提供的营运资金80万元。根据《流动资金贷款管理暂行办法》中关于流动资金贷款需求量的测算公式，则该借款人可新增流动资金贷款额度为(　　)万元。[2023年6月真题]

A. 380　　B. 220　　C. 440　　D. 620

【解析】流动资金贷款额度应根据借款人生产经营的实际资金需求和现有资金的差额，按照需求匹配和风险控制原则合理确定。借款人可新增流动资金贷款额度＝营运资金量－借款人自有资金－现有流动资金贷款－其他渠道提供的营运资金＝800－300－200－80＝220(万元)。

17. 下列关于流动资金贷款的说法，错误的是(　　)。

A. 贷款期限一般为1年(含1年)以内，最长不超过5年

B. 期限1年以内(含)的为短期流动资金贷款；期限在1年以上的为中期流动资金贷款

C. 流动资金贷款是为了满足客户在生产经营过程中短期资金需求，保证生产经营活动正常进行而发放的

D. 流动资金贷款具有贷款期限短、手续便捷、周转性较强、融资成本低的特点

【解析】A项，流动资金贷款贷款期限一般为1年(含1年)以内，最长不超过3年。

18. 我国商业银行的最主要的盈利资产是(　　)。

A. 库存现金　　B. 在中央银行存款

C. 现金资产　　D. 贷款

【解析】贷款是商业银行的传统核心业务，也是商业银行最主要的盈利资产，是商业银行实现利润最大化目标的主要手段，同时贷款又是有较大风险的资产，是商业银行经营管理的主要内容。

19. 当企业经营周转资金出现缺口，可以申请的贷款是(　　)。

A. 项目贷款　　B. 固定资产贷款　　C. 流动资金贷款　　D. 房地产贷款

【解析】流动资金贷款用途限于借款人日常生产经营周转，即用来弥补营运资金的不足。

20. 根据监管规定，流动资金贷款支付对象明确且向借款人某一交易对象单笔支付金额超过(　　)万元人民币的，应采用贷款人受托支付方式。

A. 100　　B. 1000　　C. 2000　　D. 5000

【解析】有以下情形之一的流动资金贷款，应采用贷款人受托支付方式：①与借款人新建立信贷业务关系且借款人信用状况一般；②支付对象明确且向借款人某一交易对象单笔支付金额超过一千万元人民币；③贷款人认定的其他情形。

21. 按照基础交易的性质和债权人、债务人所在地划分，保理业务划分为(　　)。[2018

16B　17A　18D　19C　20B　21A

年 6 月真题]

A. 国际保理和国内保理
B. 单保理和双保理
C. 股权保理和债权保理
D. 有追索权保理和无追索权保理

【解析】按照基础交易的性质和债权人、债务人所在地，保理业务划分为国际保理和国内保理。国内保理是债权人和债务人均在境内的保理业务。国际保理是债权人和债务人中至少有一方在境外(包括保税区、自贸区、境内关外等)的保理业务。

22. 贷款人从事项目融资业务，评估项目风险时应当以(　　)为核心。[2023 年 10 月真题]

A. 经营期风险分析
B. 政策变化分析
C. 市场波动分析
D. 偿债能力分析

【解析】商业银行从事项目融资业务，应当以偿债能力分析为核心，重点从项目技术可行性、财务可行性和还款来源可靠性等方面评估项目风险，充分考虑政策变化、市场波动等不确定因素对项目的影响，审慎预测项目的未来收益和现金流。同时，要重点审查提供项目融资的项目是否符合国家产业、土地、环保和投资管理等相关政策。

23. 由两家或两家以上银行基于相同贷款条件，依据同一贷款合同，按约定时间和比例，通过代理行向借款人提供的本外币贷款或授信业务的是(　　)。

A. 流动资金贷款
B. 固定资产贷款
C. 房地产贷款
D. 银团贷款

【解析】银团贷款是指由两家或两家以上银行基于相同贷款条件，依据同一贷款合同，按约定时间和比例，通过代理行向借款人提供的本外币贷款或授信业务。

24. 在银团贷款中，(　　)是指经借款人同意，负责发起组织银团、分销银团贷款份额的银行。

A. 牵头行　B. 代理行　C. 参加行　D. 安排行

【解析】银团贷款牵头行是指经借款人同意，负责发起组织银团、分销银团贷款份额的银行，是银团贷款的组织者和安排者。

25. 下列关于银团贷款的说法不正确的是(　　)。

A. 银团贷款成员按照“信息共享、独立审批、自主决策、风险自担”的原则自主确定各自授信行为
B. 单家银行担任牵头行时，其承贷份额原则上不少于银团融资总金额的 20%，分销给其他银团贷款成员的份额原则上不低于 50%
C. 代理行不可以由牵头行担任，只能由银团贷款成员协商在除牵头行以外的成员中确定
D. 银团参加行主要职责是参加银团会议，在贷款续存期间应了解掌握借款人的日常经营与信用状况的变化情况

【解析】银团代理行是指银团贷款合同签订后，按相关贷款条件确定的金额和进度归集资金向借款人提供贷款，并接受银团委托按银团贷款协议规定的职责对银团资金进行管理的银行。代理行可以由牵头行担任，也可由银团贷款成员协商确定。

22D　23D　24A　25C

26. 下列哪一项不属于并购贷款的主要风险点？(　　)

A. 战略风险　　B. 法律与合规风险

C. 整合风险　　D. 声誉风险

【解析】商业银行开展并购贷款业务，要在全面分析战略风险、法律与合规风险、整合风险、经营及财务风险等与并购有关的各项风险的基础上评估并购贷款的风险，涉及跨境并购的，还应分析国别风险、汇率风险和资金过境风险等。

27. 中国某公司生产的轻工产品年销售额中约一半为应收账款。国内某银行对其应收账款进行了无追索权“购买”，为其注入现金，加速了资金周转，促进了该公司经营规模的扩张。然后由银行去向买方要求付款。这属于银行的(　　)。

A. 保理业务　　B. 负债业务　　C. 代理业务　　D. 贷款业务

【解析】保理业务是以债权人转让其应收账款为前提，集应收账款催收、管理、坏账担保及融资于一体的综合性金融服务。保理业务按照商业银行在债务人破产、无理拖欠或无法偿付应收账款时，是否可以向债权人反转让应收账款、要求债权人回购应收账款或归还融资，分为：①有追索权保理，又称回购型保理，是指当应收账款付款方到期未付时，银行在追索应收账款付款方之外，还有权向保理融资申请人(销售商)反转让应收账款、要求其回购应收账款或归还融资；②无追索权保理，又称买断型保理，是指当应收账款付款方(债务人)到期未付时，银行只能向应收账款付款方(债务人)行使追索权，由商业银行承担应收账款的坏账风险。

28. 个体工商户、个人独资企业投资人、合伙企业合伙人等在合法生产和经营过程中出现资金短缺时，可以向商业银行申请(　　)。

A. 个人权利质押贷款　　B. 个人经营贷款

C. 个人信用卡透支　　D. 个人商用房贷款

【解析】个人经营贷款是指银行向从事合法生产经营的个人发放的，用于定向购买或租赁商用房、机械设备，以及用于满足个人控制的企业(包括个体工商户)生产经营流动资金需求和其他合理资金需求的贷款。

29. 中央银行票据以(　　)以下的票据为主。

A. 1 年期　　B. 3 年期　　C. 5 年期　　D. 7 年期

【解析】中央银行票据发行人为中国人民银行，期限从 3 个月到 3 年不等，以 1 年期以下的短期票据为主。

30. 交易账户头寸高于表内外资产总额的______或者超过______亿元人民币的商业银行必须计提市场风险资本。(　　)

A. 10%；85　　B. 10%；100　　C. 8%；85　　D. 8%；100

【解析】交易账户头寸高于表内外资产总额的 10% 或者超过 85 亿元人民币的商业银行必须计提市场风险资本。此外，商业银行须按照审慎原则计算债券投资业务风险权重，保证资本充足率适当有效。

31. 一年前，A 银行以 9500 万元的价格购买了 B 公司的公司债券，面值 1 亿元，期限两

26D　27A　28B　29A　30A　31B

年，一年付息一次。持有期间，A 银行因持有该笔债券获得利息收入 600 万元。今日，A 银行以 9800 万元的价格将该笔债券出售给 C 银行，下列说法错误的是（　　）。［2022 年 11 月真题］

A. A 银行该笔债券投资持有期收益率为 9.47%

B. C 银行该笔债券投资即期收益率为 8.16%

C. A 银行该笔债券投资名义收益率为 6.00%

D. A 银行该笔债券投资即期收益率为 6.32%

【解析】A 银行的名义收益率 = 票面利息/面值 ×100% = 600/10000 ×100% = 6%；A 银行的即期收益率 = 票面利息/购买价格 ×100% = 600/9500 ×100% = 6.32%；A 银行的持有期收益率 =（出售价格 - 购买价格 + 利息）/购买价格 ×100% =（9800 - 9500 + 600）/9500 ×100% = 9.47%。

二、多项选择题（以下各小题给出的 5 个选项中，至少有 2 项符合题目要求，请将符合题目要求选项的代码填入括号内）

1. A 企业从银行办理了以下业务：（1）A 企业在甲银行贷款 100 万元期限 1 年用于原材料采购，该笔贷款由 B 企业提供担保；（2）A 企业在乙银行开具由该行承兑的汇票；（3）A 企业收到了采购商的银行承兑汇票，并到丙银行贴现。下列关于上述信贷业务分类的说法正确的有（　　）。［2018 年 10 月真题］

A. 第（1）笔业务中的贷款属于担保贷款

B. 第（1）笔业务中的贷款属于短期贷款

C. 第（2）笔业务属于乙银行的表外业务

D. 第（1）笔业务中的贷款属于流动资金贷款

E. 第（3）笔业务属于丙银行的表外业务

【解析】E 项，贴现属于银行的资产业务，在商业银行资产负债表上反映，因此第（3）笔业务属于丙银行的表内业务。

2. 下列属于商业银行住房按揭贷款风险点的有（　　）。［2021 年 6 月真题］

A. 借款人信用风险

B. 虚假权证风险

C. 个人一手房住房贷款还应重视楼盘竣工风险及后续风险

D. 虚假按揭风险

E. 抵押担保不落实风险

【解析】个人住房贷款的主要风险点有：①虚假按揭风险；②虚假权证风险；③抵押担保不落实风险；④借款人信用风险。个人一手房住房贷款还应重视楼盘竣工风险及后续风险；个人二手房住房贷款还应重视中介机构风险。

3. 根据借款人具体性质不同，法人贷款可以细分为（　　）。

A. 一般企业法人贷款　　B. 小企业贷款

C. 事业法人贷款　　D. 个人贷款

E. 信用贷款

1ABCD　2ABCDE　3ABC

【解析】公司贷款一般也称为法人贷款，根据借款人具体性质不同，细分为一般企业法人贷款、事业法人贷款和小企业贷款等。

4. 按照贷款用途划分，个人贷款主要分为(　　)。
A. 个人投资贷款　B. 个人住房贷款　C. 个人消费贷款　D. 个人经营类贷款
E. 流动资金贷款

【解析】个人贷款是指商业银行向符合条件的自然人发放的用于个人消费、生产经营等用途的本外币贷款。个人贷款用途应符合法律法规规定和国家有关政策，商业银行不得发放无指定用途的个人贷款。根据个人贷款用途的不同，个人贷款产品主要分为个人住房贷款、个人经营类贷款和个人消费贷款等。

5. 商业银行贷款业务根据有无担保可以分为(　　)。
A. 担保贷款　B. 公司贷款　C. 短期贷款　D. 个人贷款
E. 信用贷款

【解析】贷款业务有多种分类标准，按照借款人性质可划分为个人贷款和公司贷款；按照贷款期限可划分为短期贷款、中期贷款和长期贷款；按有无担保可划分为信用贷款和担保贷款。

6. 担保贷款是指由借款人或第三方依法提供担保而发放的贷款，包括(　　)。
A. 信用贷款　B. 保证贷款　C. 抵押贷款　D. 质押贷款
E. 固定资产贷款

【解析】按有无担保贷款业务可划分为信用贷款和担保贷款。其中，担保贷款是指由借款人或第三方依法提供担保而发放的贷款，包括保证贷款、抵押贷款、质押贷款。

7. 下列各项中可以在抵押贷款中作抵押物的有(　　)。
A. 正在建造的建筑物　B. 土地附着物
C. 建设用地使用权　D. 交通运输工具
E. 生产设备

【解析】根据《民法典》规定，债务人或第三人有权处置的下列财产可作为抵押物：建筑物和其他土地附着物；建设用地使用权；海域使用权；生产设备、原材料、半成品、产品；正在建造的建筑物、船舶、航空器；交通运输工具；法律、行政法规未禁止抵押的其他财产。

8. 贷款基本要素主要包括(　　)。
A. 借款主体　B. 贷款产品　C. 贷款金额　D. 还款方式
E. 担保方式

【解析】贷款基本要素主要包括借款主体、贷款产品、贷款金额、贷款期限、贷款利率和费率、还款方式、担保方式和提款条件等。

9. 借款主体主要包括(　　)。
A. 公司客户　B. 企业法人

4BCD　5AE　6BCD　7ABCDE　8ABCDE　9ABCDE

C. 个人客户　　　　　　　　　　D. 事业法人

E. 国家规定可以作为借款人的其他组织

【解析】借款主体包括公司客户和个人客户。公司客户具体可分为企业法人、事业法人和国家规定可以作为借款人的其他组织三类。

10. 对于抵质押担保，商业银行通常在综合考虑(　　)等因素的基础上，确定抵质押率。

A. 抵质押品种类　B. 合法授权　　　C. 变现能力　　　D. 预计变现费用

E. 价值稳定性

【解析】贷款中各类担保方式可以以单一担保、组合担保、追加担保等形式使用。对于抵质押担保，商业银行通常在综合考虑抵质押品种类、变现能力、预计变现费用、价值稳定性等因素的基础上，确定抵质押率。

11. 下列各项中属于贷款提款时需要考虑的条件的有(　　)。

A. 合法授权　　　B. 政府批准　　　C. 资本金要求　　D. 监管条件落实

E. 市场稳定

【解析】贷款提款条件主要包括合法授权、政府批准、资本金要求、监管条件落实等。

12. 借款人申请流动资金贷款应具备的条件包括(　　)。

A. 借款人依法设立

B. 借款用途明确、合法

C. 借款人生产经营合法、合规

D. 借款人具有持续经营能力，有合法的还款来源

E. 借款人信用状况良好，无重大不良信用记录

【解析】借款人申请流动资金贷款应具备以下条件：①借款人依法设立；②借款用途明确、合法；③借款人生产经营合法、合规；④借款人具有持续经营能力，有合法的还款来源；⑤借款人信用状况良好，无重大不良信用记录；⑥贷款人要求的其他条件。

13. 贷款流程包括的主要环节有(　　)。

A. 贷款设计　　　B. 贷款发放　　　C. 受理与调查　　D. 风险评价与审批

E. 合同签订

【解析】贷款流程一般包括：①受理与调查；②风险评价与审批；③合同签订；④贷款发放；⑤贷后管理；⑥不良贷款管理。

14. 下列关于质押贷款的说法，正确的有(　　)。

A. 动产作为质押财产的，应当交付银行占有或者符合银行准入条件的第三方保管

B. 可以出质的财产权利包括有价证券、基金份额和股权、知识产权中的财产权、应收账款四种

C. 以汇票、本票、支票、债券、存款单、仓单、提单出质，权利凭证应当交付银行

D. 目前在全国实施动产和权利担保分开登记

E. 以注册商标专用权、专利权、著作权等知识产权中的财产权出质，应当办理质权登记

10ACDE　11ABCD　12ABCDE　13BCDE　14ABCE

【解析】D 项，自 2021 年 1 月 1 日起，在全国实施动产和权利担保统一登记，市场监督管理总局不再承担管理动产抵押物登记职责，中国人民银行负责制定生产设备、原材料、半成品、产品抵押和应收账款质押统一登记制度，推进登记服务便利化。

15. 商业银行保理业务是一项集(　　)于一体的综合性金融服务。

A. 贸易结算　B. 坏账担保　C. 应收账款管理　D. 应收账款催收

E. 融资

【解析】商业银行保理业务是以债权人转让其应收账款为前提，集应收账款催收、管理、坏账担保及融资于一体的综合性金融服务。

16. 商业银行流动资金贷款的主要风险点包括(　　)。

A. 政策性风险　B. 合法性风险　C. 过度放贷风险　D. 贷款挪用风险

E. 超概算风险

【解析】ABE 三项均为商业银行固定资产贷款应关注的主要风险点。

17. 下列各项关于银团贷款的说法中正确的有(　　)。

A. 单一企业或单一项目的融资总额超过贷款行资本金余额 10% 的，鼓励商业银行采取银团贷款方式

B. 单家银行担任牵头行时，其承贷份额原则上不少于银团融资总金额的 10%

C. 牵头行应当按照授信工作尽职的相关要求，对借款人或贷款项目进行贷前尽职调查

D. 银团贷款成员擅自提前收回贷款或违约退出银团的，可视为违约行为

E. 银团收费的具体项目可包括安排费、承诺费、代理费等

【解析】B 项，单家银行担任牵头行时，其承贷份额原则上不少于银团融资总金额的 20%。

18. 个人住房贷款，是个人贷款最主要的组成部分，是指商业银行向借款人发放的用于购买住房的贷款。以下属于个人住房贷款种类的有(　　)。

A. 个人住房贷款　B. 个人权利质押贷款

C. 个人住房组合贷款　D. 公积金个人住房贷款

E. 个人经营贷款

【解析】个人住房贷款是指商业银行向借款人发放的用于购买住房的贷款。个人住房贷款包括自营性个人住房贷款、公积金个人住房贷款和个人住房组合贷款。

19. 债券投资的券种选择需要考虑的因素有(　　)。

A. 久期　B. 付息方式　C. 发行规模　D. 债券选择权安排

E. 持有比例

【解析】在债券投资业务的风险管理中，债券投资的券种选择必须考虑久期、付息方式、发行规模、债券选择权安排、持有比例等因素，避免单一债券的流动性问题和收益稳定性问题对于整个投资组合流动性风险和收益稳定性风险的不利作用。

20. 商业银行债券投资管理应遵循的基本原则包括(　　)。[2020 年 10 月真题]

15BCDE　16CD　17ACDE　18ACD　19ABCDE　20ABCD

A. 统一授信的原则　　B. 防范风险的原则

C. 期限匹配和结构管理相结合的原则　　D. 保持流动性和效益性的平衡

E. 资本占用最小化原则

【解析】商业银行债券投资管理需要遵循四个基本原则：①统一授信的原则，商业银行总行及分支机构的债券投资应纳入统一的授信管理；②防范风险的原则，债券投资必须执行总行有关政策规定的投资总量和比例、最高风险级别、授信额度及其他比例控制指标进行风险控制；③期限匹配和结构管理相结合的原则；④保持流动性和效益性的平衡。

21. 高风险债券主要包括(　　)。

A. 信用评级在投资级别以下

B. 债券结构复杂或杠杆率较高

C. 发行人经营杠杆率过高

D. 有关发行人的经营状况信息披露不够充分、完整、及时

E. 流动性较低

【解析】高风险债券包括但不限于：①信用评级在投资级别以下；②债券结构复杂或杠杆率较高；③发行人经营杠杆率过高；④有关发行人的经营状况和财务状况等信息披露不够充分、完整、及时。

三、判断题(判断以下各小题的对错，正确的用 A 表示，错误的用 B 表示)

1. 客户经理小陈正在办理一笔金额为 1300 万元的固定资产贷款的发放，该贷款的总投资为 5000 万元，小陈直接将该笔贷款资金支付给借款人，小陈的处理是正确的。(　　)

【解析】《固定资产贷款管理暂行办法》规定，单笔金额超过项目总投资 5% 或超过 500 万元人民币的贷款资金支付，应采用受托支付方式。修订后的《固定资产贷款管理办法》明确向借款人某一交易对象单笔支付金额超过 1000 万元人民币的，应采用受托支付方式，另外，将固定资产贷款受托支付时限最长放宽至十个工作日，并明确在不可抗力情况下可由借贷双方协商确定具体的支付时限。

2. 项目融资属于商业银行特殊的固定资产贷款。(　　)[2023 年 10 月真题]

【解析】项目融资属于特殊的固定资产贷款，采用项目融资方式的项目通常都属于固定资产投资项目，所发放的贷款属于固定资产贷款，因此，项目融资中贷款的全流程管理、支付管理等内容均按照固定资产贷款管理的有关要求执行。

3. 贷款人应将固定资产贷款纳入对借款人及借款人所在集团客户的统一授信额度管理。(　　)[2023 年 10 月真题]

【解析】根据《固定资产贷款管理办法》第七条，贷款人应将固定资产贷款纳入对借款人及借款人所在集团客户的统一授信管理，并根据风险管理实际需要，建立风险限额管理制度。

4. 某银行新开发一款信贷产品，取名“随时用流动资金贷款”，可以用于购置固定资产。在进行业务讨论时，员工小王认为由于名称是流动资金贷款，不必纳入固定资产贷款范畴

21ABCD ┃ 1B　2A　3A　4B

管理。小王的这种说法是正确的。(　　)[2021 年 6 月真题]

【解析】具有确定还款来源的短期过桥性质的贷款，虽然贷款期限较短，但如果用于固定资产投资，也不应纳入流动资金贷款范畴，而应遵从固定资产贷款管理办法的约束。

5. 商业银行总行及分支机构的债券投资可以不纳入统一的授信管理。(　　)[2017 年 10 月真题]

【解析】商业银行总行及分支机构的债券投资应纳入统一的授信管理。由总行授信管理部门根据交易对手、债券发行人的信用状况制定统一的授信额度，购买同一债券的总量不得超过对债券发行人核定的投资额度，对同一交易对手的交易总量不得超过对交易对手核定的授信额度范围。

6. 信用贷款不需要保证，但是需要抵押或质押。(　　)

【解析】信用贷款是指以借款人信用发放的贷款，其最大特点是不需要保证、抵押或质押，仅凭借款人的信用就可以取得贷款。

7. 在保证贷款中，银行一般不要求保证人提供连带责任保证。(　　)

【解析】保证贷款是指保证人和银行约定，当借款人不履行到期债务或者发生当事人约定的情形时，保证人履行债务或者承担责任的贷款。银行一般要求保证人提供连带责任保证。

8. 表外授信是指商业银行从事的，按照通行的会计准则不计入资产负债表内，不影响资产负债总额，也不改变当期损益及营运资金的经营活动。(　　)

【解析】表外授信也叫表外业务，是指商业银行从事的，按照通行的会计准则不计入资产负债表内，不影响资产负债总额，但能改变当期损益及营运资金，从而提高银行资产报酬率的经营活动。

9. 由于银行(受托人)收取了手续费，委托贷款的风险由银行承担，银行需要同自营信贷业务一样做好管理。(　　)[2018 年 6 月真题]

【解析】委托贷款的风险由委托人承担。

10. 短期贷款通常采取一次还清贷款的还款方式。(　　)

【解析】按照偿还方式不同，贷款可分为一次还清贷款和分期偿还贷款。一次还清贷款是指借款人在贷款到期时一次性还清贷款本息，短期贷款通常采取一次还清贷款的还款方式。分期偿还贷款是指借款人与银行约定在贷款期限内分若干期偿还贷款本息，中长期贷款一般采用分期偿还方式。

11. 贷款金额是指银行承诺向借款人提供的以人民币或外币计量的金额。(　　)

【解析】贷款金额是指银行承诺向借款人提供的以人民币或外币计量的金额，其中表内贷款有明确的金额，表外业务是指合同名义金额。

12. 项目融资贷款用途通常是用于建造一个或一组大型生产装置、基础设施、房地产项目或其他项目。(　　)

5B　6B　7B　8B　9B　10A　11A　12A

【解析】项目融资是指符合以下特征的贷款：贷款用途通常是用于建造一个或一组大型生产装置、基础设施、房地产项目或其他项目，包括对在建或已建项目的再融资；借款人通常是为建设、经营该项目或为该项目融资而专门组建的企事业法人，包括主要从事该项目建设、经营或融资的既有企事业法人；还款资金来源主要依赖该项目产生的销售收入、补贴收入或其他收入，一般不具备其他还款来源。

13. 商业银行要按照“审贷分离、统一授权、按权限审批”原则明确贷款审批权限、规范贷款审批流程。(　　)

【解析】商业银行要按照“审贷分离、分级授权、按权限审批”原则明确贷款审批权限、规范贷款审批流程。

14. 商业银行的业务部门可以负责贷款发放审核、贷款支付审核和支付操作。(　　)

【解析】商业银行应设立独立的责任部门或岗位，负责贷款发放审核、贷款支付审核和支付操作。

15. 商业银行应当设立专门的部门负责不良贷款管理。(　　)

【解析】对于不良贷款，商业银行应由专门的部门负责不良贷款管理，通过科学合理的管理方法与流程，积极创新不良贷款的处置手段。

16. 标准化债权类资产是指依法发行的债券、资产支持证券等固定收益证券。(　　)

【解析】根据《标准化债权类资产认定规则》，标准化债权类资产是指依法发行的债券、资产支持证券等固定收益证券。

17. 对于投资大、回收期长的基础设施建设类项目通常都采取项目融资的方式筹措资金。(　　)

【解析】对于投资大、回收期长的大型能源开发、资源开发和基础设施建设类项目，以及不确定性大、风险高的文化创意和新技术开发项目，通常都采取项目融资的方式筹措资金。

18. 按照在银团贷款中的职能和分工，银团贷款成员通常分为牵头行、代理行和参加行等角色。(　　)

【解析】银团贷款是指由两家或两家以上银行基于相同贷款条件，依据同一贷款合同，按约定时间和比例，通过代理行向借款人提供的本外币贷款或授信业务。按照在银团贷款中的职能和分工，银团贷款成员通常分为牵头行、代理行和参加行等角色。

19. 按照牵头行对贷款最终安排额所承担的责任，银团牵头行分销银团贷款可以分为全额包销、余额包销。(　　)

【解析】按照牵头行对贷款最终安排额所承担的责任，银团牵头行分销银团贷款可以分为全额包销、部分包销和尽最大努力推销三种类型。

20. 银团收费的代理费可根据代理行的工作量按月支付。(　　)

【解析】银团收费的具体项目可包括安排费、承诺费、代理费等。其中，代理费可根据

13B　14B　15A　16A　17A　18A　19B　20B

代理行的工作量按年支付。

21. 中国的银行业目前实施混业经营。(　　)

【解析】我国实行“分业经营、分业监管”的金融体制，在现行体制下，商业银行在人、财、物等方面要与证券业、保险业相隔离。

22. 商业银行债券投资的风险，主要包括信用风险、利率风险、购买力风险和流动性风险等。(　　)

【解析】商业银行债券投资的风险，主要包括信用风险、价格风险、利率风险、购买力风险、流动性风险、政治风险、操作风险等。其中主要是信用风险、利率风险、购买力风险和流动性风险。

23. 商业银行应在各职能部门建立有效的协调和信息共享机制，以防止风险管理上的疏漏、缺失或重复。(　　)

【解析】商业银行应明确风险管理部门、投资经营部门及其他相关部门在债券投资风险管理中的作用，并形成书面规定，同时在各职能部门间建立有效的协调和信息共享机制，以防止风险管理上的疏漏、缺失或重复。

24. 商业银行应建立全面、严密的信用风险、市场风险和流动性风险压力测试程序，定期对突发事件可能造成的潜在损失进行模拟和估算。(　　)

【解析】商业银行应建立全面、严密的信用风险、市场风险和流动性风险压力测试程序，定期对突发事件可能造成的潜在损失进行模拟和估算，以评估本行在极端不利情况下的亏损承受能力，根据压力测试结果对债券投资管理策略、政策和限额进行调整，并制定应急处理预案。

21B　22A　23A　24A

第七章　其他业务

一、单项选择题(以下各小题所给出的4个选项中，只有1项最符合题目要求，请将正确选项的代码填入括号内)

1. 根据《商业银行信用卡业务监督管理办法》等规定，下列关于信用卡业务表述不正确的是(　　)。[2023年10月真题]

A. 严格审核特约商户资质，规范受理终端管理。对于特约商户在网上购买的POS机、刷卡器等受理终端要严格监管

B. 建立信用卡业务的内部监督制约机制，定期安排内控人员，负责组织定期对银行卡作业流程执行情况实施检查

C. 建立完善的信用卡风险资产管理制度体系，内容涉及信用审批、透支和信用欠款的追索、持卡人欺诈侦测、商户欺诈侦测、资产分类、呆账核销等各环节

D. 对首次申请本行信用卡的客户，即使是优质客户，也不得采取全程系统自动发卡方式核发信用卡

【解析】A项，任何单位和个人不得在网上买卖POS机(包括MPOS)、刷卡器等受理终端。

2. 下列票据交易行为不正确的是(　　)。[2023年10月真题]

A. 已贴入银行必须于转贴现业务当日在本手背书的被背书人栏记载本机构名称，保障自身票据权利

B. 受理转贴现业务时，拟贴入银行必须确认交易对手已记载背书，禁止无背书买卖票据

C. 买入返售(卖出回购)交易对应的票据资产需要封包的，交易双方应在卖出方营业场所

D. 受理买入返售业务时，拟买入返售银行必须确认交易对手是最后一手票据背书记载的被背书人

【解析】买入返售(卖出回购)交易对应的票据资产需要封包的，交易双方应在买入方营业场所内办理票据审验和交接。票据实物应由买入方保管。

3. 在金融衍生产品交易业务风险中，(　　)是指因标的资产价格出现与预期逆向的变动而导致金融衍生工具价格出现损失的可能性。[2023年10月真题]

A. 信用风险　　B. 流动性风险　　C. 操作风险　　D. 市场风险

【解析】市场风险指因标的资产价格出现与预期逆向的变动而导致金融衍生工具价格出现损失的可能性。在利率市场化、汇率完全放开的金融体制下，衍生品交易价格波动幅度较大，交易方一旦对市场的估计出现了偏差，现货市场价格出现了与预期反向的变动，将会给交易方带来损失。

4. 商业银行应将理财产品风险评级结果以风险等级体现，至少应包括(　　)级。[2023年

1A　2C　3D　4B

10月真题]

A. 三　　B. 五　　C. 六　　D. 四

【解析】商业银行应当采用科学合理的方法，根据理财产品的投资组合、同类产品过往业绩和风险水平等因素，对拟销售的理财产品进行风险评级。理财产品风险评级结果应当以风险等级体现，由低到高至少包括一级至五级，并可以根据实际情况进一步细分。

5. 同业借款业务最长期限自提款之日起不得超过(　　)年。[2023年10月真题]

A. 0.5　　B. 2　　C. 1　　D. 3

【解析】同业借款业务期限按照监管部门对金融机构借款期限的有关规定执行，由双方共同协商确定，但最长期限自提款之日起不得超过3年。借款业务不进入全国银行间同业拆借中心的电子交易系统(或人民银行认可的其他同业拆借交易系统)。同业借款应纳入银行同业业务统一授信管理。

6. 金融机构通过宣传教育向投资者传递“卖者尽责，买者自负”的理念，打破刚性兑付，主要是防范(　　)。[2023年10月真题]

A. 声誉风险　　B. 操作风险　　C. 流动性风险　　D. 市场风险

【解析】根据相关规定，金融机构应当加强投资者教育，不断提高投资者的金融知识水平和风险意识，向投资者传递“卖者尽责、买者自负”的理念，打破刚性兑付。但是投资者对净值型理财有一个逐步接受的过程，如果相关投资出现了亏损或者其他风险可能会导致声誉风险。

7. 同一银行法人为同一个人开立Ⅱ类户、Ⅲ类户的数量原则上分别不得超过(　　)个。[2023年10月真题]

A. 4　　B. 3　　C. 1　　D. 5

【解析】同一银行法人为同一个人开立Ⅱ类户、Ⅲ类户的数量原则上分别不得超过5个。

8. 下列不属于代理商业银行业务的是(　　)。[2023年10月真题]

A. 代理结算业务　　B. 代理外币现钞业务

C. 代理外币清算业务　　D. 代理财政性存款

【解析】代理商业银行业务包括：代理结算业务、代理外币清算业务、代理外币现钞业务等。其中主要是代理结算业务，具体包括代理银行汇票业务和汇兑、委托收款、托收承付业务等其他结算业务。代理银行汇票业务最具典型性，其又可分为代理签发银行汇票和代理兑付银行汇票业务。D项，代理财政性存款属于代理中央银行业务。

9. 根据《商业银行理财业务监督管理办法》，商业银行理财产品直接或间接投资于银行间市场、证券交易所市场或者国务院银行业监督管理机构认可的其他证券的，应当符合的要求是(　　)。[2023年10月真题]

A. 商业银行全部公募理财产品持有单只证券的市值，不得超过该证券市值的30%

B. 商业银行全部理财产品持有单一上市公司发行的股票，不得超过该上市公司可流通股票的40%

C. 商业银行全部公募理财产品持有单只公募证券投资基金的市值，不得超过该基金市

5D　6A　7D　8D　9A

值的50%

D. 每只公募理财产品持有单只证券或单只公募证券投资基金的市值不得超过该理财产品净资产的20%

【解析】商业银行理财产品直接或间接投资于银行间市场、证券交易所市场或者国务院银行业监督管理机构认可的其他证券的，应当符合以下要求：①每只公募理财产品持有单只证券或单只公募证券投资基金的市值不得超过该理财产品净资产的10%；②商业银行全部公募理财产品持有单只证券或单只公募证券投资基金的市值，不得超过该证券市值或该公募证券投资基金市值的30%；③商业银行全部理财产品持有单一上市公司发行的股票，不得超过该上市公司可流通股票的30%；④国务院银行业监督管理机构另有规定的除外。

10. 根据《银行业金融机构绩效考评监管指引》，银行业金融机构应突出(　　)的重要性，其权重应当明显高于其他类指标。[2023年6月真题]

A. 发展转型类指标和社会责任类指标　　B. 经营效益类指标和合规经营类指标

C. 风险管理类指标和发展转型类指标　　D. 合规经营类指标和风险管理类指标

【解析】银行应建立科学的考核激励机制，按照《银行业金融机构绩效考评监管指引》的要求，合规经营类指标和风险管理类指标权重应当明显高于其他类指标。

11. 下列选项中，不属于银行卡用户使用管理中风险的是(　　)。[2023年6月真题]

A. 持卡人的恶意透支风险

B. 刷卡交易过程中银行卡信息泄露的风险

C. 资信调查不深入、信息和资信评估不准确，对持卡人过度授信

D. 信用卡透支违反规定用于生产经营、投资等非消费领域

【解析】C项属于银行卡审查和发卡中的风险。银行卡用户使用管理中主要包括如下风险点：①持卡人的资信能力变化风险；②持卡人的恶意透支风险；③信用卡失窃的风险；④信用卡的伪造及涂改风险；⑤真实持卡人的欺诈风险；⑥信用卡透支违反规定用于生产经营、投资等非消费领域；⑦刷卡交易过程中银行卡信息泄露的风险；⑧银行卡互联网交易过程中被欺诈、信息泄露、感染病毒造成损失的风险；⑨银行业从业人员非法存储、窃取、泄露、买卖支付敏感信息等。

12. 下列选项中，不属于银行贷款承诺业务的是(　　)。[2023年6月真题]

A. 备用信用证　　B. 项目贷款承诺　　C. 开立信贷证明　　D. 票据发行便利

【解析】按照目前国内银行的普遍做法，贷款承诺可以分为项目贷款承诺、开立信贷证明、客户授信额度和票据发行便利四大类。

13. 在同业业务中，某银行通过扩大期限错配，拆短投长，将同业存放资金、拆入资金投资于期限较长的非标准化债权类资产，这种行为易引发(　　)。[2021年6月真题]

A. 市场风险　　B. 信用风险　　C. 流动性风险　　D. 操作风险

【解析】一些激进型的商业银行为追求高收益，通过扩大期限错配，拆短投长，将同业存放资金、拆入资金投资于期限较长的非标准化债权类资产。在银行间整体流动性宽

10D　11C　12A　13C

松、银行间拆借利率较低时，此举能带来较高的收益，同时各家银行也能“相安无事”。然而，在货币政策收紧或发生金融同业系统性风险时，则易引发流动性风险。

14. 下列哪项内容不属于表外业务的特点？(　　)

A. 不运用或不直接运用商业银行自有资金

B. 接受客户委托办理业务

C. 不承担或不直接承担经营风险

D. 绝大部分表外业务以收取利息的方式获得收益

【解析】与传统业务相比，表外业务具有以下特点：①不运用或不直接运用商业银行自有资金；②接受客户委托办理业务；③不承担或不直接承担经营风险；④绝大部分表外业务以收取手续费的方式获得收益；⑤种类多，范围广。

15. 由出票银行签发的，由其在见票时按照实际结算金额无条件支付给收款人或持票人的票据是(　　)。

A. 银行汇票　　B. 银行承兑汇票　　C. 支票　　D. 商业汇票

【解析】银行汇票是由出票银行签发，在见票时按照实际结算金额无条件支付给收款人或者持票人的票据。BD 两项，商业汇票是由出票人签发的，委托付款人在指定日期无条件支付确定的金额给收款人或持有人的票据；C 项，支票是由出票人签发的，委托办理支票存款业务的银行在见票时无条件支付确定的金额给收款人或者持票人的票据。

16. 下列关于信用证的表述，正确的是(　　)。

A. 一项独立于贸易合同之外的契约　　B. 处理的实际是与单据有关的货物

C. 一种无条件的银行支付承诺　　D. 一项附属于贸易合同之外的契约

【解析】信用证是银行应进口商请求，开出一项凭证给出口商的，在一定条件下保证付款，或者承兑并付款，或者议付的一种结算方式。它的主要特点有：①信用证是自足文件，与可能作为其依据的销售合同或其他合同相互独立，对于符合合同要求而与信用证条款不一致的，开证行有权拒绝付款；②信用证业务中，各有关当事人所处理的只是单据，而不是单据所涉及的货物、服务或其他行为。

17. 关于银行票据业务的表述错误的是(　　)。[2023 年 6 月真题]

A. 商业承兑汇票由银行以外的付款人承兑

B. 银行支票是由银行签发

C. 银行支票付款期限为自出票日起 10 日

D. 填明“现金”字样的银行汇款可以用于支取现金

【解析】支票是由出票人签发的、委托办理支票存款业务的银行在见票时无条件支付确定的金额给收款人或者持票人的票据。支票不受金额起点限制，提示付款期限自出票日起 10 日。

18. 仅附金融单据，不附带发票、运输单据的托收方式为(　　)。

A. 跟单托收　　B. 出口托收　　C. 光票托收　　D. 进口托收

【解析】托收结算方式分为光票托收、跟单托收和直接托收。光票托收是指不附带商业

14D　15A　16A　17B　18C

单据的金融票据的托收；跟单托收是指附有商业单据的托收。

19. 下列关于汇票的表述，正确的是(　　)。
A. 商业汇票分为银行汇票和银行承兑汇票
B. 银行汇票是由出票银行签发的
C. 商业汇票是出票人签发，委托付款人在见票时或在指定日期有条件支付的票据
D. 商业承兑汇票的付款人是银行

【解析】AD 两项，商业汇票分为商业承兑汇票(由银行以外的付款人承兑)和银行承兑汇票(由银行承兑)；C 项，商业汇票是出票人签发的，委托付款人在指定日期无条件支付确定的金额给收款人或者持票人的票据。银行汇票是由出票银行签发，在见票时按照实际结算金额无条件支付给收款人或者持票人的票据。

20. 单家股份制商业银行同业融入资金余额不得超过该银行负债总额的(　　)。[2023 年 6 月真题]
A. 五分之一　B. 二分之一　C. 四分之一　D. 三分之一

【解析】单家商业银行同业融入资金余额不得超过该银行负债总额的 1/3，但农村信用社省联社、省内二级法人社及村镇银行可暂不执行。

21. 支票不受金额起点限制，提示付款期限自出票日起(　　)日。[2022 年 7 月真题]
A. 5　B. 15　C. 20　D. 10

【解析】支票是由出票人签发的、委托办理支票存款业务的银行在见票时无条件支付确定的金额给收款人或者持票人的票据。支票不受金额起点限制，提示付款期限自出票日起 10 日。

22. 下列属于理财产品投资范围的是(　　)。[2023 年 6 月真题]
A. 本行公司类客户发行的信用类债券　B. 他行发行的理财产品
C. 本行信贷产品　D. 本行发行的理财产品

【解析】商业银行理财产品可以投资于国债、地方政府债券、中央银行票据、政府机构债券、金融债券、银行存款、大额存单、同业存单、公司信用类债券、在银行间市场和证券交易所市场发行的资产支持证券、公募证券投资基金、其他债权类资产、权益类资产以及国务院银行业监督管理机构认可的其他资产。

商业银行理财产品不得直接投资于信贷资产，不得直接或间接投资于本行信贷资产，不得直接或间接投资于本行或其他银行业金融机构发行的理财产品，不得直接或间接投资于本行发行的次级档信贷资产支持证券。

23. 如果商业银行提供过多的备用信用证或保函，一旦发生意外情况大量对外偿付，存在可能无法满足客户随时提用资金要求的(　　)风险。
A. 政策　B. 操作　C. 流动性　D. 信用

【解析】流动性风险指商业银行无法以合理成本及时获得充足资金，用以偿付到期债务、履行其他支付义务和满足正常业务开展资金需求的风险。若商业银行提供过多的备用信用证或保函，一旦发生意外情况大量对外偿付，存在可能无法满足客户随时提用资

19B　20D　21D　22A　23C

金要求的流动性风险。

24. 备用信用证的实质是银行对借款人的一种(　　)。

A. 承诺业务　　B. 代理业务　　C. 担保行为　　D. 理财业务

【解析】备用信用证是开证行应借款人的要求，以放款人作为信用证的受益人而开具的一种特殊信用证，以保证在借款人不能及时履行义务或破产的情况下，由开证行向受益人及时支付本利。备用信用证是在法律限制开立保函的情况下出现的保函业务的替代品，其实质也是银行对借款人的一种担保行为。

25. 商业银行承诺在未来某一日期按照事先约定的条件向客户提供约定的信用业务是(　　)。

A. 代理业务　　B. 承诺业务　　C. 担保业务　　D. 支付结算业务

【解析】承诺类业务是指商业银行在未来某一日期按照事先约定的条件向客户提供约定的信用业务，包括但不限于贷款承诺业务等。

26. (　　)是指根据事先与银行等金融机构签订的一系列协议，借款人可以在一段时期内，以自己的名义周转性发行短期票据，从而以较低的成本取得中长期的融资效果。承诺包销的银行依照协议负责承购借款人未能按期售出的全部票据，或承担提供备用信贷的责任。

A. 票据发行便利　　B. 票据贴现　　C. 票据贷款承诺　　D. 票据转贴现

【解析】票据发行便利是一种具有法律约束力的中期周转性票据发行融资的承诺。根据事先与商业银行签订的一系列协议，借款人可以在一段时期内(一般为5~7年)，以自己的名义周转性发行短期票据，从而以较低的成本取得中长期的资金融通效果。承诺包销的银行依照协议负责承购借款人未能按期售出的全部票据，或承担提供备用信贷的责任。包销承诺为票据发行人提供了转期的机会，从而保障了企业获得资金的连续性。

27. 票据发行便利是一种具有法律约束力的(　　)票据发行融资的承诺。

A. 短期　　B. 中央银行　　C. 中期周转性　　D. 中长期扩张性

【解析】票据发行便利是一种具有法律约束力的中期周转性票据发行融资的承诺，属于商业银行贷款承诺业务的一种。

28. 商业银行对本行发售的理财产品进行风险评级依据的因素不包括(　　)。

A. 理财产品期限、成本、收益测算

B. 理财产品运营过程中存在的各类风险

C. 本行不相似的信贷产品过往业绩

D. 理财产品投资范围、投资资产和投资比例

【解析】商业银行应当采用科学合理的方法，根据理财产品的投资组合、同类产品过往业绩和风险水平等因素，对拟销售的理财产品进行风险评级。C项，商业银行对本行发售的理财产品进行风险评级应依据本行相似同类信贷产品的过往业绩。

24C　25B　26A　27C　28C

29. 商业银行应当采用科学合理的方法对拟销售的理财产品自主进行风险评级，风险评级的结果由低到高至少包括(　　)个等级。

A. 3　　B. 6　　C. 4　　D. 5

【解析】根据《商业银行理财产品销售管理办法》的规定，商业银行应当对非机构投资者的风险承受能力进行评估，确定投资者风险承受能力等级，由低到高至少包括一级至五级，并可以根据实际情况进一步细分。

30. 商业银行销售理财产品，应当遵循(　　)原则，即只能向客户销售风险评级等于或低于其风险承受能力评级的理财产品，将合适的产品销售给合适的客户，禁止误导客户购买与其风险承受能力不相符合的理财产品。

A. 风险匹配　　B. 公平　　C. 效用最大化　　D. 风险中性

【解析】在产品评级和投资者风险匹配中，商业银行销售理财产品，只能向客户销售风险等级等于或低于其风险承受能力等级的理财产品，并在销售文件中明确提示产品适合销售的投资者范围，在销售系统中设置销售限制措施。

31. 下列关于商业银行销售理财产品，说法错误的是(　　)。

A. 应当遵循诚实守信、勤勉尽责、公平对待、专业胜任原则

B. 应当加强投资者适当性管理，充分揭示风险和信息，保护客户合法权益，不得对客户进行误导销售

C. 在特殊情况下，商业银行可以向客户销售风险评级略高于客户风险承受能力评级的理财产品

D. 商业银行销售理财产品，应当根据理财产品的性质和风险特征，设置适当的期限和销售起点金额

【解析】商业银行只能向客户销售风险等级等于或低于其风险承受能力等级的理财产品，并在销售文件中明确提示产品适合销售的投资者范围，在销售系统中设置销售限制措施。商业银行不得通过对理财产品进行拆分等方式，向风险承受能力等级低于理财产品风险等级的投资者销售理财产品。

32. 下列有关银行同业买入返售(卖出回购)业务的说法，错误的是(　　)。

A. 该业务项下的金融资产应当为银行承兑汇票、债券、央票等金融资产

B. 卖出回购方不得将业务项下的金融资产从资产负债表转出

C. 买入返售(卖出回购)相关款项在买入返售(卖出回购)金融资产会计科目核算

D. 三方或以上交易对手之间的类似交易应纳入买入返售或卖出回购业务管理和核算

【解析】买入返售(卖出回购)是指两家金融机构之间按照协议约定先买入(卖出)金融资产，再按约定价格于到期日将该项金融资产返售(回购)的资金融通行为。买入返售(卖出回购)相关款项在买入返售(卖出回购)金融资产会计科目核算，三方或以上交易对手之间的类似交易不得纳入买入返售或卖出回购业务管理和核算。

33. 各金融机构参与同业拆借市场的主要目的是(　　)。

A. 调剂短期资金余缺　　B. 增加收入

29D　30A　31C　32D　33A

C. 增加流动性　　　　　　　　　　D. 降低风险

【解析】各银行在日常经营活动中会经常发生头寸不足或盈余的情况，银行同业间为了互相支持对方业务的正常开展，并使多余资金产生短期收益，就产生了银行间的同业拆借交易。

34. (　　)是货币市场最重要的基准利率之一。

A. 同业拆借利率　　　　　　　　　　B. 零息债券的贴现率

C. 债券回购利率　　　　　　　　　　D. 付息债券的票面利率

【解析】同业拆借特点是期限短、金额大、流动性强，从而能够反映金融市场上的资金供求状况。因此，同业拆借市场上的利率是货币市场最重要的基准利率之一。

二、多项选择题(以下各小题给出的5个选项中，至少有2项符合题目要求，请将符合题目要求选项的代码填入括号内)

1. 在信用证业务中，开证行在以下(　　)情形下面临风险。[2018年10月真题]

A. 开证申请人的申请不在其额度内，且未进行必要的资信调查

B. 已对进口货物投保

C. 受益人是信誉良好的企业

D. 货物类型在进出口两国处于管制状态

E. 开证申请人未缴足保证金

【解析】开证行开证前的主要风险点包括：①货物自身的情况，货物的类型是否在进出口两国处于管制状态，货物有无额度的限制，货物本身是否容易受损或过期等；②第三方的商检证明，为了进一步控制风险，在信用证上可以要求有权威部门的商检证明；③受益人应该是信誉良好或知名的企业；④开证申请人的申请是否在其额度内，没有额度则要调查其资信情况；⑤对进口货物应该投保，以防止因损坏、被盗等事件对交易产生的影响；⑥要求开证申请人落实备付款项，包括缴纳保证金、物权或信用担保等方式。

2. 下列属于非融资类保函的有(　　)。

A. 有价证券保付保函　　　　　　　　B. 即期付款保函

C. 履约保函　　　　　　　　　　　　D. 借款保函

E. 预付款保函

【解析】银行保函根据担保银行承担风险不同及管理的需要，可分为融资类保函和非融资类保函两大类。融资类保函包括借款保函、授信额度保函、有价证券保付保函、融资租赁保函、延期付款保函；非融资类保函主要包括投标保函、预付款保函、履约保函、关税保函、即期付款保函、经营租赁保函等。

3. 下列关于贷款承诺的说法，不正确的有(　　)。

A. 用于指定项目建设或企业经营周转

B. 可分为项目贷款承诺、客户授信额度和票据发行便利

C. 授信额度项下发生具体授信业务时，商业银行要与客户签订授信协议

D. 授信额度主要用于解决客户短期的流动资金需要

34A　▌　1ADE　2BCE　3BE

E. 授信额度的有效期限通常为两年

【解析】B项，按照目前国内银行的普遍做法，贷款承诺可以分为：项目贷款承诺、开立信贷证明、客户授信额度和票据发行便利四大类；E项，授信额度有效期限按照双方协议规定(通常为一年)。

4. 贷款承诺业务的主要风险点包括(　　)。

A. 政策性风险　　B. 不正当竞争风险

C. 项目评估风险　　D. 市场风险

E. 操作性风险

【解析】贷款承诺业务是指应客户申请，银行对项目进行评估论证，在项目符合银行信贷投向和贷款条件的前提下，对客户承诺在一定的有效期内，提供一定额度和期限的贷款，用于指定项目建设或企业经营周转。贷款承诺业务的主要风险点包括：①政策性风险；②不正当竞争风险；③项目评估风险；④操作性风险。

5. 商业银行开展理财业务，应符合的销售行为规范有(　　)。

A. 不得提供含有刚性兑付内容的理财产品介绍

B. 按照规定进行风险揭示和信息披露，禁止欺诈或者误导投资者购买与其风险承担能力不匹配的资产管理产品

C. 加强投资者教育，不断提高投资者的金融知识水平和风险意识

D. 非金融机构和个人可以直接代理销售资产管理产品

E. 向投资者传递“卖者尽责、买者自负”的理念

【解析】D项，代理销售其他金融机构发行的资产管理产品，应当符合金融监督管理部门规定的资质条件。未经金融监督管理部门许可，任何非金融机构和个人不得代理销售资产管理产品。

6. 商业银行应比照自营贷款管理流程，对非标准化债权资产投资采取下列哪些措施？(　　)

A. 投前尽职调查　　B. 风险审查

C. 投后风险管理　　D. 信息筛选

E. 资料分类管理

【解析】商业银行理财产品投资于非标准化债权资产的，应当符合的要求之一是确保理财产品投资与审批流程相分离，比照自营贷款管理要求实施投前尽职调查、风险审查和投后风险管理，并纳入全行统一的信用风险管理体系。

7. 下列关于商业银行理财业务，说法正确的有(　　)。

A. 理财业务的盈利方式是收取投资管理费或业绩报酬

B. 理财业务具有与传统银行业务截然不同的鲜明特征

C. 理财业务是“重资本”业务

D. 理财业务是资管业务的一种类型

E. 理财业务是银行的自营业务

【解析】C项，理财业务是“轻资本”业务，除保本型理财产品以外，理财业务不占用或者

4ABCE　5ABCE　6ABC　7ABD

很少占用银行资本。理财业务的这一特点对于资本约束日渐增强的商业银行来说具有重要意义。E 项，理财业务是代理业务，不是银行的自营业务。理财业务运用的不是银行自有资金，而是客户委托资金，资金最终所有者是客户。资产不在银行资产负债表内反映，不反映为银行账户资产和负债。

8. 商业银行理财业务的特点有(　　)。

A. 不占用银行资本　　B. 是一项知识技术密集型业务

C. 银行是业务风险的主要承担者　　D. 需要不断创新

E. 利益主要来源于业绩报酬分成

【解析】A 项，除保本型理财产品外，商业银行理财业务不占用或者很少占用银行资本。C 项，客户是理财业务风险的主要承担者。E 项，理财业务主要靠收取约定的投资管理费来获取收益，有时也收取一定的业绩报酬分成。

9. 下列不属于理财产品按运作方式分类的有(　　)。

A. 开放式理财产品　　B. 封闭式理财产品

C. 固定收益类理财产品　　D. 权益类理财产品

E. 商品及金融衍生品类理财产品

【解析】商业银行根据运作方式的不同，将理财产品分为封闭式理财产品和开放式理财产品。CDE 三项是根据投资性质的不同进行的分类。

10. 根据表外业务特征和法律关系，下列属于表外业务的有(　　)。[2018 年 6 月真题]

A. 备用信用证　B. 承兑　C. 债券投资　D. 同业拆借

E. 担保

【解析】表外业务是指商业银行从事的，按照现行会计准则不计入资产负债表内，不形成现实资产负债，但有可能引起损益变动的业务，包括担保类、部分承诺类两种类型业务。其中，担保类业务是指商业银行接受客户的委托对第三方承担责任的业务，包括担保(保函)、备用信用证、跟单信用证、承兑等；承诺类业务是指商业银行在未来某一日期按照事先约定的条件向客户提供约定的信用业务，包括贷款承诺等。

11. 金融衍生品是一种金融合约，其价值取决于一种或多种基础资产或指数，合约的基本种类包括(　　)。

A. 汇兑　B. 远期　C. 期货　D. 掉期

E. 期权

【解析】金融衍生品是一种金融合约，其价值取决于一种或多种基础资产或指数，合约的基本种类包括远期、期货、掉期(互换)和期权。金融衍生品还包括具有远期、期货、掉期(互换)和期权中一种或多种特征的混合金融工具。A 项，汇兑又称“汇兑结算”，是指汇款人委托银行将其款项支付给收款人的结算方式，并不属于衍生金融产品。

三、判断题(判断以下各小题的对错，正确的用 A 表示，错误的用 B 表示)

1. 客户由他人代理办理业务的，金融机构应当仅对代理人的身份证件或者其他身份证明文件进行核对并登记。(　　)[2023 年 10 月真题]

8BD　9CDE　10ABE　11BCDE　┃　1B

【解析】开户申请人开立个人银行账户或者办理其他个人银行账户业务，原则上应当由开户申请人本人亲自办理；符合条件的，可以由他人代理办理。银行可根据自身风险管理水平、存款人身份信息核验方式及风险等级，审慎确定代理开立的个人银行账户功能。

2. 持卡人以非法占有为目的，超过规定限额或者规定期限透支，经发卡银行两次有效催收后超过三个月仍不归还的，应当认定为刑法规定的“恶意透支”。(　　)［2023 年 10 月真题］

【解析】持卡人以非法占有为目的，超过规定限额或者规定期限透支，经发卡银行两次有效催收后超过三个月仍不归还的，应当认定为《刑法》第一百九十六条规定的恶意透支。

3. 商业银行已经发行的保证收益型和保本浮动收益型理财产品应当按照结构性存款或者其他存款进行规范管理。(　　)［2023 年 10 月真题］

【解析】根据《商业银行理财业务监督管理办法》第七十五条，商业银行已经发行的保证收益型和保本浮动收益型理财产品应当按照结构性存款或者其他存款进行规范管理。

4. 同业代付业务实质属贸易融资方式，银行办理同业代付业务应具有真实贸易背景。(　　)［2017 年 6 月真题］

【解析】同业代付业务实质属贸易融资方式，银行办理同业代付业务应具有真实贸易背景。办理同业代付业务时，委托行与代付行均应采取有效措施加强贸易背景真实性的审核，其中委托行承担主要审查责任，确保融资款项为国内外贸易结算服务，真正支持实体经济发展。

5. 商业汇票分为商业承兑汇票和银行承兑汇票。(　　)

【解析】商业汇票是出票人签发的，委托付款人在指定日期无条件支付确定的金额给收款人或持有人的票据。商业汇票分为商业承兑汇票和银行承兑汇票。商业承兑汇票由银行以外的付款人承兑，银行承兑汇票由银行承兑。

6. 商业银行汇款业务的方式主要有电汇、信汇和网上银行汇款三种。(　　)

【解析】汇款是银行(汇出行)应汇款人(债务人)的要求，以一定的方式将一定的金额，以其国外联行或代理行作为付款银行(汇入行)，付给收款人(债权人)的一种结算方式。按汇款支付授权的投递方式划分，汇款业务分为电汇、信汇、票汇三种。

7. 商业汇票是由银行签发的，委托付款人在见票时或者在指定日期无条件支付的一纸命令书。(　　)

【解析】商业汇票是出票人签发的，委托付款人在指定日期无条件支付确定的金额给收款人或持有人的票据。商业汇票分为商业承兑汇票和银行承兑汇票。

8. 跟单托收也包括不使用金融票据如汇票的情况。(　　)

【解析】跟单托收是指附有商业单据的托收。卖方开具托收汇票，连同商业单据(主要指货物装运单据)一起委托给托收行。跟单托收也包括不使用金融票据如汇票的情况，如在欧洲大陆一些国家，使用汇票政府要征收印花税，为了避免印花税的负担，一般的即期付款托收不使用汇票。

2A　3A　4A　5A　6B　7B　8A

9. 托收属于银行信用，托收银行与代收银行对托收的款项能否收到负有责任。(　　)

【解析】托收属于商业信用，托收银行与代收银行对托收的款项能否收到不承担责任。

10. 信用证是由银行根据申请人的要求，向受益人(收款人)开立的一种无条件的银行支付承诺。(　　)

【解析】信用证是银行应进口商请求，开出一项凭证给出口商的，在一定条件下保证付款，或者承兑并付款，或者议付的一种结算方式。

11. 商业银行信用卡业务主要包括发卡业务和收单业务。(　　)

【解析】信用卡业务，是指商业银行利用具有授信额度和透支功能的银行卡提供的银行服务，主要包括发卡业务和收单业务。

12. 银行卡是指由银行发行的具有消费信用、转账结算、存取现金等全部功能的信用支付工具。(　　)

【解析】银行卡是指由商业银行向社会发行的具有消费信用、转账结算、存取现金等全部或部分功能的信用支付工具。

13. 商务差旅卡属于信用卡中的个人卡。(　　)

【解析】按照发行对象不同，商业银行发行的信用卡可分为个人卡和单位卡。其中，单位卡按照用途分为商务差旅卡和商务采购卡。

14. 不可撤销的备用信用证旨在保护开证行的利益。(　　)

【解析】备用信用证主要分为可撤销的备用信用证和不可撤销的备用信用证两类。可撤销的备用信用证旨在保护开证行的利益。不可撤销的备用信用证是指开证行不可以单方面撤销或修改信用证。对受益人来说，开证行不可撤销的付款承诺使其有了可靠的收款保证。

15. 本行理财产品产生风险时，可由本行信贷资金为其提供融资和担保。(　　)

【解析】商业银行不得用自有资金购买本行发行的理财产品，不得为理财产品投资的非标准化债权类资产或权益类资产提供任何直接或间接、显性或隐性的担保或回购承诺，不得用本行信贷资金为本行理财产品提供融资和担保。

16. 商业银行全部理财产品投资于非标准化债权类资产的余额在任何时点均不得超过理财产品净资产的35%。(　　)

【解析】商业银行全部理财产品投资于非标准化债权类资产的余额在任何时点均不得超过理财产品净资产的35%，也不得超过本行上一年度审计报告披露总资产的4%。

17. 个人代理销售资产管理产品时，可以不经金融监督管理部门的许可。(　　)

【解析】代理销售其他金融机构发行的资产管理产品，应当符合金融监督管理部门规定的资质条件。未经金融监督管理部门许可，任何非金融机构和个人不得代理销售资产管理产品。

18. 商业银行可以为理财产品投资的非标准化债权类资产提供直接或间接、显性或隐性的

9B　10B　11A　12B　13B　14B　15B　16A　17B　18B

担保或回购承诺。(　　)

【解析】商业银行不得为理财产品投资的非标准化债权类资产或权益类资产提供任何直接或间接、显性或隐性的担保或回购承诺。

19. 商业银行可以发行期限为 60 天的封闭式理财产品。(　　)

【解析】封闭式理财产品是指有确定到期日，且自产品成立日至终止日期间，投资者不得进行认购或者赎回的理财产品。商业银行发行的封闭式理财产品的期限不得低于 90 天。

20. 商业银行应使用信贷资金为本行理财产品特别是保证收益理财产品提供融资和担保。(　　)

【解析】商业银行不得用本行信贷资金为本行理财产品提供融资和担保。

21. 对于发行公募理财产品的，单一客户销售起点金额不得低于 2 万元人民币。(　　)

【解析】商业银行发行公募理财产品的，单一投资者销售起点金额不得低于 1 万元人民币。

22. 同业代付原则上仅适用于银行业金融机构办理跨境贸易结算。(　　)

【解析】同业代付原则上仅适用于银行业金融机构办理跨境贸易结算。境内信用证、保理等贸易结算原则上应通过支付系统汇划款项或通过本行分支机构支付，委托方不得在同一市、县有分支机构的情况下委托当地其他金融机构代付，不得通过同业代付变相融资。

19B　20B　21B　22A

第八章　公司治理

一、单项选择题（以下各小题所给出的 4 个选项中，只有 1 项最符合题目要求，请将正确选项的代码填入括号内）

1. 依据《银行保险机构关联交易管理办法》，商业银行对单个关联方的授信余额不得超过上季末资本净额的______，商业银行对单个关联法人或非法人组织所在集团客户的合计授信余额不得超过上季末资本净额的______，商业银行对全部关联方的授信余额不得超过上季末资本净额的______。（　　）［2023 年 10 月真题］

A. 10%，15%，50%　　B. 15%，20%，60%

C. 15%，30%，50%　　D. 10%，20%，50%

【解析】为防止关联授信风险的集中，控制关联交易可能产生损失的程度，《银行保险机构关联交易管理办法》对商业银行与关联方的授信余额占资本净额的比例进行了限制，规定银行机构对单个关联方的授信余额不得超过银行机构上季末资本净额的 10%。银行机构对单个关联法人或非法人组织所在集团客户的合计授信余额不得超过银行机构上季末资本净额的 15%。银行机构对全部关联方的授信余额不得超过银行机构上季末资本净额的 50%。计算授信余额时，可以扣除授信时关联方提供的保证金存款以及质押的银行存单和国债金额。

2. 根据《银行保险机构关联交易管理办法》，下列不属于银行机构的关联自然人的是（　　）。［2023 年 10 月真题］

A. 银行机构的自然人控股股东、实际控制人

B. 持有或控制银行机构 5% 以上股权的自然人

C. 银行机构的董事、监事和重要分行的高级管理人员

D. 银行机构的董事、监事和高级管理人员的配偶、父母、兄弟姐妹及其配偶、成年子女及其配偶、配偶的父母、配偶的兄弟姐妹及其配偶

【解析】关联自然人包括商业银行的自然人控股股东、实际控制人及其一致行动人、最终受益人；持有或控制商业银行 5% 以上股权的，或持股不足 5% 但对商业银行经营管理有重大影响的自然人；商业银行的董事、监事、总行（总公司）和重要分行（分公司）的高级管理人员，以及具有大额授信、资产转移、保险资金运用等核心业务审批或决策权的人员。上述关联方的配偶、父母、成年子女及兄弟姐妹是关联方。关联自然人还包括商业银行法人控股股东、主要股东，实际控制人的董事、监事、高级管理人员，商业银行法人控股股东、主要股东，实际控制人的一致行动人，最终受益人的董事、监事、高级管理人员。

3. 根据《银行保险机构公司治理准则》，以下不属于公司治理失灵的情形是（　　）。［2023 年 10 月真题］

A. 监事会连续 60 天以上无法召开监事会会议

1A　2D　3A

B. 董事会连续一年以上无法产生

C. 董事之间长期冲突，董事会无法作出有效决议，且无法通过股东大会解决

D. 因资本充足率不足进行增资的提案无法通过

【解析】根据《银行保险机构公司治理准则》第一百一十四条，公司治理机制失灵的情形包括但不限于：董事会连续一年以上无法产生；公司董事之间长期冲突，董事会无法作出有效决议，且无法通过股东大会解决；公司连续一年以上无法召开股东大会；股东大会表决时无法达到法定或者公司章程规定的比例，连续一年以上不能作出有效的股东大会决议；因资本充足率或偿付能力不足进行增资的提案无法通过；公司现有治理机制无法正常运转导致公司经营管理发生严重困难；监管机构认定的其他情形。

4. 根据《银行保险机构关联交易管理办法》，商业银行董事会应当设立关联交易控制委员会，(　　)对关联交易管理承担最终责任。[2023 年 10 月真题]

A. 关联交易控制委员会　　B. 风控部门负责人

C. 合规部门负责人　　D. 董事会

【解析】根据《银行保险机构关联交易管理办法》第三十九条，银行保险机构董事会应当设立关联交易控制委员会，负责关联交易管理、审查和风险控制。银行业监督管理机构对设立董事会下设专业委员会另有规定的，从其规定。董事会对关联交易管理承担最终责任，关联交易控制委员会、涉及业务部门、风险审批及合规审查的部门负责人对关联交易的合规性承担相应责任。

5. 商业银行内部控制管理职能部门是商业银行内部控制的第(　　)道防线。[2023 年 10 月真题]

A. 三　　B. 二　　C. 一　　D. 四

【解析】《银行公司治理原则》凸显了风险管理在公司治理中的重要意义，细化了董事会对于风险管理的监督作用，强化了风险管理中三道防线的作用。所谓风险防御三道防线，主要指：业务条线部门是第一道风险防线，风险管理和合规部门是第二道风险防线，内部审计是第三道风险防线。

6. 根据《商业银行股权管理暂行办法》，下列关于股东责任的说法正确的是(　　)。[2018 年 10 月真题]

A. 商业银行的主要股东应当逐层说明其股权结构直至实际控制人、最终受益人以及其与其他股东的关联关系或者一致行动关系

B. 金融产品不得持有上市商业银行股份

C. 同一投资人及其关联方、一致行动人作为主要股东控制商业银行的数量不得超过 2 家

D. 商业银行主要股东自取得股权之日起三年内不得转让所持有的股权

【解析】B 项，金融产品可以持有上市商业银行股份，但主要股东不得以控制的金融产品同时持有同一商业银行股份；C 项，同一投资人及其关联方、一致行动人作为主要股东参股商业银行的数量不得超过 2 家，或控股商业银行的数量不得超过 1 家；D 项，商业银行主要股东自取得股权之日起五年内不得转让所持有的股权。

4D　5B　6A

7. 下列商业银行的公司治理信息不要求强制披露的是(　　)。[2020 年 10 月真题]

A. 合规部门负责人变动情况　　B. 监事会的构成及其工作情况

C. 高级管理层的构成及其基本情况　　D. 董事会的构成及其工作情况

【解析】商业银行年度披露的信息应当包括基本信息、财务会计报告、风险管理信息、公司治理信息、年度重大事项等。其中，公司治理信息应当包括：①实际控制人及其控制本公司情况的简要说明；②持股比例在百分之五以上的股东及其持股变化情况；③股东大会职责、主要决议，至少包括会议召开时间、地点、出席情况、主要议题以及表决情况等；④董事会职责、人员构成及其工作情况，董事简历，包括董事兼职情况；⑤独立董事工作情况；⑥监事会职责、人员构成及其工作情况，监事简历，包括监事兼职情况；⑦外部监事工作情况；⑧高级管理层构成、职责、人员简历；⑨薪酬制度及当年董事、监事和高级管理人员薪酬；⑩公司部门设置情况和分支机构设置情况；⑪商业银行对本公司治理情况的整体评价；⑫外部审计机构出具的审计报告全文等。

8. 根据《银行保险机构公司治理准则》，关于独立董事提名及选任，下列说法错误的是(　　)。

A. 单独或者合计持有商业银行有表决权股份总数百分之一以上股东、董事会提名委员会、监事会可以提出独立董事候选人

B. 已经提名非独立董事的股东及其关联方可以再提名独立董事

C. 独立董事的选聘应当主要遵循市场原则

D. 被提名的独立董事候选人应当由董事会提名委员会进行资质审查，审查重点包括独立性、专业知识、经验和能力等

【解析】B 项，已经提名非独立董事的股东及其关联方不得再提名独立董事。

9. 商业银行召开董事会，应当至少提前(　　)个工作日告知监管机构。[2023 年 10 月真题]

A. 五　　B. 三　　C. 二　　D. 一

【解析】根据《银行保险机构公司治理准则》第七条，监管机构可以派员列席银行保险机构股东大会、董事会、监事会等会议。银行保险机构召开上述会议，应当至少提前三个工作日通知监管机构。因特殊情况无法满足上述时间要的，应当及时通知监管机构并说明理由。

10. 下列不属于商业银行年度披露的信息是(　　)。[2016 年 11 月真题]

A. 资产证券化风险暴露和评估信息　　B. 董事、监事和高级管理人员薪酬信息

C. 股东名称及报告期内变动情况　　D. 信用风险信息

【解析】商业银行年度披露的信息应当包括基本信息、财务会计报告、风险管理信息、公司治理信息、年度重大事项等。C 项，商业银行年度披露的信息应为最大十名股东及报告期内变动情况，属于需要披露信息中的年度重大事项。

11. 下列关于商业银行监事会的说法错误的是(　　)。[2019 年 6 月真题]

A. 监事会中职工代表的比例不得低于三分之一

B. 监事会会议每年至少应当召开一次

7A　8B　9B　10C　11B

C. 监事会的监督既包括会计监督，又包括业务监督

D. 监事会是商业银行的内部监督机构，对股东大会负责

【解析】B 项，监事会会议每年度至少召开 4 次。

12. 下列各项中不属于股东权利的是(　　)。[2016 年 11 月真题]

A. 复制董事会会议决议

B. 对违反法律、行政法规或者公司章程规定的高管人员提起诉讼

C. 按照出资比例分取红利

D. 主持股东大会

【解析】D 项，通常情况下，股东大会由董事长主持。

13. 股东应当严格按照法律法规及商业银行章程规定的程序提名董事、监事候选人，下列说法错误的是(　　)。[2017 年 10 月真题]

A. 股东大会对每位董事候选人逐一进行表决

B. 同一股东及其关联人提名的董事原则上不得超过董事会成员总数的 1/2

C. 董事候选人应当在股东大会召开之前作出书面承诺，同意接受提名，承诺公开披露的资料真实、完整并保证当选后切实履行董事义务

D. 单独或者合计持有商业银行发行的有表决权股份总数 3% 以上股东可以向董事会提出董事候选人

【解析】B 项，同一股东及其关联人提名的董事原则上不得超过董事会成员总数的三分之一，国家另有规定的除外。

14. 下列不属于商业银行的关联方的是(　　)。[2022 年 7 月真题]

A. 持有商业银行 5% 以上股权的股东

B. 通过与商业银行签署协议而对商业银行施加重大影响的法人

C. 商业银行的自然人控股股东

D. 商业银行主要自然人股东配偶的妹妹的直系亲属

【解析】根据《银行保险机构关联交易管理办法》第六条，银行保险机构的关联自然人包括：①银行保险机构的自然人控股股东、实际控制人，及其一致行动人、最终受益人；②持有或控制银行保险机构 5% 以上股权的，或持股不足 5% 但对银行保险机构经营管理有重大影响的自然人；③银行保险机构的董事、监事、总行(总公司)和重要分行(分公司)的高级管理人员，以及具有大额授信、资产转移、保险资金运用等核心业务审批或决策权的人员；④本条第①至③项所列关联方的配偶、父母、成年子女及兄弟姐妹；⑤本办法第七条第①②项所列关联方的董事、监事、高级管理人员。

15. 下列不属于商业银行董事会职责的是(　　)。

A. 对董事的选聘程序进行监督

B. 制定公司资本规划，承担资本或偿付能力管理最终责任

C. 维护金融消费者和其他利益相关者合法权益

D. 定期评估并完善商业银行公司治理

12D　13B　14D　15A

【解析】A 项属于监事会的职责。

16.《商业银行法》要求，商业银行应当于每一会计年度终了(　　)内，按照国务院银行业监督管理机构的规定，公布其上一年度的经营业绩和审计报告。[2016 年 11 月真题]

A. 五个月　　B. 六个月　　C. 三个月　　D. 四个月

【解析】《商业银行法》要求商业银行在每一会计年度终了三个月内，公布其上一年度的经营业绩和审计报告。

17. 下列不属于商业银行公司治理制衡机制的是(　　)。

A. 履职要求　　B. 职责边界　　C. 激励约束　　D. 组织架构

【解析】商业银行公司治理是指股东大会、董事会、监事会、高级管理层、股东及其他利益相关者之间的相互关系，包括组织架构、职责边界、履职要求等治理制衡机制，以及决策、执行、监督、激励约束等治理运行机制。

18. 商业银行的主要资金来源于(　　)。

A. 吸收存款　　B. 注册股本

C. 向中央银行借款　　D. 同业拆入

【解析】商业银行的主要资金来源于债权人(存款人)，而非股东的注册资本。

19. 商业银行的首要职责是(　　)。

A. 保护存款人的利益　　B. 收益最大化

C. 风险管理　　D. 服务政府

【解析】商业银行作为一个经营和管理风险的机构，客观上要求风险管理成为商业银行的首要职责和生命线。

20. 银行业金融机构变更持有资本总额或者股份总额达到(　　)以上的股东的，国务院银行业监督管理机构应当对股东的资金来源、财务状况、资本补充能力和诚信状况进行审查。

A. 5%　　B. 8%　　C. 10%　　D. 15%

【解析】根据《银行业监督管理法》第十七条规定，申请设立银行业金融机构，或者银行业金融机构变更持有资本总额或者股份总额达到规定比例以上即 5% 以上的股东的，国务院银行业监督管理机构应当对股东的资金来源、财务状况、资本补充能力和诚信状况进行审查。

21. 下列各项中不属于股东义务的是(　　)。

A. 诚信义务　　B. 执法义务　　C. 资本补充义务　　D. 交易行为的限制

【解析】商业银行的股东应重点关注的义务包括：①诚信义务；②资本补充义务；③交易行为的限制。

22. 上市商业银行的最高权力机构是(　　)。

A. 股东大会　　B. 监事会　　C. 董事会　　D. 行长办公会

【解析】股东大会是由全部股东组成，对公司的重大事项作出决定的公司权力机关。

16C　17C　18A　19C　20A　21B　22A

23. 商业银行年度股东大会应当于每一会计年度结束后(　　)个月内召开。

A. 一　　B. 二　　C. 三　　D. 六

【解析】股东大会会议分为年度股东大会和临时股东大会。商业银行应当于每一会计年度结束后六个月内召开年度股东大会。商业银行应当按照《公司法》有关规定，召开临时股东大会。二分之一以上且不少于两名独立董事提议召开临时股东大会的，商业银行应当在两个月内召开临时股东大会。

24. 董事会对(　　)负责。

A. 监事会　　B. 股东大会　　C. 高级管理层　　D. 合规部门

【解析】董事会对股东大会负责，对商业银行经营和管理承担最终责任。

25. 代表(　　)以上表决权的股东可以提议召开董事会临时会议。

A. 五分之一　　B. 十分之一　　C. 十五分之一　　D. 二十分之一

【解析】董事会会议分为定期会议和临时会议。定期会议每年度至少召开 4 次，每次会议应当至少于会议召开十日前通知全体董事和监事。代表十分之一以上表决权的股东、三分之一以上董事或者监事会，两名以上独立董事，可以提议召开董事会临时会议。

26. 董事会做出决议，必须经商业银行全体董事(　　)通过。

A. 三分之一以上　　B. 过半数　　C. 三分之二以上　　D. 全数

【解析】董事会会议应有过半数的董事出席方可举行。董事会作出决议，必须经全体董事的过半数通过。利润分配方案、薪酬方案、重大投资、重大资产处置方案、聘任或解聘高级管理人员、资本补充方案等重大事项不得采取书面传签方式表决，并且应当由三分之二以上董事表决通过。

27. 下列选项中，(　　)不属于监事会的职责。

A. 监督高级管理层履行职责

B. 对公司薪酬管理制度实施情况及高级管理人员薪酬方案的科学性、合理性进行监督

C. 对公司发展战略的科学性、合理性和稳健性进行评估，形成评估报告

D. 对公司经营决策、风险管理和内部控制等进行监督检查并督促整改

【解析】监事会是对公司的财务及业务进行监督的法定、常设监督机构，对股东大会负责。监事会应当重点关注以下事项：①监督董事会确立稳健的经营理念、价值准则和制定符合公司情况的发展战略；②对公司发展战略的科学性、合理性和稳健性进行评估，形成评估报告；③对公司经营决策、风险管理和内部控制等进行监督检查并督促整改；④对董事的选聘程序进行监督；⑤对公司薪酬管理制度实施情况及高级管理人员薪酬方案的科学性、合理性进行监督。A 项属于董事会的职责。

28. 单独或者合计持有商业银行有表决权股份总数(　　)以上股东、董事会提名委员会、监事会可以提出独立董事候选人。

A. 1%　　B. 2%　　C. 3%　　D. 5%

【解析】单独或者合计持有商业银行有表决权股份总数百分之一以上股东、董事会提名委员会、监事会可以提出独立董事候选人。已经提名非独立董事的股东及其关联方不

23D　24B　25B　26B　27A　28A

得再提名独立董事。

29. 商业银行的独立董事每年工作时间不得少于(　　)个工作日。

A. 10　　B. 15　　C. 20　　D. 25

【解析】《银行保险机构公司治理准则》为独立董事规定了最低工作时间，即每年在商业银行工作的时间不得少于15个工作日。

30. 董事会和监事会应当组织会谈，向被评为(　　)的董事监事本人提出限期改进要求。

A. 称职　　B. 基本称职　　C. 不称职　　D. 非常不称职

【解析】对履职评价结果为“基本称职”的董事监事，董事会和监事会应当组织会谈，向董事监事本人提出限期改进要求。董事会和监事会应当为相关董事监事改进履职提供必要的帮助和支持。对被评为“不称职”的董事监事，商业银行董事会、监事会应向其问责。被评为“不称职”的董事监事，可由其主动辞去职务，或由商业银行按照有关程序罢免并报告监管部门，同时相应扣减其作为董事监事的部分或全部薪酬。

31. 独立董事在同一家商业银行任职时间累计不得超过(　　)年。[2022年7月真题]

A. 九　　B. 六　　C. 三　　D. 十二

【解析】独立董事在同一家商业银行任职时间累计不得超过六年。

32. 商业银行的年度报告应该于每个会计年度终了后的(　　)个月内披露。

A. 一　　B. 两　　C. 三　　D. 四

【解析】商业银行应将信息披露的内容以中文编制成年度报告，于每个会计年度终了后的四个月内披露。

33. 商业银行当年董事会累计变更人数超过董事会成员人数(　　)的，应当及时编制临时信息披露报告，并通过公开渠道发布。

A. 二分之一　　B. 三分之一　　C. 四分之一　　D. 五分之一

【解析】商业银行当年董事会累计变更人数超过董事会成员人数三分之一的，应当自事项发生之日起十个工作日内编制临时信息披露报告，并通过公开渠道发布。

二、多项选择题(以下各小题给出的5个选项中，至少有2项符合题目要求，请将符合题目要求选项的代码填入括号内)

1. 关于商业银行外部监事，下列说法正确的有(　　)。[2022年7月真题]

A. 董事、高级管理人员不得兼任外部监事

B. 监事会由股东董事、部委监事、外部监事和职工监事组成

C. 外部监事在一家银行累计任职不得超过六年

D. 监事会成员中，外部监事的比例不得低于三分之一

E. 应该在监事会议事规则中，明确监事会人数，其中外部监事不少于二人

【解析】根据《银行保险机构公司治理准则》第五十八条，董事、高级管理人员不得兼任监事。第五十九条，监事每届任期不得超过三年，任期届满，可以连选连任。外部监事在一家银行保险机构累计任职不得超过六年。第六十六条，银行保险机构监事会由股东

29B　30B　31B　32D　33B　▎　1ACD

监事、外部监事和职工监事组成。第六十七条，银行保险机构监事会成员不得少于三人，其中职工监事的比例不得低于三分之一，外部监事的比例不得低于三分之一。

2. 根据《银行业监督管理法》，申请设立银行业金融机构，国务院银行业监督管理机构应当对股东的(　　)进行审查。[2017 年 6 月真题]

A. 财务状况　　B. 诚信状况　　C. 资金来源　　D. 资本补充能力

E. 资产规模

【解析】《银行业监督管理法》规定，申请设立银行业金融机构，或者银行业金融机构变更持有资本总额或股份总额达到规定比例以上的股东的，国务院银行业监督管理机构应当对股东的资金来源、财务状况、资本补充能力和诚信状况进行审查。

3. 下列关于关联交易管理制度说法正确的有(　　)。[2017 年 10 月真题]

A. 股东特别是主要股东在本行授信逾期时，应当对其在股东大会和派出董事在董事会上的表决权进行限制

B. 股东在本行借款余额超过其持有经审计的上一年度股权净值的 50% 的，不得将本行股票进行质押

C. 商业银行对单个关联方的授信余额不得超过资本净额的 15%

D. 商业银行不得接受本行的股权作为质押提供授信

E. 关联方提供授信发生损失的，自发现损失之日起三年内不得再向该关联方提供授信

【解析】B 项，股东在本行借款余额超过其持有经审计的上一年度股权净值，不得将本行股票进行质押；C 项，银行机构对单个关联方的授信余额不得超过银行机构上季末资本净额的 10%；E 项，关联方提供授信发生损失的，自发现损失之日起二年内不得再向该关联方提供授信，但为减少该授信的损失，经银行机构董事会批准的除外。

4. 商业银行年度披露的信息应当包括(　　)。[2018 年 6 月真题]

A. 公司治理信息　　B. 财务会计报告　　C. 年度重大事项　　D. 基本信息

E. 风险管理信息

【解析】商业银行年度披露的信息应当包括：基本信息、财务会计报告、风险管理信息、公司治理信息、年度重大事项等。

5. 商业银行良好公司治理应包括(　　)。

A. 健全的组织架构　　B. 清晰的股权结构

C. 科学的发展战略　　D. 健全的信息披露机制

E. 较强的社会责任意识

【解析】商业银行良好公司治理应当包括以下内容：清晰的股权结构，健全的组织架构，明确的职责边界，科学的发展战略，高标准的职业道德准则，有效的风险管理与内部控制，健全的信息披露机制，合理的激励约束机制，良好的利益相关者保护机制，较强的社会责任意识。

6. 商业银行的职能有(　　)。

A. 充当信用中介　　B. 充当支付中介

2ABCD　3AD　4ABCDE　5ABCDE　6ABC

C. 信用创造　　　　　　　　　　　　　　D. 经济调控

E. 制定经济金融政策

【解析】商业银行是经营货币的特殊企业，承担着信用中介、支付中介和信用创造的职能。

7. 根据《银行保险机构关联交易管理办法》，银行保险机构的关联方包括（　　）。［2023 年 10 月真题］

A. 持有或控制银行保险机构 5% 以上股权的，或持股不足 5% 但对银行保险机构经营管理有重大影响的法人或非法人组织及其控股股东、实际控制人、一致行动人、最终受益人

B. 银行保险机构的自然人控股股东、实际控制人的配偶、父母、成年子女及兄弟姐妹

C. 具有大额授信、资产转移、保险资金运用等核心业务审批或决策权的人员

D. 银行保险机构的董事、监事、总行（总公司）和重要分行（分公司）的高级管理人员

E. 银行保险机构的自然人或法人控股股东、实际控制人，及其一致行动人、最终受益人

【解析】《银行保险机构关联交易管理办法》规定，商业银行的关联方包括关联自然人、法人或其他组织。

关联自然人包括商业银行的自然人控股股东、实际控制人及其一致行动人、最终受益人；持有或控制商业银行 5% 以上股权的，或持股不足 5% 但对商业银行经营管理有重大影响的自然人；商业银行的董事、监事、总行（总公司）和重要分行（分公司）的高级管理人员，以及具有大额授信、资产转移、保险资金运用等核心业务审批或决策权的人员。上述关联方的配偶、父母、成年子女及兄弟姐妹是关联方。关联自然人还包括商业银行法人控股股东、主要股东，实际控制人的董事、监事、高级管理人员，商业银行法人控股股东、主要股东，实际控制人的一致行动人，最终受益人的董事、监事、高级管理人员。

关联法人或非法人组织包括：商业银行的法人控股股东、实际控制人及其一致行动人、最终受益人；持有或控制商业银行 5% 以上股权的，或者持股不足 5% 但对商业银行经营管理有重大影响的法人或非法人组织及其控股股东、实际控制人、一致行动人、最终受益人；商业银行控制或施加重大影响的法人或非法人组织。此外，商业银行的控股股东、实际控制人控制或施加重大影响的法人或非法人组织，主要股东控制的法人或非法人组织等也是关联方。

8. 下列各项中属于商业银行股东的权利的有（　　）。

A. 资产收益权　　　　　　　　　　　　B. 偿还本金请求权

C. 参与重大决策权　　　　　　　　　　D. 诉讼权

E. 管理权

【解析】商业银行股东的权利包括资产收益权、参与重大决策权、选择管理者的权利、知情权和诉讼权。

9. 下列各项中属于商业银行股东大会职责的有（　　）。

A. 审议批准董事会的报告　　　　　　　B. 修改公司章程

7ABCDE　8ACD　9AB

C. 制定公司发展战略并监督战略实施　　　D. 承担股东事务的管理责任
E. 承担全面风险管理的最终责任

【解析】《公司法》规定股东大会行使的职权包括：①决定公司的经营方针和投资计划；②选举和更换非由职工代表担任的董事、监事，决定有关董事、监事的报酬事项；③审议批准董事会的报告；④审议批准监事会或者监事的报告；⑤审议批准公司的年度财务预算方案、决算方案；⑥审议批准公司的利润分配方案和弥补亏损方案；⑦对公司增加或者减少注册资本作出决议；⑧对发行公司债券作出决议；⑨对公司合并、分立、解散、清算或者变更公司形式作出决议；⑩修改公司章程。《银行保险公司治理准则》规定，除《公司法》规定的职权外，银行机构股东大会职权还应当包括：对公司上市作出决议；审议批准股东大会、董事会和监事会议事规则；审议批准股权激励计划方案；依照法律规定对收购本公司股份作出决议；对聘用或解聘为公司财务报告进行定期法定审计的会计师事务所作出决议。CDE 三项属于董事会的职责。

10. 下列关于商业银行股东大会的说法，错误的有(　　)。
A. 股东大会会议应当以现场会议方式召开
B. 股东大会作出决议，必须经出席会议的股东所持表决权三分之二以上通过
C. 商业银行应当建立安全、经济、便捷的网络或采用其他方式，为中小股东参加股东大会提供便利条件
D. 股东大会作出公司增加或者减少注册资本的决议必须经出席会议的股东所持表决权过半数通过
E. 股东大会决议的表决实行股东平等、资本多数决的民主决策规则

【解析】股东大会作出决议，必须经出席会议的股东所持表决权过半数通过。但下列事项必须经出席会议股东所持表决权三分之二以上通过：公司增加或者减少注册资本；发行公司债券或者公司上市；公司合并、分立、解散、清算或者变更公司形式；修改公司章程；罢免独立董事；审议批准股权激励计划方案；法律法规、监管规定或者公司章程规定的，需要经出席会议股东所持表决权三分之二以上通过的其他事项。

11. 董事会是银行公司治理的组织架构之一，下列关于董事会的说法正确的有(　　)。
A. 董事会会议每月应至少召开一次
B. 独立董事是指在商业银行不担任经营管理职务的董事
C. 董事会会议应当有商业银行全体董事过半数出席方可举行
D. 商业银行董事长和行长应当分设
E. 董事会决议可以采用现场会议表决和书面传签表决两种方式作出

【解析】A 项，董事会会议分为定期会议和临时会议，定期会议每年度至少召开 4 次。B 项，非执行董事是指在商业银行不担任经营管理职务的董事；独立董事是指不在商业银行担任除董事以外的其他职务，并与所聘商业银行及其股东、实际控制人不存在任何可能影响其进行独立、客观判断关系的董事。

12. 对下列选项中，应当由董事会三分之二以上董事通过方可有效的有(　　)。
A. 利润分配方案　　　B. 重大投资与重大资产处置方案

10BD　11CDE　12ABDE

C. 风险管理政策　　　　　　　　D. 资本补充方案

E. 聘任或解雇高级管理人员

【解析】董事会作出决议，必须经全体董事的过半数通过。利润分配方案、薪酬方案、重大投资、重大资产处置方案、聘任或解聘高级管理人员、资本补充方案等重大事项不得采取书面传签方式表决，并且应当由三分之二以上董事表决通过。

13. 每年度至少召开4次的会议有(　　)。

A. 股东大会　　　　　　　　B. 董事会定期会议

C. 监事会会议　　　　　　　D. 高级管理层例会

E. 临时会议

【解析】董事会定期会议、监事会会议每年度至少召开4次。股东大会会议分为年度股东大会和临时股东大会，商业银行应当于每一会计年度结束后六个月内召开年度股东大会。

14. 商业银行的监事会由(　　)组成。

A. 职工代表出任的监事　　　　B. 股东大会选举的外部监事

C. 财务负责人　　　　　　　　D. 商业银行总行行长

E. 股东监事

【解析】监事会由职工代表出任的监事、股东大会选举的外部监事和股东监事组成。CD两项均属于高级管理层的成员。

15. 商业银行应当按年度对所有在职董事进行履职评价，依据评价结果可将董事划分为(　　)。

A. 非常称职　　B. 称职　　C. 基本称职　　D. 不称职

E. 非常不称职

【解析】商业银行应当按年度开展履职评价工作。董事、监事的年度履职评价结果分为称职、基本称职和不称职三类。

16. 商业银行的工作人员中，属于高级管理层的有(　　)。

A. 总行行长　　B. 会计　　C. 副行长　　D. 财务负责人

E. 监管部门认定的其他高级管理人员

【解析】高级管理层由商业银行总行行长、副行长、财务负责人及监管部门认定的其他高级管理人员组成。

17. 商业银行的高级管理人员包括(　　)。

A. 监事会主席　　B. 副经理　　C. 财务负责人　　D. 董事会秘书

E. 董事长

【解析】高级管理层由商业银行总行行长、副行长、财务负责人及监管部门认定的其他高级管理人员组成。高级管理人员是指公司的经理、副经理、财务负责人，上市公司董事会秘书和公司章程规定的其他人员。

13BC　14ABE　15BCD　16ACDE　17BCD

18. 下列各项关于商业银行专门委员会的说法正确的是(　　)。

A. 战略委员会主要负责制定商业银行经营管理目标和长期发展战略，监督、检查年度经营计划、投资方案的执行情况

B. 审计委员会主要负责检查商业银行风险及合规状况、会计政策、财务报告程序和财务状况

C. 提名委员会只负责拟定高级管理层成员的选任程序和标准，对高级管理层成员的任职资格进行初步审核，并向董事会提出建议

D. 薪酬委员会主要负责审议全行薪酬管理制度和政策，拟定公司职工的薪酬方案，向董事会提出薪酬方案建议，并监督方案实施

E. 风险管理委员会主要负责关联交易的管理、审查和批准，控制关联交易风险

【解析】C项，提名委员会主要负责拟定董事和高级管理层成员的选任程序和标准，对董事和高级管理层成员的任职资格进行初步审核，并向董事会提出建议；D项，薪酬委员会主要负责审议全行薪酬管理制度和政策，拟定董事和高级管理层成员的薪酬方案，向董事会提出薪酬方案建议，并监督方案实施；E项，关联交易控制委员会主要负责关联交易的管理、审查和批准，控制关联交易风险。

19. 商业银行独立董事应重点关注的事项包括(　　)。

A. 重大关联交易

B. 商业银行信息披露

C. 利润分配方案

D. 对董事的选聘程序进行监督

E. 董事的提名、任免以及高级管理人员的聘任和解聘

【解析】B项属于董事会应重点关注的事项；D项属于监事会应重点关注的事项。

三、判断题(判断以下各小题的对错，正确的用A表示，错误的用B表示)

1. 根据《银行保险机构关联交易管理办法》，银行业监管机构可以根据实质重于形式和穿透的原则，认定可能导致银行保险机构利益转移的自然人、法人或非法人组织为关联方。(　　)[2023年10月真题]

【解析】商业银行按照实质重于形式和穿透的原则，可以主动认定关联方，一是关联方的认定考虑时间维度，在过去十二个月内或者根据相关协议安排在未来十二个月内构成关联方的，都可以认定为关联方。二是近亲属的范围可以扩展，不仅包括配偶、父母、成年子女及兄弟姐妹，还可以是其他关系密切的家庭成员。三是内部工作人员及其控制的法人或其他组织等。总之，对商业银行有影响，与商业银行发生或可能发生未遵守商业原则、有失公允的交易行为，并可据以从交易中获取利益的自然人、法人或非法人组织都可能成为关联方。此外，银行业监督管理机构可以根据实质重于形式和穿透的原则，认定可能导致商业银行利益转移的自然人、法人或非法人组织为关联方。

2. 根据《银行保险机构关联交易管理办法》，授信类关联交易原则上以实际使用的授信金额计算交易金额。(　　)[2023年10月真题]

【解析】具体来讲，银行机构各类关联交易金额计算方式如下：授信类关联交易原则上以签订协议的金额计算交易金额；资产转移类关联交易以交易价格或公允价值计算交易金额；服务类关联交易以业务收入或支出金额计算交易金额。

18AB　19ACE　▎　1A　2B

3. 银行保险机构应当在公司章程中规定，主要股东应当以书面形式向银行保险机构作出在必要时向其补充资本的长期承诺，作为银行保险机构资本规划的一部分。（ ）[2023年6月真题]

【解析】《银行保险机构公司治理准则》第六条规定，银行保险机构应当在公司章程中规定，主要股东应当以书面形式向银行保险机构作出在必要时向其补充资本的长期承诺，作为银行保险机构资本规划的一部分，并在公司章程中规定公司制定审慎利润分配方案时需要考虑的主要因素。

4. 商业银行监事会在履职过程中有权要求董事会和高级管理层提供信息披露、审计等方面的必要信息。监事会认为必要时，可以指派监事列席高级管理层会议。（ ）[2021年6月真题]

【解析】监事会在履职过程中有权要求董事会和高级管理层提供信息披露、审计等方面的必要信息。监事会认为必要时，可以指派监事列席高级管理层会议。监事会还可以独立聘请外部机构就相关工作提供专业协助。

5. 商业银行董事会各专门委员会成员应当是具有与专门委员会职责相适应的专业知识和工作经验的董事和高级管理人员。各专门委员会负责人原则上不宜兼任。（ ）[2019年6月真题]

【解析】商业银行董事会各专门委员会成员应当是具有与专门委员会职责相适应的专业知识和工作经验的董事。

6. 商业银行应当在年度报告中披露持股比例10%以上股东及其持股变化情况。（ ）[2022年7月真题]

【解析】商业银行应当通过半年报或年报在官方网站等渠道真实、准确、完整地披露商业银行股权信息，披露内容包括：报告期末股票、股东总数及报告期间股票变动情况；报告期末公司前十大股东持股情况；报告期末主要股东及其控股股东、实际控制人、关联方、一致行动人、最终受益人情况；报告期内与主要股东及其控股股东、实际控制人、关联方、一致行动人、最终受益人关联交易情况；主要股东出质银行股权情况；股东提名董事、监事情况；银行业监督管理机构规定的其他信息。

7. 在实践中，公司治理一般遵循一种统一的模式。（ ）

【解析】实践表明，公司治理并不存在统一的模式，但国际先进银行在建立和完善良好的公司治理过程中逐步形成并遵循了一些普遍原则。

8. 商业银行独立董事可以兼任公司高管。（ ）

【解析】独立董事制度对于提高商业银行决策的科学性、准确性、安全性与可行性，增强商业银行竞争力，强化公司内部民主机制，保护小股东和其他利益相关者发挥了积极作用。独立董事不兼任高管职务，与公司不存在实质性的利害关系。

9. 独立董事人数原则上不低于董事会成员总数的二分之一。（ ）

【解析】独立董事人数原则上不低于董事会成员总数的三分之一。

3A 4A 5B 6B 7B 8B 9B

第九章　全面风险管理

一、单项选择题(以下各小题所给出的4个选项中，只有1项最符合题目要求，请将正确选项的代码填入括号内)

1. (　　)是指债务人由于本国外汇储备不足或外汇管制等原因，无法获得所需外汇偿还其境外债务的风险。[2023年10月真题]

A. 政治风险　　B. 间接国别风险　　C. 转移风险　　D. 货币风险

【解析】国别风险的主要类型包括转移风险、主权风险、传染风险、货币风险、宏观经济风险、政治风险和间接国别风险。转移风险指债务人由于本国外汇储备不足或外汇管制等原因，无法获得所需外汇偿还其境外债务的风险。货币风险指由于汇率不利变动或货币贬值，导致债务人持有的本国货币或现金流不足以支付其外币债务的风险。政治风险指债务人因所在国发生政治冲突、政权更替、战争等情形，或者债务人资产被国有化或被征用等情形而承受的风险。间接国别风险指某一国家或者地区因各类国别风险增高，间接导致在该国或者地区有重大商业关系或利益的本国债务人还款能力和还款意愿降低的风险。

2. 下列关于操作风险的治理和管理责任，说法错误的是(　　)。

A. 监事会审批操作风险偏好及其传导机制，将操作风险控制在可承受范围之内

B. 董事会承担操作风险管理的最终责任

C. 高级管理层应当承担操作风险管理的实施责任

D. 高级管理层应当制定操作风险管理基本制度和管理办法

【解析】A项，审批操作风险偏好及其传导机制，将操作风险控制在可承受范围之内属于董事会的职责。监事会应当承担操作风险管理的监督责任，负责监督检查董事会和高级管理层的履职尽责情况，及时督促整改，并纳入监事会工作报告。

3. 下列选项中，不属于我国《商业银行市场风险管理指引》中明确的市场风险的是(　　)。[2023年10月真题]

A. 债券违约风险　　B. 利率风险　　C. 股票价格风险　　D. 汇率风险

【解析】市场风险是指因市场价格(利率、汇率、股票价格和商品价格)的不利变动而使银行表内和表外业务发生损失的风险。市场风险存在于银行的交易和非交易业务中。市场风险可以分为利率风险、汇率风险、股票价格风险和商品价格风险，分别是指由于利率、汇率、股票价格和商品价格的不利变动所带来的风险。利率风险按照来源的不同，可以分为重新定价风险、收益率曲线风险、基准风险和期权性风险。

4. 某企业集团财务公司发生重大风险，严重危害金融秩序、损害公众利益，银行业监督管理机构依法予以撤销，请企业集团财务公司组成清算公司进行清算，清算组在清算中发现财务公司的资产不足以清偿其债务时，应当采取的措施是(　　)。[2023年10月真题]

A. 请求企业集团给予救助

1C　2A　3A　4C

B. 出售部分资产

C. 经银行业监督管理机构核准后向人民法院申请该财务公司破产

D. 进行机构重组

【解析】破产清偿是指债务人因不能清偿到期债务，并且财产不足以清偿全部债务或者明显缺乏清偿能力时，被法院依法裁定破产清算、破产和解或者破产重整，银行据以实现债权受偿的处置方式。

5. 商业银行授信实施时，应关注借款合同的合法性。从风险防范的角度，主要应对的是(　　)。[2023年10月真题]

A. 信用风险　　B. 法律风险　　C. 市场风险　　D. 流动性风险

【解析】法律风险是指商业银行因日常经营和业务活动无法满足或违反法律规定，导致不能履行合同、发生争议/诉讼或其他法律纠纷而造成经济损失的风险。从狭义上讲，法律风险主要关注商业银行所签署的各类合同、承诺等法律文件的有效性和可执行力。从广义上讲，与法律风险密切相关的还有违规风险和监管风险。

6. 一般情况下，商业银行市场风险的控制方法不包括(　　)。[2023年10月真题]

A. 限额管理　　B. 风险对冲　　C. 内部控制　　D. 经济资本配置

【解析】商业银行除了采用限额管理、风险对冲等风险控制方法之外，还可以通过配置合理的经济资本来降低市场风险敞口。

7. 根据《商业银行金融资产风险分类办法》，商业银行对债务人逃废银行债务的，该金融资产应至少归为(　　)。[2023年10月真题]

A. 关注类　　B. 次级类　　C. 可疑类　　D. 正常类

【解析】符合下列情况之一的金融资产应至少归为可疑类：①本金、利息或收益逾期超过270天；②债务人逃废银行债务；③金融资产已发生信用减值，且预期信用损失占其账面余额的50%以上。

8. 在全面风险管理中，A银行要面临的信用风险、操作风险、市场风险等风险类型进行加总，下列说法不正确的是(　　)。[2021年6月真题]

A. 选取合理可行的加总方法　　B. 在加总过程中不需要考虑集中度风险

C. 应当建立风险加总的政策、程序　　D. 充分考虑风险之间的相互影响和相互传染

【解析】商业银行应当建立风险加总的政策、程序，选取合理可行的加总方法，充分考虑集中度风险及风险之间的相互影响和相互传染，确保在不同层次上和总体上及时识别风险。

9. 根据《银行保险机构声誉风险管理办法(试行)》，下列说法错误的是(　　)。

A. “前瞻性原则”指出声誉风险管理以防控风险、有效处置、修复形象为最终标准，制度设计、机制构建和组织落实都应围绕这一标准来展开

B. 首次明确了声誉风险管理“前瞻性、匹配性、全覆盖、有效性”四项重要原则

C. 要求银行机构承担声誉风险管理的主体责任，监管机构依法对银行机构声誉风险管理实施监管

5B　6C　7C　8B　9A

D. 银行机构应以党的政治建设为统领，强化公司治理在声誉风险管理中的作用

【解析】A 项，“有效性原则”指出声誉风险管理以防控风险、有效处置、修复形象为最终标准，制度设计、机制构建和组织落实都应围绕这一标准来展开。

10. 商业银行定期对交易和账户进行复核和对账是对(　　)的控制手段。[2018 年 6 月真题]

A. 信用风险　　B. 流动性风险　　C. 市场风险　　D. 操作风险

【解析】银行机构应当将加强内部控制作为操作风险管理的有效手段，与此相关的内部控制措施至少应当包括的手段之一为对交易和账户进行定期对账。

11. 根据《银行业金融机构国别风险管理办法》，下列关于国别风险的说法中正确的是(　　)。[2021 年 10 月真题]

A. 国别风险应当至少划分低、中、高三个等级

B. 转移风险是国别风险的主要类型之一，是指借款人或债务人无法对其承担的风险进行风险分散

C. 间接国别风险无须纳入正式的国别风险管理程序中

D. 国别风险可能由一国或地区经济状况恶化、政治和社会动荡、资产被国有化或被征用、政府拒付对外债务，外汇管制或货币贬值等情况引发

【解析】A 项，国别风险应当至少划分为低、较低、中、较高、高五个等级；B 项，转移风险指债务人由于本国外汇储备不足或外汇管制等原因，无法获得所需外汇偿还其境外债务的风险；C 项，间接国别风险无须纳入正式的国别风险管理程序，商业银行在评估本国债务人的信用状况时，应适当考虑国别风险因素。

12. 2009 年至 2010 年，原银监会相继发布了“三个办法一个指引”，具体是指(　　)。[2016 年 11 月真题]

A. 固定资产贷款管理暂行办法、流动资产贷款管理暂行办法、个人贷款管理暂行办法、贷款通则

B. 固定资产贷款管理暂行办法、流动资金贷款管理暂行办法、个人贷款管理暂行办法、商业银行集团客户授信业务风险管理指引

C. 固定资产贷款管理暂行办法、流动资金贷款管理暂行办法、个人贷款管理暂行办法、项目融资业务指引

D. 固定资产贷款管理暂行办法、流动资产贷款管理暂行办法、个人贷款管理暂行办法、授信工作尽职指引

【解析】2009 年至 2010 年，原银监会相继发布了《固定资产贷款管理暂行办法》《个人贷款管理暂行办法》《流动资金贷款管理暂行办法》和《项目融资业务指引》，并称“三个办法一个指引”，又称“贷款新规”。为进一步促进银行业金融机构提升信贷管理能力和金融服务质效，国家金融监管总局对“三个办法一个指引”等信贷管理制度进行了修订，形成《固定资产贷款管理办法》《流动资金贷款管理办法》《个人贷款管理办法》(简称“三个办法”)，于 2024 年 2 月发布，7 月 1 日起施行。

10D　11D　12C

13. 《银行业金融机构全面风险管理指引》要求，银行业金融机构应当建立相对独立的全面风险管理组织架构，赋予风险管理条线足够的授权、人力资源及其他资源配置，建立科学合理的报告渠道，与业务条线之间形成相互制衡的运行机制。这体现了全面风险管理的(　　)[2022 年 7 月真题]

A. 独立性原则　　B. 匹配性原则　　C. 全覆盖原则　　D. 有效性原则

【解析】银行业金融机构在全面风险管理中应当遵循的基本原则包括：匹配性原则、全覆盖原则、独立性原则和有效性原则。其中，独立性原则是指银行业金融机构应当建立相对独立的全面风险管理组织架构，赋予风险管理条线足够的授权、人力资源及其他资源配置，建立科学合理的报告渠道，与业务条线之间形成相互制衡的运行机制。

14. 下列关于风险管理策略的说法，正确的是(　　)。[2021 年 10 月真题]

A. 在个人生产经营贷款中要求借款人购买保险是一种风险分散

B. "不要将所有的鸡蛋放在一个篮子里"隐含的是风险转移的思想

C. 由于某客户杠杆率过高否定了其贷款申请是一种风险规避

D. 商业银行采取在交易价格上附加更高的风险溢价是一种风险对冲

【解析】A 项，在个人生产经营贷款中要求借款人购买保险是一种风险转移；B 项，"不要将所有的鸡蛋放在一个篮子里"隐含的是风险分散的思想；D 项，商业银行采取在交易价格上附加更高的风险溢价是一种风险补偿。

15. 如果一家商业银行的贷款风险分类情况为：正常类贷款 62 亿元，关注类贷款 6 亿元，损失类贷款 2 亿元，那么该商业银行的不良贷款率为(　　)。[2016 年 11 月真题]

A. 8%　　B. 2%　　C. 20%　　D. 2.86%

【解析】不良贷款率是指不良贷款(次级类贷款 + 可疑类贷款 + 损失类贷款)占各项贷款的比率。该商业银行的不良贷款率 = (次级类贷款 + 可疑类贷款 + 损失类贷款)/各项贷款余额 $\times 100\% = 2/(62+6+2)\times 100\% = 2.86\%$。

16. 商业银行在不良资产处置中应综合考虑不良资产类型、债务关联人偿债意愿和偿还能力、市场需求、处置时限、资产实际情况等因素。下列不属于常用的不良资产处置方式的是(　　)。[2017 年 10 月真题]

A. 债务减免　　B. 长期挂账　　C. 呆账核销　　D. 诉讼追偿

【解析】不良资产处置方式有：直接追偿、委外清收、债务重组、资产租赁、押品处置、债权转让、债务减免、呆账核销、破产清偿、诉讼追偿等。

17. 根据《商业银行市场风险管理指引》，商业银行所承担的市场风险水平应当与其(　　)相匹配。[2022 年 7 月真题]

A. 经济效益和股金分红　　B. 资产规模和盈利能力

C. 市场风险管理能力和资本实力　　D. 网点数量和员工规模

【解析】根据《商业银行市场风险管理指引》规定，商业银行应当充分识别、准确计量、持续监测和适当控制所有交易和非交易业务中的市场风险，确保在合理的市场风险水平之下安全、稳健经营。商业银行所承担的市场风险水平应当与其市场风险管理能力

13A　14C　15D　16B　17C

和资本实力相匹配。

18. 因宏观经济大幅波动导致债务人违约风险增加的风险属于国别风险中的(　　)。

A. 主权风险　　B. 政治风险　　C. 宏观经济风险　　D. 传染风险

【解析】宏观经济风险指因宏观经济大幅波动导致债务人违约风险增加的风险。

19. 限额管理是商业银行对市场风险进行有效控制的一项重要手段。以下不属于常用的市场风险限额的是(　　)。[2023 年 6 月真题]

A. 交易限额　　B. 最低限额　　C. 止损限额　　D. 风险限额

【解析】常用的市场风险限额包括交易限额、风险限额和止损限额等。

20. 由于人民币汇率波动，导致某商业银行外汇资产贬值的风险是(　　)。[2022 年 7 月真题]

A. 法律风险　　B. 市场风险　　C. 操作风险　　D. 流动性风险

【解析】市场风险存在于银行的交易和非交易业务中。市场风险可以分为利率风险、汇率风险、股票价格风险和商品价格风险，分别是指由于利率、汇率、股票价格和商品价格的不利变动所带来的风险。

21. 全面风险管理体系应当与风险状况和系统重要性等相适应，并根据环境变化予以调整，这指的是全面风险管理中应当遵循的(　　)原则。

A. 匹配性原则　　B. 全覆盖原则　　C. 独立性原则　　D. 有效性原则

22. 商业银行进行全面风险管理的基础和灵魂是(　　)。

A. 全面风险管理架构　　B. 全面风险管理理念

C. 全面风险管理精神　　D. 全面风险管理策略

【解析】全面风险管理理念是商业银行进行全面风险管理的基础和灵魂，适当的与之匹配的全面风险管理组织架构是贯彻和执行全面风险管理精神的具体形式。

23. 对于贷款损失准备，监管机构在确定单家银行具体监管要求时，应考虑的因素不包括(　　)。[2022 年 7 月真题]

A. 资本充足性　　B. 贷款分类准确性

C. 信用评级完整性　　D. 处置不良贷款主动性

【解析】确定单家银行具体监管要求一般包括贷款分类准确性、处置不良贷款主动性、资本充足性三个考虑因素。

24. 风险偏好指标体系设定遵循的原则不包括(　　)。

A. 体现银行各个相关利益方的期望

B. 与银行发展战略协调一致

C. 风险偏好陈述书的生成应遵循由下至上的原则

D. 保持风险偏好的相对稳定

【解析】风险偏好指标体系设定遵循以下原则：①体现银行各个相关利益方(股东、监管机构和债权人)的期望；②与银行发展战略协调一致；③充分考虑银行目前的实际风险

18C　19B　20B　21A　22B　23C　24C

管理能力及风险暴露情况；④风险偏好陈述书的生成应遵循由上至下的原则，并由董事会审议通过；⑤保持风险偏好的相对稳定，定期对风险偏好陈述书的具体参数进行修订。

25. 银行业金融机构对风险偏好的评估至少应当(　　)。

A. 半年一次　　B. 一年一次　　C. 每季度一次　　D. 两年一次

【解析】我国《银行业金融机构全面风险管理指引》要求包括商业银行在内的银行业金融机构的风险偏好的设定应当与战略目标、经营计划、资本规划、绩效考评和薪酬机制衔接，在全行传达并执行，并应当每年对风险偏好至少进行一次评估。

26. 在银行风险管理流程中，风险控制是指对经过识别和计量的风险采取(　　)等措施，进行有效管理和控制的过程。

A. 分散、担保、抵押、定价和缓释　　B. 分散、对冲、转移、规避和补偿

C. 监测、对冲、转移、规避和补充　　D. 监测、分散、转移、规避和补偿

【解析】商业银行通常运用的风险管理策略可以大致概括为风险分散、风险对冲、风险转移、风险规避和风险补偿五种策略。这五种风险管理策略是商业银行在风险管理实践中的策略性选择，而不是诸如岗位/流程设置、经济资本配置等具体风险控制机制。

27. 风险管理的基本前提是(　　)。

A. 风险计量　　B. 风险监测　　C. 风险识别　　D. 风险偏好

【解析】风险偏好是商业银行在追求实现战略目标的过程中，愿意且能够承担的风险类型和总量，它是统一全行经营管理和风险管理的认知标准，是风险管理的基本前提。

28. 审议全面风险管理报告的是(　　)。

A. 监事会　　B. 内审部门　　C. 董事会　　D. 高级管理层

【解析】银行业金融机构董事会承担全面风险管理的最终责任，履行审议全面风险管理报告的职责。

29. 制定风险管理政策和程序，定期评估的是(　　)。

A. 监事会　　B. 业务部门　　C. 董事会　　D. 高级管理层

【解析】银行业金融机构高级管理层承担全面风险管理的实施责任，执行董事会的决议，应当履行制定风险管理政策和程序，定期评估，必要时调整的职责。

30. 债务人无法足额偿付本金、利息或收益，或金融资产已经发生信用减值的是(　　)类资产。

A. 可疑　　B. 关注　　C. 损失　　D. 次级

【解析】商业银行应至少将金融资产按照风险程度划分为五类，分别为正常类、关注类、次级类、可疑类和损失类，后三类合称为不良资产。各档次的核心定义分别为：①正常类：债务人能够履行合同，没有客观证据表明本金、利息或收益不能按时足额偿付。②关注类：虽然存在一些可能对履行合同产生不利影响的因素，但债务人目前有能力偿付本金、利息或收益。③次级类：债务人无法足额偿付本金、利息或收益，或金融

25B　26B　27D　28C　29D　30D

资产已经发生信用减值。④可疑类：债务人已经无法足额偿付本金、利息或收益，金融资产已发生显著信用减值。⑤损失类：在采取所有可能的措施后，只能收回极少部分金融资产，或损失全部金融资产。

31. 虽然存在一些可能对履行合同产生不利影响的因素，但债务人目前有能力偿付本金、利息或收益的资产是(　　)。

A. 可疑类资产　　B. 关注类资产　　C. 次级类资产　　D. 损失类资产

【解析】A 项，可疑类资产是指债务人已经无法足额偿付本金、利息或收益，金融资产已发生显著信用减值；C 项，次级类资产是指债务人无法足额偿付本金、利息或收益，或金融资产已经发生信用减值；D 项，损失类资产是指在采取所有可能的措施后，只能收回极少部分金融资产，或损失全部金融资产。

32. 下列关于商业银行的风险管理流程，正确的是(　　)。[2022 年 7 月真题]

A. 风险识别、风险计量、风险评估、风险监测、风险报告、风险控制或缓释

B. 风险监测、风险识别、风险计量、风险评估、风险控制或缓释、风险报告

C. 风险识别、风险计量、风险监测、风险评估、风险控制或缓释、风险警告

D. 风险计量、风险识别、风险监测、风险评估、风险报告、风险控制或缓释

【解析】全面风险管理的方法，包括各类风险的识别、计量、评估、监测、报告、控制或缓释，风险加总的方法和程序。

33. 某支行柜员在经办借记卡取现 10 万元时业务操作反方向，造成短款 20 万元，经与客户沟通解释追回 20 万元。造成该事件风险的成因是(　　)。

A. 外部事件　　B. 人员　　C. 系统　　D. 内部流程

【解析】操作风险是指由于内部程序、员工、信息科技系统存在问题以及外部事件所造成损失的风险。操作风险包括法律风险，但不包括战略风险和声誉风险。由该柜员操作失误造成的短款问题属于由人员引起的操作风险。

34. 以下不属于商业银行战略风险主要来源的是(　　)。

A. 商业银行签署的合同缺乏执行力

B. 商业银行发展目标缺乏整体兼容性

C. 商业银行缺乏实现发展目标的资源

D. 商业银行缺乏战略实施过程的质量保证措施

【解析】战略风险是指商业银行在追求短期商业目的和长期发展目标的过程中，因不适当的发展规划和战略决策给商业银行造成损失或不利影响的风险。战略风险主要体现在四个方面：①商业银行战略目标缺乏整体兼容性；②为实现这些目标而制定的经营战略存在缺陷；③为实现目标所需要的资源匮乏；④整个战略实施过程中的质量难以保证。

35. 下列表述不属于商业银行操作风险的是(　　)。

A. 银行借贷人员与贷款企业勾结骗取银行借贷

B. 商业银行资金交易员超越权限范围进行交易

31B　32A　33B　34A　35C

C. 商业银行理财产品收益率未达到预期收益，从而对银行声誉产生影响

D. 由于清算人员过失造成客户证券清算资金未能及时入账

【解析】操作风险包括法律风险，但不包括声誉风险和战略风险。操作风险可分为人员因素、内部流程、系统缺陷和外部事件四大类别，并由此分为内部欺诈，外部欺诈，就业制度和工作场所安全事件，客户、产品和业务活动事件，实物资产损坏，信息科技系统事件，执行、交割和流程管理事件等七种可能造成实质性损失的事件类型。

36. 下列选项中，不属于银行信用风险的是(　　)。

A. 信用质量发生恶化　　B. 交易对手未能履行合同

C. 外部欺诈　　D. 债务人未能履行合同

【解析】信用风险是指债务人或交易对手未能履行合同所规定的义务或信用质量发生变化，影响金融产品价值，从而给债权人或金融产品持有人造成经济损失的风险。传统上，信用风险是债务人未能如期偿还债务而给经济主体造成损失的风险，因此又被称为违约风险。C 项属于操作风险。

37. 下列关于国别风险的说法，正确的是(　　)。

A. 通常在债权人的控制范围之内　　B. 在同一国家范围内不存在国别风险

C. 个人不会遭受国别风险带来的损失　　D. 国别风险由债权人所在国家的行为引起

【解析】国别风险是指由于某一国家或地区政治、经济、社会变化及事件，导致该国家或地区债务人没有能力或者拒绝偿付商业银行债务，或使商业银行在该国家或地区的商业存在遭受损失，或使商业银行遭受损失的风险。AD 两项，国别风险通常是由债务人所在国家的行为引起的，已超出了债权人的控制范围；C 项，在国际经济金融活动中，不论是政府、银行、企业还是个人，都可能遭受国别风险所带来的损失。

38. 通常说的“挤兑”是指银行面临的(　　)。

A. 信用风险　　B. 市场风险　　C. 操作风险　　D. 流动性风险

【解析】流动性风险，是指商业银行无法以合理成本及时获得充足资金，用于偿付到期债务、履行其他支付义务和满足正常业务开展的其他资金需求的风险。商业银行作为存款人和借款人的中介，日常持有的、用于支付需要的流动资产只占负债总额的很小部分，如果商业银行的大量债权人在某一时刻同时要求兑现债权，商业银行就可能面临流动性危机(银行挤兑)。

39. 某商业银行由于过失导致客户保管箱毁损，客户对其安全性产生了担心，该风险是(　　)。

A. 市场风险　　B. 法律风险　　C. 声誉风险　　D. 战略风险

【解析】声誉风险是指由银行机构行为、从业人员行为或外部事件等，导致利益相关方、社会公众、媒体对银行机构形成负面评价，从而损害其品牌价值，不利其正常经营，甚至影响到市场稳定和社会稳定的风险。声誉事件是指引发银行机构声誉明显受损的相关行为或活动。保管箱损毁是商业银行管理行为不当引起了客户负面评价，产生了声誉风险。

40. 在信用风险、市场风险、流动性风险和操作风险中，(　　)的形成原因更加复杂，涉

36C　37B　38D　39C　40C

及范围更加广泛。[2023 年 6 月真题]

A. 信用风险　　B. 市场风险　　C. 流动性风险　　D. 操作风险

【解析】流动性风险与信用风险、市场风险、操作风险相比，形成原因更加复杂，涉及范围更加广泛，通常被视为一种多维风险。流动性风险的产生除了因为商业银行的流动性计划不完善外，信用、市场、操作等风险领域的管理缺陷同样会导致商业银行流动性不足，甚至引发风险扩散，造成整个金融系统出现流动性困难。

41. (　　)具有追溯力，适用于一日、一周或一个月等一段时间内的累计损失。

A. 总头寸限额　　B. 止损限额　　C. 交易限额　　D. 风险限额

【解析】止损限额是指所允许的最大损失额。通常，当某个头寸的累计损失达到或接近损失额时，就必须对该头寸进行对冲交易或立即变现。止损限额适用于一日、一周或一个月等一段时间内的累计损失。

42. 下列关于期限管理说法不正确的是(　　)。

A. 商业银行实行分期偿还，至少半年一次还本付息，鼓励按季度进行偿还

B. 对于提前还款部分，商业银行应按照实际用款期限，相应折算成同期限的贷款利率计算本息

C. 商业银行可以利用宽限期变相延长总贷款期限

D. 对于流动资金贷款，贷款人应合理设定流动资金贷款的业务和期限，以满足借款人生产经营的资金需求

【解析】C 项，商业银行要合理确定中长期贷款的建设期、达产期、还贷期和总贷款期限，不得利用宽限期变相延长总贷款期限。

43. “信用风险缓释工具应手续完备，确有代偿能力并易于实现”指的是信用风险缓释的(　　)原则。

A. 合法性　　B. 有效性　　C. 审慎性　　D. 独立性

【解析】信用风险缓释应遵循以下原则：①合法性原则，信用风险缓释工具应符合国家法律规定，确保可实施；②有效性原则，信用风险缓释工具应手续完备，确有代偿能力并易于实现；③审慎性原则，商业银行应考虑使用信用风险缓释工具可能带来的风险因素，保守估计信用风险缓释作用；④一致性原则，如果商业银行采用自行估计的信用风险缓释折扣系数，应对满足使用该折扣系数的所有信用风险缓释工具都使用此折扣系数；⑤独立性原则，信用风险缓释工具与债务人风险之间不应具有实质的正相关性。

44. 关于不良资产下列说法错误的是(　　)。

A. 不良资产率、不良贷款率、逾期 90 天以上贷款与不良贷款比例、逾期贷款率和迁徙率，一般被认为是反映商业银行风险水平、风险迁徙的主要信用风险指标

B. 不良贷款率是指不良贷款余额占各项贷款余额的比重

C. 逾期贷款率越低，贷款回收本金的情况越好

D. 次级类贷款迁徙率为次级类贷款中变为可疑贷款和损失贷款的金额与可疑贷款之比

41B　42C　43B　44D

【解析】D项，次级类贷款迁徙率为次级类贷款中变为可疑贷款和损失贷款的金额与次级贷款之比。

45. 不良贷款微观的早期预警信号主要包括借款企业财务状况或财务行为出现异常、报送财务报表出现异常、(　　)、组织结构或人员出现异常变动以及其他外部特殊因素等方面。

A. 宏观经济变化　　B. 经济政策调整

C. 经营状况出现重大变化　　D. 行业景气度变化

【解析】不良贷款早期预警信号可以分为宏观和微观两大类：宏观的早期预警信号主要包括宏观经济变化、经济政策调整和行业景气度变化等方面；微观的早期预警信号主要包括借款企业财务状况或财务行为出现异常、报送财务报表出现异常、经营状况出现重大变化、组织结构或人员出现异常变动以及其他外部特殊因素等方面。

46. 按照巴塞尔协议的规定，(　　)是一种特殊类型的操作风险，它包括但不限于因监管措施和解决民商事争议而支付的罚款、罚金或者惩罚性赔偿所导致的风险敞口。[2018年10月真题]

A. 法律风险　　B. 声誉风险　　C. 流动性风险　　D. 信用风险

【解析】法律风险是指商业银行因日常经营和业务活动无法满足或违反法律规定，导致不能履行合同、发生争议/诉讼或其他法律纠纷而造成经济损失的风险。根据巴塞尔协议，法律风险是一种特殊类型的操作风险，它包括但不限于因监管措施和解决民商事争议而支付的罚款、罚金或者惩罚性赔偿所导致的风险敞口。

47. 下列关于贷款全流程管理的说法错误的是(　　)。

A. 审贷分离是指将信贷业务全过程分解为调查、审查、审批、用信、贷后管理、不良资产处置等环节

B. 贷款“三查”是指贷前调查、贷时审查和贷后检查，是银行信用风险控制的重要手段

C. 信贷审批中，对于情况较为简单、信用额度较大、风险判断相对容易的业务，可采用直接审批方式

D. “受托支付”是指商业银行(贷款人)按照贷款项目进度和有效贷款需求，根据借款人的提款申请和支付委托，将贷款资金支付给符合合同约定的借款人交易对手的支付过程

【解析】C项，信贷业务可通过贷审会等集体评议的方式，全面、客观、准确评价信贷业务风险与收益，为有权审批人审批信贷业务提供智力支持和权力制约，对于情况较为简单、信用额度较小、风险判断相对容易的业务，可采用直接审批方式。

48. 商业银行应要求借款人在合同中对固定资产贷款做出的承诺内容不包括(　　)。

A. 发生影响其偿债能力的重大不利事项可以不通知贷款人

B. 配合贷款人对贷款的相关检查

C. 贷款项目及其借款事项符合法律法规的要求

45C　46A　47C　48A

D. 及时向贷款人提供完整、真实、有效的材料

【解析】A 项，发生影响其偿债能力的重大不利事项时要及时通知贷款人。

49. 下列金融资产应至少归为次级类的是(　　)。

A. 通过借新还旧或通过其他债务融资方式偿还

B. 同一非零售债务人在本行或其他银行的债务出现不良

C. 本金、利息或收益逾期超过 90 天

D. 未经商业银行同意，擅自改变资金用途

【解析】ABD 三项都属于至少归为关注类的金融资产。

50. 金融企业不计提准备金的资产是(　　)。

A. 购买的国债　B. 长期股权投资　C. 抵债资产　D. 存放同业

【解析】金融企业承担风险和损失的资产应计提准备金，具体包括发放贷款和垫款、可供出售类金融资产、持有至到期投资、长期股权投资、存放同业、拆出资金、抵债资产、其他应收款项等。金融企业不承担风险的委托贷款、购买的国债等资产，不计提准备金。

51. 在对信用风险的全流程管理中，单笔金额超过一定比例或者金额的，应按照监管规定采用(　　)方式。

A. 自主支付　B. 借款人受托支付

C. 贷款人受托支付　D. 定向支付

【解析】单笔金额超过一定比例或者金额的，应按照监管规定采用贷款人受托支付方式。贷款人应设立独立的责任部门或岗位，负责贷款发放和支付审核。

52. 对借款人确因暂时经营困难等原因不能按期归还贷款本息的，贷款人可与借款人协商采取的处理措施不包括(　　)。

A. 展期　B. 续贷　C. 贷款重组　D. 追加担保

【解析】出现重大预警信号时，贷款人应根据合同约定及时采取提前收贷、追加担保等有效措施防范化解贷款风险。对借款人确因暂时经营困难等原因不能按期归还贷款本息的，贷款人可与借款人协商采取展期、续贷、贷款重组等处理措施。

53. “金融资产风险分类不确定的，应从低确定分类等级”指的是金融资产分类中的(　　)原则。

A. 真实性　B. 及时性　C. 独立性　D. 审慎性

【解析】金融资产分类应遵循以下原则：①真实性原则，风险分类应真实、准确地反映金融资产风险水平；②及时性原则，按照债务人履约能力以及金融资产风险变化情况，及时、动态地调整分类结果；③审慎性原则，金融资产风险分类不确定的，应从低确定分类等级；④独立性原则，金融资产风险分类结果取决于商业银行在依法依规前提下的独立判断。

54. 下列选项中，不属于商业银行高级管理层职责的是(　　)。[2022 年 7 月真题]

49C　50A　51C　52D　53D　54A

A. 审核批准流动性风险偏好

B. 建立完善的管理信息系统

C. 确定流动性风险管理组织架构

D. 充分了解并定期评估流动性风险水平及其管理状况

【解析】银行业金融机构高级管理层承担全面风险管理的实施责任，执行董事会的决议，应当履行以下职责：①建立适应全面风险管理的经营管理架构，明确全面风险管理职能部门、业务部门以及其他部门在风险管理中的职责分工，建立部门之间有效制衡、相互协调的运行机制；②制定清晰的执行和问责机制，确保风险偏好、风险管理策略和风险限额得到充分传达和有效实施；③对董事会设定的风险限额进行细化并执行，包括但不限于行业、区域、客户、产品等维度；④制定风险管理政策和程序，定期评估，必要时调整；⑤评估全面风险和各类重要风险管理状况并向董事会报告；⑥建立完备的管理信息系统和数据质量控制机制；⑦对突破风险偏好、风险限额以及违反风险管理政策和程序的情况进行监督，根据董事会的授权进行处理；⑧风险管理的其他职责。A 项，审核批准流动性风险偏好属于银行业金融机构董事会职责。

55. 商业银行可以不计提市场风险资本的是(　　)。

A. 利率风险　　B. 结构性外汇风险

C. 股票风险　　D. 商品风险

【解析】市场风险资本计量应覆盖商业银行交易账户中的利率风险和股票风险，以及全部汇率风险和商品风险。商业银行可以不对结构性外汇风险暴露计提市场风险资本。

56. 操作风险管理的第三道防线是(　　)。

A. 各级内部审计部门

B. 各级业务和管理部门

C. 各级负责操作风险管理和计量的牵头部门

D. 各级监督管理部门

【解析】银行机构应当建立操作风险管理的三道防线，三道防线之间及各防线内部应当建立完善风险数据和信息共享机制。第一道防线包括各级业务和管理部门，是操作风险的直接承担者和管理者，负责各自领域内的操作风险管理工作。第二道防线包括各级负责操作风险管理和计量的牵头部门，指导、监督第一道防线的操作风险管理工作。第三道防线包括各级内部审计部门，对第一、第二道防线履职情况及有效性进行监督评价。

57. “通过投资或购买与标的资产收益波动负相关的某种资产或衍生产品，来冲销标的资产潜在的风险损失的一种风险管理策略”指的是(　　)。

A. 风险分散　B. 风险对冲　C. 风险转移　D. 风险补偿

【解析】风险对冲是指通过投资或购买与标的资产收益波动负相关的某种资产或衍生产品，来冲销标的资产潜在损失的一种策略性选择。风险对冲对管理市场风险(利率风险、汇率风险、股票风险和商品风险)非常有效，可以分为自我对冲和市场对冲两种情况。

55B　56A　57B

二、多项选择题(以下各小题给出的5个选项中，至少有2项符合题目要求，请将符合题目要求选项的代码填入括号内)

1. 对于操作风险管理，商业银行董事会的职责包括(　　)。

A. 审批操作风险管理基本制度，确保与战略目标一致

B. 审批操作风险偏好及其传导机制，将操作风险控制在可承受范围之内

C. 每年至少审议一次高级管理层提交的操作风险管理报告

D. 确保高级管理层建立必要的识别、评估、计量、控制、缓释、监测、报告操作风险的机制

E. 审批操作风险信息披露相关制度

【解析】银行机构董事会应当将操作风险作为本机构面对的主要风险之一，承担操作风险管理的最终责任。主要职责应包括：①审批操作风险管理基本制度，确保与战略目标一致；②审批操作风险偏好及其传导机制，将操作风险控制在可承受范围之内；③审批高级管理层有关操作风险管理职责、权限、报告等机制，确保操作风险管理体系的有效性；④每年至少审议一次高级管理层提交的操作风险管理报告，充分了解、评估操作风险管理总体情况以及高级管理层工作；⑤确保高级管理层建立必要的识别、评估、计量、控制、缓释、监测、报告操作风险的机制；⑥确保操作风险管理体系接受内部审计部门的有效审查与监督；⑦审批操作风险信息披露相关制度；⑧确保建立与操作风险管理要求匹配的风险文化；⑨其他相关职责。

2. 根据《银行业金融机构全面风险管理指引》，下列属于银行业金融机构全面风险管理体系的内容有(　　)。[2016年11月真题]

A. 风险管理政策和程序

B. 风险治理架构

C. 管理信息系统和数据质量控制机制

D. 风险偏好和风险限额

E. 外部控制和审计体系

【解析】银行业金融机构全面风险管理体系应当包括但不限于以下要素：①风险治理架构；②风险管理策略、风险偏好和风险限额；③风险管理政策和程序；④管理信息系统和数据质量控制机制；⑤内部控制和审计体系。

3. 某银行上年度末资本净额为1000万元，该行发生了下列操作风险事件，应及时向监管机构或其派出机构报告的包括(　　)。

A. 由于业务员交易失误，使得银行资产损失50万元

B. 载有40万元现金的运钞车被抢劫

C. 在涉及一个省范围内中断业务4.5小时

D. 不可抗力造成损害导致该行武汉一网点造成损失1500万元

E. 发生损失为39亿元的票据诈骗案

【解析】银行机构应当在知悉或者应当知悉以下重大操作风险事件5个工作日内，按照监管职责归属向国家金融监督管理总局或其派出机构报告：①形成预计损失5000万元(含)以上或者超过上年度末资本净额5%(含)以上的事件。②形成损失金额1000万元(含)以上或者超过上年度末资本净额1%(含)以上的事件。③造成重要数据、重要账

1ABCDE　2ABCD　3ABCDE

册、重要空白凭证、重要资料严重损毁、丢失或者泄露，已经或者可能造成重大损失和严重影响的事件。④重要信息系统出现故障、受到网络攻击，导致在同一省份的营业网点、电子渠道业务中断 3 小时以上；或者在两个及以上省份的营业网点、电子渠道业务中断 30 分钟以上。⑤因网络欺诈及其他信息安全事件，导致本机构或客户资金损失 1000 万元以上，或者造成重大社会影响。⑥董事、高级管理人员、监事及分支机构负责人被采取监察调查措施、刑事强制措施或者承担刑事法律责任的事件。⑦严重侵犯公民个人信息安全和合法权益的事件。⑧员工涉嫌发起、主导或者组织实施非法集资类违法犯罪被立案的事件。⑨其他需要报告的重大操作风险事件。

4. 下列关于重组资产观察期，说法正确的有(　　)。

A. 商业银行应对重组资产设置重组观察期

B. 重组资产观察期应至少包含连续三个还款期，并不得低于 2 年

C. 观察期结束时，债务人已经解决财务困难并在观察期内按照合同约定及时足额还款的，相关资产可不再被认定为重组资产

D. 债务人在观察期结束时未解决财务困难的，应重新计算观察期

E. 债务人在观察期内没有及时足额还款的，应从未履约时点开始，重新计算观察期

【解析】商业银行应对重组资产设置重组观察期。观察期自合同调整后约定的第一次还款日开始计算，应至少包含连续两个还款期，并不得低于 1 年。

5. 下列属于商业银行操作风险表现形式的有(　　)。

A. 外部欺诈

B. 就业制度和工作场所安全性有问题

C. 信息科技系统事件

D. 执行、交割和流程管理事件

E. 内部欺诈

【解析】操作风险是指由不完善或有问题的内部程序、员工、信息科技系统以及外部事件所造成损失的风险。操作风险可分为人员因素、内部流程、系统缺陷和外部事件四大类别，并由此分为七种可能造成实质性损失的事件类型：①内部欺诈；②外部欺诈；③就业制度和工作场所安全事件；④客户、产品和业务活动事件；⑤实物资产的损坏；⑥信息科技系统事件；⑦执行、交割和流程管理事件。

6. 商业银行的市场风险包括(　　)。

A. 利率风险　　B. 汇率风险　　C. 股票价格风险　　D. 商品价格风险

E. 内部欺诈

【解析】市场风险可以分为利率风险、汇率风险、股票价格风险和商品价格风险，分别是指由于利率、汇率、股票价格和商品价格的不利变动所带来的风险。E 项属于操作风险。

7. 下列关于商业银行风险管理的说法正确的有(　　)。

A. 流动风险如不能有效控制，将有可能损害商业银行的清偿能力

B. 从广义上讲，与法律风险密切相关的有违规风险和监管风险

C. 在风险管理实践中，商业银行通常将法律风险管理归属于市场风险管理范畴

4ACDE　5ABCDE　6ABCD　7ABDE

D. 国别风险是指在与非本国国民进行国际经贸与金融往来中，由于他国（或地区）经济、政治、社会变化及其他事件而遭受损失的可能性

E. 流动性风险通常被视为一种综合性风险

【解析】C 项，操作风险包括法律风险，但不包括声誉风险和战略风险。由此可知，在风险管理实践中，商业银行通常将法律风险管理归属于操作风险管理范畴。

8. 信用风险又称为违约风险，包含于（　　）业务之中。

A. 证券投资　　B. 贷款承诺　　C. 贷款　　D. 担保

E. 期权交易

【解析】信用风险既存在于传统的贷款、债券投资等表内业务中，也存在于信用担保、贷款承诺及衍生产品交易等表外业务中。

9. 信用风险缓释是指银行运用（　　）等方式转移或降低信用风险。

A. 抵（质）押品　　B. 保证　　C. 信用违约互换　　D. 信用利差期权

E. 净额结算

【解析】信用风险缓释是指商业银行运用合格的抵（质）押品、净额结算、保证和信用衍生工具等方式转移或降低信用风险。CD 两项，信用违约互换和信用利差期权都属于信用衍生工具。

10. 利率风险按照来源的不同，可分为（　　）。［2018 年 6 月真题］

A. 收益率曲线风险　　B. 基准风险

C. 期权性风险　　D. 交易性风险

E. 重新定价风险

【解析】市场风险可以分为利率风险、汇率风险、股票价格风险和商品价格风险，分别是指由于利率、汇率、股票价格和商品价格的不利变动所带来的风险。利率风险按照来源的不同，可以分为重新定价风险、收益率曲线风险、基准风险和期权性风险。

11. 商业银行可采取（　　）来管控市场风险。

A. 交易限额　　B. 止损限额　　C. 风险缓释　　D. 风险限额

E. 风险对冲

【解析】商业银行市场风险的控制有限额管理和风险对冲两种方法。常用的市场风险限额包括交易限额、风险限额和止损限额等。C 项，信用风险缓释功能体现为违约概率、违约损失率或违约风险敞口的下降。

12. 可能引发操作风险的因素有（　　）。

A. 商品价格波动　　B. 违反用工法

C. 员工的知识/技能匮乏　　D. 自然灾害

E. 外部人员犯罪

【解析】操作风险是指由不完善或有问题的内部程序、员工、信息科技系统以及外部事件所造成损失的风险，可分为人员因素、内部流程、系统缺陷和外部事件四大类别。BC 两项属于人员因素；DE 两项属于外部事件；A 项，商品的价格发生不利变动会带

8ABCDE　9ABCDE　10ABCE　11ABDE　12BCDE

来商品价格风险，商品价格风险属于市场风险。

13. 操作风险缓释措施主要有(　　)。

A. 应急计划　　B. 交易限额　　C. 购买保险　　D. 业务外包

E. 业务连续性计划

【解析】目前主要的操作风险缓释措施有购买保险、业务外包、业务连续性计划等。银行机构通过这些措施缓释操作风险的，应当确保缓释措施实质有效。

14. 信用风险缓释应遵循(　　)原则。

A. 合法性原则　　B. 有效性原则　　C. 审慎性原则　　D. 一致性原则

E. 独立性原则

15. 资产评估中的价格标准有(　　)。

A. 清算价格　　B. 现行市价　　C. 历史成本　　D. 重置成本

E. 收益现值

【解析】根据我国资产评估管理要求和国际上资产评估惯例，资产评估中的价格标准有重置成本、现行市价、收益现值和清算价格。不良贷款评估的价格标准应根据不良贷款的性质、评估目的和前提条件加以选择。

三、判断题(判断以下各小题的对错，正确的用A表示，错误的用B表示)

1. 商业银行强化公司治理和内部控制可以使所有的操作风险事件得到人为控制。(　　)[2023年10月真题]

【解析】现代银行机构的内外部环境复杂、业务种类繁多，不同业务的操作风险点、风险成因以及相应的风险控制措施千差万别。虽然强化公司治理和内部控制是降低操作风险的有效手段，但并非所有的操作风险事件都能够得到人为控制。

2.《商业银行贷款损失准备管理办法》规定，商业银行应依据经济周期、宏观经济政策、产业政策、整体贷款分类偏离度、贷款损失变化趋势等因素对贷款损失准备监管标准进行动态调整。(　　)[2023年6月真题]

【解析】国家一般依据经济周期、宏观经济政策、产业政策、商业银行整体贷款分类偏离度、贷款损失变化趋势等因素对商业银行贷款损失准备监管标准进行动态调整。银行业监管机构依据业务特点、贷款质量、信用风险管理水平、贷款分类偏离度、呆账核销等因素对单家商业银行应达到的贷款损失准备监管标准进行差异化调整。

3. 商业银行战略风险是指商业银行在追求短期商业目的和长期目标的过程中，因不适当的发展规划和战略决策给商业银行造成损失或不利影响的风险。(　　)[2019年6月真题]

【解析】巴塞尔委员会将银行面临的主要风险分为信用风险、市场风险、操作风险、流动性风险、国别风险、法律风险、声誉风险、战略风险等。其中，战略风险是指商业银行在追求短期商业目的和长期发展目标的过程中，因不适当的发展规划和战略决策给商业银行造成损失或不利影响的风险。

13CDE　14ABCDE　15ABDE　┃　1B　2B　3A

4. 银行全面风险管理是对整个银行内各个层次的业务单位、各类风险的通盘管理。(　　)

【解析】全面风险管理应当覆盖各项业务条线，本外币、表内外、境内外业务；覆盖所有分支机构、附属机构、部门、岗位和人员；覆盖所有风险种类和不同风险之间的相互影响；贯穿决策、执行和监督全部管理环节。

5. 风险偏好是商业银行在实现战略目标的过程中，愿意且能够承担的风险类型和总量。(　　)

【解析】风险偏好是商业银行在追求实现战略目标的过程中，愿意且能够承担的风险类型和总量，它是统一全行经营管理和风险管理的认知标准，是风险管理的基本前提。

6. 商业银行面临的声誉风险是指债务人或交易对手未能履行合同所规定的义务或信用质量发生下降时，给债权人或金融产品持有人造成经济损失的风险。(　　)

【解析】声誉风险是指由银行机构行为、从业人员及其他行为或外部事件等，导致利益相关方、社会公众、媒体等对银行机构形成负面评价的风险。题干所述的风险是信用风险。

7. 流动性风险的产生是由于商业银行的流动性计划不完善。(　　)

【解析】流动性风险的产生除了因为商业银行的流动性计划不完善外，信用、市场、操作等风险领域的管理缺陷同样会导致商业银行流动性不足，甚至引发风险扩散，造成整个金融系统出现流动性困难。

8. 从广义上讲，法律风险主要关注商业银行所签署的各类合同、承诺等法律文件的有效性和可执行力。(　　)

【解析】从狭义上讲，法律风险主要关注银行所签署的各类合同、承诺等法律文件的有效性和可执行力；从广义上讲，与法律风险密切相关的还有违规风险和监管风险。

9. 国别风险有两个特点：一是国别风险发生在国际经济金融活动中，在同一个国家范围内的经济金融活动不存在国别风险；二是在国际经济金融活动中，不论是政府、银行、企业，还是个人，都可能遭受国别风险所带来的损失。(　　)

【解析】国别风险是指由于某一国家或地区政治、经济、社会变化及事件，导致该国家或地区债务人没有能力或者拒绝偿付商业银行债务，或使商业银行在该国家或地区的商业存在遭受损失，或使商业银行遭受损失的风险。该风险通常是由债务人所在国家的行为引起的，已超出了债权人的控制范围。

10. 操作风险是银行自身导致的，它可以通过加强银行内部管理和制度建设来有效降低。(　　)

【解析】操作风险是指由于内部程序、员工、信息科技系统存在问题以及外部事件所造成损失的风险。不仅仅是银行自身的问题，也有外部事件的原因。

11. 交易限额有总交易头寸限额和净交易头寸限额，实践中，商业银行通常采用净交易头寸限额。(　　)

【解析】总头寸限额对特定交易工具的多头头寸或空头头寸分别加以限制；净头寸对多

4A　5A　6B　7B　8B　9A　10B　11B

头头寸和空头头寸相抵后的净额加以限制。在实践中，商业银行通常将这两种交易限额结合使用。

12. 商业银行实施市场风险管理的主要目的是使风险带来的损失最小。(　　)
【解析】市场风险管理是识别、计量、监测和控制市场风险的全过程，其目标是通过将市场风险控制在商业银行可以承受的合理范围内，实现经风险调整的收益率的最大化。

13. 市场风险对冲的原理在于原风险敞口出现亏损时，新风险敞口能够盈利，盈利能够尽量全部抵补亏损。(　　)
【解析】商业银行可以通过金融衍生产品等金融工具，在一定程度上实现对冲市场风险的目的，即当原风险敞口出现亏损时，新风险敞口能够盈利，并且尽量使盈利能够全部抵补亏损。

12B　13A

第十章　内部控制、合规管理和审计

一、单项选择题(以下各小题所给出的4个选项中，只有1项最符合题目要求，请将正确选项的代码填入括号内)

1. 关于商业银行合规管理，以下说法不正确的是(　　)。[2023年10月真题]

A. 合规风险是产生银行其他风险的重要诱因，特别是导致银行流动性风险产生的主要和直接诱因

B. 董事会负责审议批准商业银行的合规政策，并监督合规政策的实施

C. 监事会应监督董事会和高级管理层合规管理职责的履行情况

D. 合规文化是银行员工在长期发展过程中形成的遵章守纪的思想观念、价值标准、道德规范和行为方式

【解析】国内外银行业的经营实践与监管经验均表明：合规风险是产生银行其他风险的重要诱因，特别是导致银行操作风险产生的主要和直接的诱因，因此，合规风险管理应被视为银行风险战略中的重要内容，合规文化应作为银行文化的重要组成部分，不应将合规文化仅仅看做是应付监管部门的外在要求，而应成为银行贯彻科学发展观、实现自身稳健运行的自生需要。

2. 根据《商业银行内部控制指引》，下列关于内部控制评价的要求表述错误的是(　　)。[2023年10月真题]

A. 商业银行应当根据业务经营状况和风险状况确定内部控制评价的频率，至少每年开展一次

B. 商业银行应当强化内部控制评价结果运用，可将评价结果与被评价机构的绩效考评和授权等挂钩，并作为被评价机构领导班子考评的重要依据

C. 商业银行内部控制评价应当由高管层指定的部门组织实施

D. 商业银行应当制定内部控制缺陷认定标准，根据内部控制缺陷的影响程度和发生的可能性划分内部控制缺陷等级，并明确相应的纠正措施和方案

【解析】商业银行应当建立内部控制评价制度，规定内部控制评价的实施主体、频率、内容、程序、方法和标准等，确保内部控制评价工作规范进行。商业银行内部控制评价应当由董事会指定的部门组织实施，一般为内部控制牵头管理部门。

3. 根据《商业银行内部控制指引》，下列关于员工岗位的内部控制措施的说法，不正确的是(　　)。[2022年7月真题]

A. 商业银行应当根据各分支机构和各部门的经营能力、管理水平、风险状况和业务发展需要，建立相应的授权体系，明确各级机构、部门、岗位、人员办理业务和事项的权限，并实施动态调整

B. 商业银行应当全面系统地分析、梳理业务流程和管理活动中所涉及的不相容岗位，实施相应的分离措施，形成相互制约的岗位安排

1A　2C　3C

C. 商业银行应当明确重要岗位，并制定重要岗位的内部控制要求，对重要岗位人员实行轮岗或强制休假制度，对不相容岗位人员之间实行定期或不定期轮岗制度

D. 商业银行应当根据经营管理需要，合理确定部门、岗位的职责及权限，形成规范的部门、岗位职责说明，明确相应的报告路线

【解析】商业银行要明确重要岗位，并制定重要岗位的内部控制要求，对重要岗位人员实行轮岗或强制休假制度，原则上不相容岗位人员之间不得轮岗。

4. 根据《商业银行内部审计指引》，商业银行应配备充足的内部审计人员，原则上不得少于员工总数的（　　）。［2022 年 7 月真题］

A. 3%　　B. 5%　　C. 1%　　D. 2%

【解析】商业银行应设立独立的内部审计部门，审查评价并督促改善商业银行经营活动、风险管理、内控合规和公司治理效果，编制并落实中长期审计规划和年度审计计划，开展后续审计，评价整改情况，对审计项目的质量负责。商业银行应配备充足的内部审计人员，原则上不得少于员工总数的 1%。

5. 商业银行董事会应下设审计委员会，审计委员会负责人原则上应由（　　）担任。［2018 年 10 月真题］

A. 部委董事　　B. 独立董事　　C. 外部监事　　D. 股东董事

【解析】董事会应下设审计委员会。审计委员会成员不少于 3 人，多数成员应为独立董事。审计委员会成员应具有财务、审计和会计等专业知识和工作经验。审计委员会负责人原则上应由独立董事担任。

6. 根据《商业银行内部控制指引》，商业银行内部控制应遵循的基本原则是（　　）。［2022 年 7 月真题］

A. 全面性原则、适应性原则、独立性原则、融合发展原则

B. 全面性原则、审慎性原则、有效性原则、独立性原则

C. 全覆盖原则、制衡性原则、审慎性原则、相匹配原则

D. 全面性原则、重要性原则、制衡性原则、适应性原则、成本效益原则

【解析】内部控制的基本原则是为实现内部控制目标，在建立和实施内部控制过程中，都应遵循的具有普遍性和指导性的要求。根据《商业银行内部控制指引》，银行建立与实施内部控制应当遵循以下四项原则：全覆盖原则、制衡性原则、审慎性原则、相匹配原则。

7. 《内部控制——整体框架》中明确的内部控制的三大目标不包括（　　）。

A. 财务报告的可靠性　　B. 发展的效果和效率

C. 相关法律法规的遵循　　D. 国家经济政策的要求

【解析】1992 年美国全国反虚假财务报告委员会下属的发起人委员会发布了《内部控制——整体框架》。该文件明确了内部控制的三大目标，包括财务报告的可靠性、发展的效果和效率、相关法律法规的遵循。

8. 内部控制的基本原则是为实现内部控制目标，在建立和实施内部控制过程中，都应遵循

4C　5B　6C　7D　8B

的具有______和______的要求。(　　)

A. 全面性；匹配性　　B. 普遍性；指导性

C. 审慎性；制衡性　　D. 合法性；有效性

9. 在商业银行公司治理中，负责具体执行董事会决策的是(　　)。

A. 董事会秘书　　B. 董事会办公室　　C. 高级管理层　　D. 董事

【解析】高级管理层的内部控制职责包括：①负责执行董事会决策；②负责根据董事会确定的可接受的风险水平，制定系统化的制度、流程和方法，采取相应的风险控制措施；③负责建立和完善内部组织机构，保证内部控制的各项职责得到有效履行；④负责组织对内部控制体系的充分性与有效性进行监测和评估。

10. 商业银行应当健全完善内部控制保障体系，下列选项中不属于信息安全管理要求范围的是(　　)。

A. 应加强对信息的安全控制和保密管理

B. 对各类信息实施分等级安全管理

C. 对信息系统访问实施权限管理

D. 确保信息的完整、连续、准确和可追溯

【解析】信息安全管理要求商业银行应加强对信息的安全控制和保密管理，对各类信息实施分等级安全管理，对信息系统访问实施权限管理，确保信息安全。D 项为信息记录保障措施的要求。

11. 商业银行应培育良好的企业内控文化，引导员工树立______、______，提高员工的职业道德水准，规范员工行为。(　　)

A. 合规意识；风险意识　　B. 安全意识；全局意识

C. 防范意识；审慎意识　　D. 道德意识；团结意识

12. 商业银行内部控制应当坚持风险为本、审慎经营的理念，设立机构或开办业务均应坚持内控优先，这体现了内部控制的(　　)原则。

A. 有效性原则　　B. 制衡性原则　　C. 审慎性原则　　D. 相匹配原则

【解析】商业银行内部控制应当遵循以下基本原则：①全覆盖原则；②制衡性原则；③审慎性原则；④相匹配原则。其中，审慎性原则是指内部控制应当坚持风险为本、审慎经营的理念，设立机构或开办业务均应坚持内控优先。

13. 在商业银行中，(　　)履行内部控制的监督职能。

A. 内部审计部门　　B. 董事会　　C. 高级管理层　　D. 监事会

【解析】商业银行内部审计部门履行内部控制的监督职能，负责对商业银行内部控制的充分性和有效性进行审计，及时报告审计发现的问题，并监督整改。

14. 银行应建立健全外包管理制度，至少(　　)开展一次全面的外包业务风险评估。

A. 每年　　B. 每 6 个月　　C. 每季度　　D. 每月

【解析】商业银行应当建立健全外包管理制度，明确外包管理组织架构和管理职责，并

9C　10D　11A　12C　13A　14A

至少每年开展一次全面的外包业务风险评估。涉及战略管理、风险管理、内部审计及其他有关核心竞争力的职能不得外包。

15. 下列不属于商业银行内部控制保障措施的是(　　)。

A. 授权控制　　B. 信息记录

C. 业务连续性管理　　D. 内控文化

【解析】内部控制保障措施主要包括以下几个方面：信息记录、信息安全管理、信息沟通、业务连续性管理、人力资源政策、绩效考评、内控文化。A 项属于商业银行的内部控制措施之一。

16. 商业银行内部控制评价，应该至少(　　)开展一次。

A. 每月　　B. 每季度　　C. 每半年　　D. 每年

【解析】商业银行应当根据业务经营情况和风险状况确定内部控制评价的频率，至少每年开展一次。当商业银行发生重大的并购或处置事项、营运模式发生重大改变、外部经营环境发生重大变化，或其他有重大实质影响的事项发生时，应当及时组织开展内部控制评价。

17. 商业银行年度内部控制评价报告经董事会审议批准后，于每年(　　)前报送国务院银行业监督管理部门或对其履行法人监管职责的属地银行业监督管理机构。

A. 1 月 1 日　　B. 1 月 30 日　　C. 4 月 30 日　　D. 12 月 30 日

【解析】商业银行年度内部控制评价报告经董事会审议批准后，于每年 4 月 30 日前报送国务院银行业监督管理部门或对其履行法人监管职责的属地银行业监督管理机构。商业银行分支机构应将其内部控制评价情况，按上述时限要求，报送属地银行业监督管理机构。

18. 内部控制是《银行业监督管理法》明确的一项重要的(　　)经营规则。

A. 审慎性　　B. 合规性　　C. 有效性　　D. 指导性

【解析】内部控制是《银行业监督管理法》明确的一项重要的审慎性经营规则，银行业监督管理机构有权对商业银行内部控制进行持续监管。

19. 银行业金融机构(　　)对从业人员的行为管理承担最终责任，培育依法合规、诚实守信的从业人员行为管理文化。

A. 董事会　　B. 监事会　　C. 高级管理层　　D. 业务部门

【解析】银行业金融机构董事会在从业人员行为管理中的职责包括：①对从业人员的行为管理承担最终责任，培育依法合规、诚实守信的从业人员行为管理文化；②审批本机构制定的行为守则及其细则；③监督高级管理层实施从业人员行为管理。董事会可授权下设相关委员会履行其部分职责

20. 诚实守信、保护客户利益、拒绝参与违法行为等属于商业银行在(　　)层面应当遵守的要求。

A. 法律　　B. 职业规范和准则

15A　16D　17C　18A　19A　20B

C. 行政法规　　　　　　　　　　　　D. 部门规章

【解析】法律、规则和准则是指适用于银行业经营活动的法律、行政法规、部门规章及其他规范性文件、经营规则、自律性组织的行业准则、行为守则和职业操守。商业银行应当遵守的职业规范和准则，包括诚实守信、保护客户利益、拒绝参与违法行为等职业操守。

21. 商业银行的(　　)是商业银行构建合规风险管理体系以及制定合规管理程序、合规管理流程、合规手册、员工行为准则等合规指南的重要依据。

A. 行业准则　B. 行为规范　C. 合规政策　D. 法律准则

【解析】商业银行的合规政策，是规定银行合规风险管理的基本方针和指导思想，以及合规风险管理体系的总体框架等有关银行合规经营基本理念的纲领性文件，是商业银行构建合规风险管理体系以及制定合规管理程序、合规管理流程、合规手册、员工行为准则等合规指南的重要依据。

22. 下列不属于商业银行合规风险管理体系基本要素的是(　　)。

A. 合规管理部门的组织结构和资源　　B. 银行盈利目标

C. 合规风险管理计划　　　　　　　　D. 合规政策

【解析】《商业银行合规风险管理指引》明确规定了合规风险管理体系应包括以下基本要素：①合规政策；②合规管理部门的组织结构和资源；③合规风险管理计划；④合规风险识别和管理流程；⑤合规培训与教育制度。

23. 下列关于合规管理的说法，不正确的是(　　)。

A. 合规是指使商业银行的经营活动与法律、规则和准则相一致

B. 商业银行的经营活动违反了法律、规则和准则可能遭受合规风险

C. 商业银行应当设立专门负责合规管理职能的部门、团队或岗位

D. 商业银行因经营活动不合规造成声誉损失的风险不属于合规风险

【解析】商业银行开展合规管理的目的，就是通过管理让银行各项行为合乎各类规则和准则的要求，确保商业银行通过该项管理能够有效地控制合规风险，避免商业银行因为违规行为而遭受法律制裁，或者蒙受财物损失，或者导致声誉损失，从而保证实现银行的最大利益。

24. 合规风险管理的第一个阶段是(　　)。

A. 合规风险监测　　　　　　　　B. 合规风险识别

C. 合规风险评估　　　　　　　　D. 合规风险报告

【解析】合规风险识别是合规风险管理的第一个阶段，是对合规风险的定性分析，也是整个合规风险管理的基础。

25. 合规文化的核心是(　　)。

A. 法律意识　B. 道德意识　C. 价值取向　D. 制度传达

【解析】银行倡导合规文化，首先要求银行作为社会组织、企业公民，必须具有群体法律意识，在市场经济活动中严格依法办事，守法经营。合规文化的核心是法律意识。

21C　22B　23D　24B　25A

26. 反洗钱工作已经涵盖了打击(　　)、恐怖融资和扩散融资三方面内容。

A. 违规行为　　B. 行政犯罪　　C. 司法处置　　D. 刑事犯罪

【解析】随着国际、国内犯罪形式的不断发展，反洗钱工作的内涵和外延也在不断扩大。按照金融行动特别工作组40项建议的规定，反洗钱工作已经涵盖了打击刑事犯罪、恐怖融资和扩散融资三方面内容。

27. 2012年，新的四十项建议确立了(　　)为本的基本原则。

A. 风险　　B. 效用　　C. 利润　　D. 主权

【解析】2012年，新的四十项建议确立了风险为本的基本原则，详细规定了包括客户尽职调查、客户资料保存、可疑交易报告等反洗钱领域的基本预防措施，同时重点就受益所有人、政治公众人物、代理行、电汇、金融集团监管等内容进行了规定。

28. 根据《反洗钱法》规定，(　　)作为国务院反洗钱行政主管部门负责全国的反洗钱监督管理工作。

A. 财政部　　B. 商务部

C. 银行业监督管理机构　　D. 人民银行

【解析】《反洗钱法》明确了我国反洗钱监管的整体框架。人民银行作为国务院反洗钱行政主管部门负责全国的反洗钱监督管理工作。国务院有关部门、机构在各自的职责范围内履行反洗钱监督管理职责。

29. 对于金融机构的反洗钱监管工作，由人民银行和(　　)共同负责。

A. 国务院有关部门　　B. 商务部

C. 金融监督管理机构　　D. 银行业协会

【解析】对于金融机构的反洗钱监管工作，由人民银行和金融监督管理机构共同负责。人民银行负责制定或者会同国务院有关金融监督管理机构制定金融机构反洗钱规章；会同国务院有关金融监督管理机构制定客户身份识别制度、客户身份资料和交易记录保存制度的具体办法；制定金融机构大额交易和可疑交易报告的具体办法；监督、检查金融机构履行反洗钱义务的情况；在职责范围内调查可疑交易活动。

30. (　　)是我国首部系统规范反恐怖主义工作的综合性法律。

A.《反恐怖主义法》

B.《全国人民代表大会常务委员会关于禁毒的决定》

C.《联合国禁止非法贩运麻醉药品和精神药物公约》

D.《反洗钱法》

【解析】2015年12月，我国颁布《反恐怖主义法》，2016年起实施，它是中国首部系统规范反恐怖主义工作的综合性法律。该法规范了反恐怖主义工作的基本原则、体制机制、恐怖活动组织(人员)的认定程序、反恐国际合作、法律责任等内容，并明确将反恐怖主义纳入国家安全战略。

31. 银行等为自然人客户办理人民币单笔______以上或者外币等值______以上现金存取业务，应当识别客户身份。(　　)

26D　27A　28D　29C　30A　31B

A. 5 万元；5 万美元　　B. 5 万元；1 万美元
C. 1 万元；1 万美元　　D. 1 万元；5000 美元

32. 银行业金融机构破产或者解散时，应当将客户身份资料和交易记录移交(　　)指定的机构。

A. 财政部　　B. 银行业协会
C. 人民银行　　D. 国务院银行业监督管理机构

【解析】在一定期限内保存交易资料文件，是大部分商业组织的经营习惯。对于银行业金融机构来说，交易记录的保存是一项强制性的法律义务。银行业金融机构破产或者解散时，应当将客户身份资料和交易记录移交国务院银行业监督管理机构指定的机构。

33. 银行等金融机构应当在大额交易发生之日起(　　)个工作日内以电子方式提交大额交易报告。

A. 1　　B. 3　　C. 5　　D. 7

【解析】银行等金融机构应当在大额交易发生之日起 5 个工作日内以电子方式提交大额交易报告。客户通过在境内金融机构开立的账户或者境内银行卡所发生的大额交易，由开立账户的金融机构或者发卡银行报告；客户通过境外银行卡所发生的大额交易，由收单机构报告；客户不通过账户或者银行卡发生的大额交易，由办理业务的金融机构报告。

34. 按照审计主体分类，审计分为国家审计、(　　)、内部审计三类。

A. 银行审计　　B. 社会审计　　C. 群众审计　　D. 外部审计

【解析】审计是一项具有独立性的经济监督活动。按照审计主体分类，审计分为国家审计(也称政府审计)、社会审计(也称民间审计、事务所审计)、内部审计(也称部门和单位审计)三类。

35. 国务院银行业监督管理机构一直将(　　)条线作为业务管理条线、风险合规条线后的第三道防线。

A. 审计监督　　B. 国家监督　　C. 社会监督　　D. 内部监督

【解析】国务院银行业监督管理机构一直将审计监督条线作为业务管理条线(第一道防线)、风险合规条线(第二道防线)后的第三道防线，要求银行各部门分工明确、职责清晰、有机配合、无缝对接。

36. (　　)有权根据有效性评估结果对商业银行内部审计工作提出监管意见，要求其限期整改并提交整改报告。

A. 证监会　　B. 银行业协会
C. 人民银行　　D. 银行业监督管理机构

【解析】银行业监督管理机构通过非现场监管、现场检查、监管会谈等方式，对商业银行内部审计的有效性进行评估，并有权根据评估结果对商业银行内部审计工作提出监管意见，要求其限期整改并提交整改报告。

32D　33C　34B　35A　36D

37. 银行审计的职能不包括(　　)。

A. 经济监督　　B. 经济鉴证　　C. 经济评价　　D. 经济审查

【解析】银行审计与一般审计相同，具有三个方面的职能，即经济监督、经济鉴证、经济评价。

38. 商业银行审计委员会成员应不少于(　　)人。

A. 2　　B. 3　　C. 4　　D. 5

【解析】商业银行董事会应下设审计委员会。审计委员会成员不少于 3 人，多数成员应为独立董事。

39. 商业银行未设立总审计师或首席审计官的，由(　　)承担总审计师的职责。

A. 审计委员会负责人　　B. 内部审计部门负责人

C. 董事长　　D. 财务负责人

【解析】商业银行可设立总审计师或首席审计官一名。总审计师或首席审计官由董事会负责聘任和解聘。总审计师或首席审计官对董事会及其审计委员会负责。商业银行未设立总审计师或首席审计官的，由内部审计部门负责人承担总审计师的职责。

40. 外审机构同一签字注册会计师对同一家银行业金融机构进行外部审计的服务年限不得超过(　　)年。[2021 年 10 月真题]

A. 两　　B. 三　　C. 四　　D. 五

【解析】为有助于避免外部审计师长期审计同一家银行造成的客观性和独立性削弱，外审机构同一签字注册会计师对同一家银行业金融机构进行外部审计的服务年限不得超过五年；超过五年的，银行业金融机构应当要求外审机构更换签字注册会计师。

41. 银行的(　　)对外部审计负最终责任。

A. 董事会　　B. 监事会　　C. 审计委员会　　D. 高级管理层

【解析】银行的董事会应对外部审计负最终责任，银行应当建立健全委托外审机构的相关规章制度。

42. 由于银行发现外审机构如存在审计结果严重失实、严重舞弊行为以及严重违背中国注册会计师审计准则等原因被终止委托的外审机构，银行(　　)内不得委托其从事审计业务。

A. 一年　　B. 两年　　C. 三年　　D. 五年

【解析】银行发现外审机构如存在审计结果严重失实、严重舞弊行为以及严重违背中国注册会计师审计准则，存在应发现而未发现的重大问题的，可以要求银行立即评估委托该外审机构的适当性。对因上述原因被终止委托的外审机构，银行两年内不得委托其从事审计业务。

二、多项选择题(以下各小题给出的 5 个选项中，至少有 2 项符合题目要求，请将符合题目要求选项的代码填入括号内)

1. 根据《商业银行合规风险管理指引》，合规是指使商业银行的经营活动与法律、规则和准

37D　38B　39B　40D　41A　42B　┃　1ABCDE

则相一致。法律、规则和准则包括(　　)。[2017 年 6 月真题]

A. 有关银行业经营活动的行为守则和职业操守

B. 有关银行业经营活动的行政法规

C. 有关银行业经营活动的经营规则、自律性组织的行业准则

D. 有关银行业经营活动的法律

E. 有关银行业经营活动的部门规章及其他规范性文件

【解析】合规是指商业银行的各项经营活动与法律、规则和准则相一致。合规的前提是界定和确认规则与准则的范围。法律、规则和准则是指适用于银行业经营活动的法律、行政法规、部门规章及其他规范性文件、经营规则、自律性组织的行业准则、行为守则和职业操守。

2. 根据《商业银行内部控制指引》，商业银行应当建立内部控制管理责任制，强化责任追究，下列表述正确的有(　　)。[2016 年 11 月真题]

A. 主要股东应当对内部控制负最终责任

B. 业务部门应当对未执行相关制度、流程，未适当履行检查职责，未及时落实整改承担直接责任

C. 董事会、高级管理层应当对内部控制的有效性分级负责

D. 高级管理层应当对内部控制失效造成的重大损失承担管理责任

E. 内部审计部门应当对未适当履行监督检查和内部控制评价职责承担间接责任

【解析】商业银行应当建立内部控制问题整改机制，明确整改责任部门，规范整改工作流程，确保整改措施落实到位。同时应当建立内部控制管理责任制，强化责任追究。具体做法包括：①董事会、高级管理层应当对内部控制的有效性分级负责，并对内部控制失效造成的重大损失承担管理责任；②内部审计部门、内控管理职能部门应当对未适当履行监督检查和内部控制评价职责承担直接责任；③业务部门应当对未执行相关制度、流程，未适当履行检查职责，未及时落实整改承担直接责任。

3. 《内部控制——整体框架》中提出的构成内部控制的要素包括(　　)。

A. 控制环境　　B. 风险评估　　C. 控制活动　　D. 信息与沟通

E. 内部监督

【解析】1992 年美国全国反虚假财务报告委员会下属的发起人委员会发布的《内部控制——整体框架》，提出了内部控制的五个要素，包括控制环境、风险评估、控制活动、信息与沟通和内部监督。

4. 商业银行内部控制的目标包括(　　)。

A. 保证国家有关法律法规及规章的贯彻执行

B. 保证商业银行最大化利润的实现

C. 保证商业银行发展战略和经营目标的实现

D. 保证商业银行风险管理的有效性

E. 保证商业银行业务记录、会计信息、财务信息和其他管理信息的真实、准确、完整和及时

2BCD　3ABCDE　4ACDE

【解析】《商业银行内部控制指引》结合商业银行实际，确定了商业银行内部控制的四项目标：①保证国家有关法律法规及规章的贯彻执行；②保证商业银行发展战略和经营目标的实现；③保证商业银行风险管理的有效性；④保证商业银行业务记录、会计信息、财务信息和其他管理信息的真实、准确、完整和及时。

5. 商业银行内部控制保障措施主要包括(　　)。

A. 信息记录　　B. 信息安全管理　　C. 信息沟通　　D. 业务连续性管理

E. 人力资源政策

【解析】商业银行应当健全完善内部控制保障体系，确保内部控制措施得以顺畅执行，促进商业银行内部控制目标的实现。内部控制保障措施主要包括以下几个方面：①信息记录；②信息安全管理；③信息沟通；④业务连续性管理；⑤人力资源政策；⑥绩效考评；⑦内控文化。

6. 商业银行内部控制的目标包括(　　)。

A. 确保国家有关法律法规及规章的贯彻执行

B. 确保资产负债业务快速发展

C. 确保商业银行发展战略和经营目标的实现

D. 确保业务记录、会计信息、财务信息和其他管理信息的真实、准确、完整和及时

E. 确保商业银行风险管理的有效性

【解析】内部控制是商业银行董事会、监事会、高级管理层和全体员工参与的，通过制定和实施系统化的制度、流程和方法，实现控制目标的动态过程和机制。商业银行内部控制的目标包括四个方面：①保证国家有关法律法规及规章的贯彻执行；②保证商业银行发展战略和经营目标的实现；③保证商业银行风险管理的有效性；④保证商业银行业务记录、会计信息、财务信息和其他管理信息的真实、准确、完整和及时。

7. 下列关于商业银行内部控制治理的说法正确的有(　　)。

A. 董事会负责保证商业银行建立并实施充分有效的内部控制体系

B. 监事会负责根据董事会确定的可接受的风险水平，制定系统化的制度、流程和方法

C. 监事会负责监督董事会、高级管理层完善内部控制体系

D. 监事会负责监督高级管理层对内部控制体系的充分性与有效性进行监测和评估

E. 高级管理层负责执行董事会决策

【解析】B 项，高级管理层负责根据董事会确定的可接受的风险水平，制定系统化的制度、流程和方法；D 项，董事会负责监督高级管理层对内部控制体系的充分性与有效性进行监测和评估。

8. 内部控制措施是银行根据风险评估结果，采用相应的控制措施，将风险控制在可承受范围之内。商业银行的内部控制措施包括(　　)。

A. 信息系统控制　　B. 岗位制约　　C. 授权控制　　D. 内控控制制度

E. 外包管理

【解析】商业银行的内部控制措施主要包括：①内部控制制度；②经营风险的识别、评估

5ABCDE　6ACDE　7ACE　8ABCDE

与管理；③信息系统控制；④岗位制约；⑤授权控制；⑥执行企业会计准则与制度；⑦外包管理；⑧客户投诉处理。

9.《银行业金融机构从业人员行为管理指引》规定，银行业金融机构应当从（ ）方面做好从业人员行为管理。

A. 行为守则和行为细则　　B. 评估和监测

C. 招聘和任职　　D. 从业人员管理信息系统

E. 举报和问责

【解析】按照《银行业金融机构从业人员行为管理指引》规定，银行业金融机构应当从以下方面做好从业人员行为管理：①行为守则和行为细则；②评估和监测；③招聘和任职；④从业人员管理信息系统；⑤举报和问责。

10. 银行业监督管理机构的反洗钱监督管理职责包括（ ）。［2023 年 10 月真题］

A. 参与制定所监督管理的金融机构反洗钱规章

B. 对所监督管理的金融机构提出按照规定建立健全反洗钱内部控制制度的要求

C. 进行反洗钱调查

D. 接收、分析金融机构提交的大额交易和可疑交易报告

E. 审查新机构反洗钱内部控制制度的方案

【解析】国务院金融监督管理机构在职责范围内负责所监管机构的反洗钱工作。一是在市场准入中落实反洗钱要求，审批新设金融机构或者金融机构增设分支机构时，应当审查新机构反洗钱内部控制制度的方案；对于不符合规定的设立申请，不予批准。二是对所监督管理的金融机构提出按照规定建立健全反洗钱内部控制制度的要求，对金融机构的反洗钱内控合规情况进行监管。

11. 合规风险，是指商业银行因没有遵循法律、规则和准则可能遭受（ ）的风险。

A. 法律制裁　　B. 监管处罚　　C. 交易对手违约　　D. 重大财务损失

E. 声誉损失

【解析】合规风险评估和测试是指在合规风险识别的基础上，应用一定的方法估计和测定发生因合规风险而可能导致法律制裁、监管处罚、重大财务损失和声誉损失等相关风险损失概率及损失大小，以及对银行整体运营产生影响的程度。

12. 合规管理的基本机制包括（ ）。

A. 合规绩效考核机制　　B. 合规问责机制

C. 诚信举报机制　　D. 合规培训和教育制度

E. 合理的薪酬机制

【解析】E 项，薪酬机制属于合规文化建设。

13. 合规文化的特点有（ ）。

A. 合规文化的核心是法律意识　　B. 合规文化要提高全体员工的合规意识

C. 合规文化体现了价值取向　　D. 合规文化必须通过制度传达

E. 合规文化建设是银行的自身需求

9ABCDE　10BE　11ABDE　12ABCD　13ACDE

【解析】B 项，提高全体员工的合规意识是合规文化实现层面的要求，不属于合规文化的特点。

14. 《商业银行合规风险管理指引》规定，合规是商业银行所有员工的共同责任，其中，应确立的合规理念包括(　　)。

A. 合规从高层做起　　B. 主动合规

C. 合规人人有责　　D. 合规创造价值

E. 有效互动

【解析】《商业银行合规风险管理指引》规定，合规是商业银行所有员工的共同责任，并应从商业银行高层做起，确立合规从高层做起、主动合规、合规人人有责、合规创造价值、有效互动等合规理念，在全行推行诚信与正直的职业操守和价值观念，提高全体员工的合规意识，促进商业银行自身合规与外部监管的有效互动。

15. 洗钱行为具体方式包括(　　)。

A. 提供资金账户，为上游犯罪的违法所得及其收益提供存储、转账、汇兑所用的账户

B. 将财产转换为现金、金融票据、有价证券

C. 通过转账或者其他结算方式进行资金转移

D. 跨境转移资产

E. 用其他方法掩饰、隐瞒犯罪所得及其收益的来源和性质

【解析】按照《刑法》及司法解释的规定，洗钱行为有以下具体方式：①提供资金账户，包括为上游犯罪的违法所得及其收益提供存储、转账所用的账户，还包括提供股票交易账户、期货交易账户等；②将财产转换为现金、金融票据、有价证券；③通过转账或者其他结算方式进行资金转移；④跨境转移资产；⑤用其他方法掩饰、隐瞒犯罪所得及其收益的来源和性质。

16. 商业银行等金融机构的反洗钱义务主要包括(　　)。

A. 建立健全反洗钱内部控制制度　　B. 建立健全反洗钱外部控制制度

C. 客户身份资料和交易记录保存制度　　D. 客户身份识别制度

E. 大额交易和可疑交易报告制度

【解析】按照《反洗钱法》的规定，商业银行等金融机构的反洗钱义务主要包括建立健全反洗钱内部控制制度、客户身份识别制度、客户身份资料和交易记录保存制度以及大额交易和可疑交易报告制度。

17. 接收境外汇入款的金融机构，发现______、______和______三项信息中任何一项缺失的，应要求境外机构补充。(　　)

A. 汇款人身份信息　　B. 汇款人姓名或者名称

C. 汇款人账号　　D. 汇款人住所

E. 汇款人工作单位

【解析】接收境外汇入款的金融机构，发现汇款人姓名或者名称、汇款人账号和汇款人住所三项信息中任何一项缺失的，应要求境外机构补充。如汇款人没有在办理汇出业

14ABCDE　15ABCDE　16ACDE　17BCD

务的境外机构开立账户，接收汇款的境内金融机构无法登记汇款人账号的，可登记其他相关信息，确保该笔交易的可跟踪稽核。境外汇款人住所不明确的，境内金融机构可登记资金汇出地名称。

18. 出现以下(　　)情况时，银行等金融机构应当重新识别客户。

A. 客户要求变更姓名或者名称

B. 客户行为或者交易情况出现异常

C. 客户有洗钱、恐怖融资活动嫌疑

D. 金融机构获得的客户信息与先前已经掌握的相关信息存在不一致

E. 先前获得的客户身份资料的真实性、有效性、完整性存在疑点

【解析】出现以下情况时，银行等金融机构应当重新识别客户：①客户要求变更姓名或者名称、身份证件或者身份证明文件种类、身份证件号码、注册资本、经营范围、法定代表人或者负责人的；②客户行为或者交易情况出现异常的；③客户姓名或者名称与国务院有关部门、机构和司法机关依法要求金融机构协查或者关注的犯罪嫌疑人、洗钱和恐怖融资分子的姓名或者名称相同的；④客户有洗钱、恐怖融资活动嫌疑的；⑤金融机构获得的客户信息与先前已经掌握的相关信息存在不一致或者相互矛盾的；⑥先前获得的客户身份资料的真实性、有效性、完整性存在疑点的；⑦金融机构认为应重新识别客户身份的其他情形。

19. 《中国内部审计协会第1101号——内部审计基本准则》明确了内部审计的一般准则，其中包括(　　)。

A. 组织应当设置与其目标、性质、规模、治理结构等相适应的内部审计机构，并配备具有相应资格的内部审计人员

B. 内部审计的目标、职责和权限等内容应当在组织的内部审计章程中明确规定

C. 内部审计人员应当遵守职业道德，在实施内部审计业务时保持应有的职业谨慎

D. 内部审计人员应当履行保密义务，对于实施内部审计业务中所获取的信息保密

E. 内部审计人员应当具备相应的专业胜任能力，并通过后续教育加以保持和提高

【解析】《中国内部审计协会第1101号——内部审计基本准则》明确了内部审计的一般准则：①组织应当设置与其目标、性质、规模、治理结构等相适应的内部审计机构，并配备具有相应资格的内部审计人员；②内部审计的目标、职责和权限等内容应当在组织的内部审计章程中明确规定；③内部审计机构和内部审计人员应当保持独立性和客观性，不得负责被审计单位的业务活动、内部控制和风险管理的决策与执行；④内部审计人员应当遵守职业道德，在实施内部审计业务时保持应有的职业谨慎；⑤内部审计人员应当具备相应的专业胜任能力，并通过后续教育加以保持和提高；⑥内部审计人员应当履行保密义务，对于实施内部审计业务中所获取的信息保密。

20. 内部审计章程应至少包括的事项有(　　)。

A. 内部审计目标和范围

B. 内部审计地位、权限和职责

C. 总审计师的责任和义务

D. 内部审计与风险管理、内部控制的关系

E. 内部审计与外部审计的关系

18ABCDE　19ABCDE　20ABCDE

【解析】商业银行应制定内部审计章程，由董事会批准并报监管部门备案。内部审计章程应至少包括以下事项：①内部审计目标和范围；②内部审计地位、权限和职责；③内部审计部门的报告路径以及与高级管理层的沟通机制；④总审计师的责任和义务；⑤内部审计与风险管理、内部控制的关系；⑥内部审计活动外包的标准和原则；⑦内部审计与外部审计的关系；⑧对重点业务条线及风险领域的审计频率及后续整改要求；⑨内部审计人员职业准入与退出标准、后续教育制度和人员交流机制。

21. 商业银行内部审计的事项包括(　　)。

A. 公司治理的健全性和有效性　　B. 经营管理的合规性和有效性

C. 内部控制的适当性和有效性　　D. 风险管理的全面性和有效性

E. 会计记录及财务报告的完整性和准确性

【解析】商业银行内部审计的具体事项包括：①公司治理的健全性和有效性；②经营管理的合规性和有效性；③内部控制的适当性和有效性；④风险管理的全面性和有效性；⑤会计记录及财务报告的完整性和准确性；⑥信息系统的持续性、可靠性和安全性；⑦机构运营、绩效考评、薪酬管理和高级管理人员履职情况；⑧监管部门监督检查发现问题的整改情况以及监管部门指定项目的审计工作等。

22. 商业银行规范的内部审计工作流程具体包括(　　)。

A. 审计计划和准备　　B. 审计方案实施

C. 审计结论异议解决机制　　D. 审计报告及结果运用

E. 审计档案管理

【解析】商业银行规范的内部审计工作流程应当包括审计计划、准备、实施、报告、结果运用、跟踪、沟通与确认、档案管理、质量评估等工作流程。具体包括：①审计计划和准备；②审计方案实施；③审计结论异议解决机制；④审计报告及结果运用；⑤审计档案管理；⑥审计质量评价。

23. 商业银行内部审计目标不包括(　　)。

A. 推动国家有关经济金融法律法规的有效落实

B. 促进商业银行建立并持续完善有效的公司治理架构

C. 相关审计对象有效履职，共同实现本银行战略目标

D. 完善商业银行薪酬管理制度

E. 提升银行自身综合竞争力

【解析】《商业银行内部审计指引》将商业银行内部审计目标调整并定位于如下三个方面：①推动国家有关经济金融法律法规和监管规则的有效落实；②促进商业银行建立并持续完善有效的风险管理、内控合规和公司治理架构；③相关审计对象有效履职，共同实现本银行战略目标。

24. 下列关于商业银行内部审计部门的权限说法正确的有(　　)。

A. 内部审计部门有权向董事会、高级管理层和相关部门提出处理和处罚建议

B. 内部审计部门有权获取与审计有关的信息，列席或参加与内部审计职责有关的会议

21ABCDE　22ABCDE　23DE　24ABCD

C. 内部审计部门有权检查各类经营机构的各项业务和管理活动

D. 内部审计部门可就风险管理、内部控制等事项提供专业建议

E. 内部审计部门可直接参与内部控制设计和经营管理的决策与执行

【解析】E项，内部审计部门不得直接参与或负责内部控制设计和经营管理的决策与执行。

25. 银行应当从下列哪些因素着手对合格外审机构开展评估工作？(　　)

A. 在形式和实质上均保持独立性

B. 拥有足够数量的具有银行业金融机构审计经验的注册会计师

C. 熟悉金融法规、银行业金融机构业务及流程

D. 具有良好的职业声誉

E. 具有完善的内部管理制度和健全的质量控制体系

【解析】银行应当委托具有独立性、专业胜任能力和声誉良好的外审机构从事审计业务。对合格外审机构的评估包括但不限于以下因素：①在形式和实质上均保持独立性；②具有与委托银行业金融机构资产规模、业务复杂程度等相匹配的规模、资源和风险承受能力；③拥有足够数量的具有银行业金融机构审计经验的注册会计师，具备审计银行业金融机构的专业胜任能力；④熟悉金融法规、银行业金融机构业务及流程、内部控制制度以及各种风险管理政策；⑤具有完善的内部管理制度和健全的质量控制体系；⑥具有良好的职业声誉，无重大不良记录。

三、判断题(判断以下各小题的对错，正确的用A表示，错误的用B表示)

1. 合规管理是银行业金融机构一项核心风险管理活动。(　　)[2023年10月真题]

【解析】国际银行业和监管机构都充分意识到在金融全球化的大背景下，加强银行业的合规风险管理应成为共识，应把合规管理作为银行业一项核心的风险管理活动。

2. 破坏金融管理秩序犯罪、金融诈骗犯罪都是洗钱罪的上游犯罪。(　　)[2018年10月真题]

【解析】洗钱罪的上游犯罪不光包括毒品犯罪、黑社会性质的组织犯罪、恐怖活动犯罪、走私犯罪、贪污贿赂犯罪、破坏金融管理秩序犯罪、金融诈骗犯罪等七类犯罪，还有其他犯罪。

3. 商业银行应建立对内部审计部门的激励约束机制，内部审计人员的薪酬水平应不高于机构其他部门同职级人员平均水平。(　　)[2016年11月真题]

【解析】商业银行董事会应针对内部审计部门建立科学的激励约束机制，对内部审计相关各方的尽职、履职情况进行考核评价。内部审计部门定期对内部审计人员的专业胜任能力进行评价。内部审计人员的薪酬水平应不低于本机构其他部门同职级人员平均水平。

4. 内部控制是商业银行董事会、监事会、高级管理层和全体员工参与的，通过制定和实施系统化的制度、流程和方法，实现控制目标的动态过程和机制。(　　)。

【解析】《商业银行内部控制指引》明确“内部控制是商业银行董事会、监事会、高级管理层和全体员工参与的，通过制定和实施系统化的制度、流程和方法，实现控制目标的动

25ABCDE　▎　1A　2A　3B　4A

态过程和机制”。

5. 商业银行应当建立由董事会、监事会、高级管理层、业务部门组成的分工合理、职责明确、报告关系清晰的内部控制治理和组织架构。(　　)

【解析】商业银行应当建立由董事会、监事会、高级管理层、内控管理职能部门、内部审计部门、业务部门组成的分工合理、职责明确、报告关系清晰的内部控制治理和组织架构。

6. 商业银行涉及战略管理、风险管理、内部审计及其他有关核心竞争力的职能可以外包。(　　)

【解析】商业银行应当建立健全外包管理制度，明确外包管理组织架构和管理职责，并至少每年开展一次全面的外包业务风险评估。涉及战略管理、风险管理、内部审计及其他有关核心竞争力的职能不得外包。

7. 商业银行应尽可能将风险管理、内部审计等专业性强的职能外包给更加专业化的相关机构。(　　)

【解析】涉及战略管理、风险管理、内部审计及其他有关核心竞争力的职能不得外包。

8. 商业银行内部控制评价应当由监事会指定的部门组织实施，一般为内部控制牵头管理部门。(　　)

【解析】商业银行内部控制评价应当由董事会指定的部门组织实施，一般为内部控制牵头管理部门。

9. 商业银行内部审计部门、内控管理职能部门承担内部控制监督检查的职责，业务部门不承担相应的监督职责。(　　)

【解析】商业银行内部审计部门、内控管理职能部门和业务部门均承担内部控制监督检查的职责，应根据分工协调配合，构建覆盖各级机构、各个产品、各个业务流程的监督检查体系。

10. 高级管理层、业务部门应当对内部控制的有效性分级负责，并对内部控制失效造成的重大损失承担管理责任。(　　)

【解析】董事会、高级管理层应当对内部控制的有效性分级负责，并对内部控制失效造成的重大损失承担管理责任。业务部门应当对未执行相关制度、流程，未适当履行检查职责，未及时落实整改承担直接责任。

11. 银行业金融机构应建立覆盖全面、授权明晰、相互制衡的从业人员行为管理体系。(　　)

【解析】银行业金融机构应建立覆盖全面、授权明晰、相互制衡的从业人员行为管理体系，并明确董事会、监事会、高级管理层和相关职能部门在从业人员行为管理中的职责分工。

12. 银行业金融机构应建立与本机构业务量相匹配的从业人员管理信息系统。(　　)

【解析】银行业金融机构应建立与本机构业务复杂程度相匹配的从业人员管理信息系统，

5B　6B　7B　8B　9B　10B　11A　12B

持续收集从业人员的基本情况、行为评价、处罚等相关信息，支持对从业人员行为开展动态监测。

13. 商业银行董事会应监督合规政策的有效实施，以使合规缺陷得到及时有效的解决。(　　)

【解析】董事会应履行的合规管理职责之一为：审议批准商业银行的合规政策，并监督合规政策的实施。

14. 监管规则的出台要充分征求银行的意见，与此同时，银行要争取话语权，提出自己的意见和需求。(　　)

【解析】银行与监管机构的有效互动要通过监管机构和银行两方面的努力：一方面，监管规则的出台要充分征求银行的意见；另一方面，银行要争取话语权，提出自己的客观意见和需求。

15. 当前，洗钱活动比较简单，规模较小，危害性仅限于部分国家和地区，反洗钱主要是各国单独行动。(　　)

【解析】早期的洗钱活动比较简单，规模较小，危害性仅限于部分国家和地区，因此，反洗钱主要是各国单独行动。由于贩毒、走私等犯罪活动的国际化，洗钱犯罪也呈现国际化蔓延的特征。

16. 金融监督管理机构是预防洗钱的第一道防线。(　　)

【解析】义务机构是预防洗钱的第一道防线，是司法机关打击洗钱及上游犯罪所需线索和证据的重要来源，是国家反洗钱工作体系不可或缺的重要组成部分。

17. 受益所有权的提出，目的在于确认金融业务中所涉及财产的真实所有权，或者说是支配权。(　　)

【解析】受益所有权的提出，目的在于确认金融业务中所涉及财产的真实所有权，或者说是支配权，防止犯罪分子通过设立法人、信托等方式隐瞒犯罪收益。

18. 对于客户身份资料，自业务关系结束当年或者一次性交易记账当年计起至少保存 3 年。(　　)

【解析】银行业金融机构应当按照下列期限保存客户身份资料和交易记录：对于客户身份资料，自业务关系结束当年或者一次性交易记账当年计起至少保存 5 年；对于交易记录，自交易记账当年计起至少保存 5 年。

19. 大额交易和可疑交易报告是反洗钱制度的核心。(　　)

【解析】大额交易和可疑交易报告是反洗钱制度的核心。银行等金融机构应当履行大额交易和可疑交易报告义务，通过其总部或者总部指定的一个机构，向中国反洗钱监测分析中心报送大额交易和可疑交易报告。

20. 内部审计是指对本单位及所属单位财政财务收支、经济活动、内部控制、风险管理实施独立、客观的监督、评价和建议，以促进单位完善治理、实现目标的活动。(　　)

13A　14A　15B　16B　17A　18B　19A　20A

【解析】《审计署关于内部审计工作的规定》将内部审计定义为“对本单位及所属单位财政财务收支、经济活动、内部控制、风险管理实施独立、客观的监督、评价和建议，以促进单位完善治理、实现目标的活动”。

21. 商业银行内部审计目标之一是促进商业银行建立并持续完善有效的风险管理、内控合规和公司治理架构。(　　)

【解析】商业银行内部审计目标包括：①推动国家有关经济金融法律法规和监管规则的有效落实；②促进商业银行建立并持续完善有效的风险管理、内控合规和公司治理架构；③相关审计对象有效履职，共同实现本银行战略目标。

22. 商业银行建立的内部审计体系中，审计预算、人员薪酬、主要负责人任免由监事会或其专门委员会决定。(　　)

【解析】商业银行建立的内部审计体系应当是独立垂直的，审计预算、人员薪酬、主要负责人任免由董事会或其专门委员会决定。

23. 高级管理层应支持内部审计部门独立履行职责，确保内部审计资源充足到位。(　　)

【解析】高级管理层应支持内部审计部门独立履行职责，确保内部审计资源充足到位；及时向审计委员会报告业务发展、产品创新、操作流程、风险管理、内控合规的最新发展和变化；根据内部审计发现的问题和审计建议及时采取有效整改措施。

24. 外部审计是指独立于政府机关和企事业单位以外的国家审计机构所进行的审计，以及独立执行业务会计师事务所接受委托进行的审计。(　　)

【解析】外部审计是指独立于政府机关和企事业单位以外的国家审计机构所进行的审计，以及独立执行业务会计师事务所接受委托进行的审计。商业银行外部审计制度是社会独立审计的一种，在各国现代金融风险监管活动中起着重要的作用，并日益得到广泛应用。

25. 外部审计与内部审计的总体目标是一致的，两者均是审计监督体系的有机组成部门。(　　)

【解析】外部审计与内部审计的总体目标是一致的，两者均是审计监督体系的有机组成部门。内部审计具有预防性、经常性和针对性，是外部审计的基础，对外部审计能起辅助和补充作用；而外部审计对内部审计又能起到支持和指导作用。

26. 银行应当在收到外审机构出具的审计报告和管理建议书后及时将正本报送银行业监管机构。(　　)

【解析】银行应当在收到外审机构出具的审计报告和管理建议书后及时将副本报送银行业监管机构。

27. 银行应当完整保存委托外部审计机构过程中的档案，银行业监管机构可以对上述档案进行检查。(　　)

【解析】银行应当完整保存委托外部审计机构过程中的档案，银行业监管机构可以对上述档案进行检查，可以对外审机构的审计报告质量进行评估，并对存在重大疑问的事

21A　22B　23A　24A　25A　26B　27A

项要求银行委托其他外审机构进行专项审计。

28. 审计分为国家审计、民间审计和事务所审计三类。（ ）

【解析】审计分为国家审计（也称政府审计）、社会审计（也称民间审计、事务所审计）、内部审计（也称部门和单位审计）三类。

29. 商业银行内部审计工作应独立于业务经营。（ ）

【解析】商业银行内部审计工作应独立于业务经营、风险管理和内控合规，并对上述职能履行的有效性实施评价。

30. 银行可以委托外部审计机构同时为其提供咨询和审计服务。（ ）

【解析】为提高外部审计的独立性，银行不宜委托负责其外部审计的外审机构提供咨询服务。《企业内部控制基本规范》也要求，为企业内部控制提供咨询的会计师事务所，不得同时为同一企业提供内部控制审计服务。

28B 29A 30B

第十一章　资本管理

一、单项选择题(以下各小题所给出的 4 个选项中，只有 1 项最符合题目要求，请将正确选项的代码填入括号内)

1. 根据《商业银行资本管理办法》，商业银行对公业务信用风险暴露，采用初级内部评级法，需要自行估计(　　)。[2023 年 10 月真题]

A. 违约概率　　B. 违约损失率　　C. 期限　　D. 违约风险暴露

【解析】内部评级法分为初级内部评级法和高级内部评级法。二者的区别在于，初级内部评级法下，银行自行估计违约概率，但要根据监管部门提供的规则计算违约损失率、违约风险暴露和期限。高级内部评级法下，银行可自行估计违约概率、违约损失率、违约风险暴露和期限。对于零售信用风险暴露，不区分初级法和高级法，即银行都要自行估计违约概率、违约损失率、违约风险暴露和期限。

2. 根据《商业银行资本管理办法》的规定，银行采用基本指标法，应当以(　　)为基础计量操作风险资本要求。[2018 年 10 月真题]

A. 总收入　　B. 总资产　　C. 净利润　　D. 总资本

【解析】银行采用基本指标法，应当以总收入为基础计量操作风险资本要求，总收入为净利息收入与净非利息收入之和。操作风险资本要求等于银行前三年总收入的平均值与一个固定比例(为 15%)的乘积。

3. 根据《商业银行资本管理办法》的规定，商业银行资本规划应至少设定内部资本充足率(　　)年目标。[2023 年 6 月真题]

A. 3　　B. 4　　C. 1　　D. 2

【解析】资本规划应兼顾银行的短期和长期资本要求，综合考虑风险评估结果、未来资本需求、资本监管要求和资本可获得性等因素，确保目标资本水平与业务发展战略、风险偏好、风险管理水平和外部经营环境相适应。《商业银行资本管理办法》规定商业银行资本规划应至少设定内部资本充足率三年目标。

4. 下列关于违约概率(PD)的说法，正确的是(　　)。[2022 年 7 月真题]

A. 借款人完成贷款协议规定的所有义务(本金、利息和费用)所需要的最长剩余时间

B. 债务人违约时预期表内和表外项目的风险暴露总额

C. 债务人在未来一段时间内(一般是一年)发生违约的可能性

D. 某一债项违约导致的损失金额占该违约债项风险暴露的比例

【解析】违约概率是债务人在未来一段时间内(一般是一年)发生违约的可能性。A 项，有效期限为债务人完成一项金融工具规定的所有义务(本金、利息和费用)所需要的最长剩余时间；B 项，违约风险暴露是指债务人发生违约时预期表内和表外项目风险暴露总额，反映了可能发生损失的总额度；D 项，违约损失率是指某一债项违约导致的损失金额占该违约债项风险暴露的比例，即损失占风险暴露总额的百分比。

1A　2A　3A　4C

5. 下列不属于商业银行二级资本的是(　　)。[2017 年 6 月真题]

A. 二级资本工具及其溢价　　B. 少数股东资本可计入部分

C. 一般风险准备　　D. 超额损失准备

【解析】二级资本包括：二级资本工具及其溢价、超额损失准备、少数股东资本可计入部分。C 项属于核心一级资本。

6. 假如某商业银行对一家大型贸易类公司贷款 1 亿元，开立短期信用证 2 亿元，信用证适用的信用转换系数为 20%，该公司为一般企业，适用风险权重为 100%。则该企业的风险加权资产是(　　)。[2017 年 6 月真题]

A. 3 亿元　　B. 1.4 亿元　　C. 2 亿元　　D. 1 亿元

【解析】信用风险加权资产为银行账簿表内资产信用风险加权资产与表外项目信用风险加权资产之和。计量各类表内资产的风险加权资产，应首先从资产账面价值中扣除相应的减值准备，然后乘以风险权重；计量各类表外项目的风险加权资产，应将表外项目名义金额乘以信用转换系数得到等值的表内资产，再按表内资产的处理方式计量风险加权资产。本题中，信用证折算的表内金额 $=2\times20\%=0.4$(亿元)，因此，该公司的总风险暴露 $=1+0.4=1.4$(亿元)。由于该公司适用风险权重为 100%，故该企业占用的风险加权资产 $=1.4\times100\%=1.4$(亿元)。

7. 资本充足率指的是(　　)。[2023 年 6 月真题]

A. 资本总额与资产总额的比率

B. 经济资本与风险加权资产的比率

C. 账面资本与风险加权资产的比率

D. 银行持有的符合监管规定的“合格资本”与风险加权资产的比率

【解析】资本充足率是指商业银行持有的、符合监管规定的资本净额与风险加权资产之间的比率。资本充足率计算公式如下：资本充足率 =(总资本 − 对应资本扣减项)/风险加权资产 ×100%。

8. 下列选项中，属于出资人在商业银行资产中享有的经济利益，反映了银行实际拥有的资本水平的是(　　)。[2016 年 11 月真题]

A. 监管资本　　B. 风险资本　　C. 经济资本　　D. 账面资本

【解析】账面资本又称为会计资本，是指商业银行持股人的永久性资本投入，即出资人在商业银行资产中享有的经济利益，其金额等于资产减去负债后的余额。账面资本反映了银行实际拥有的资本水平，是银行资本金的静态反映。

9. 下列各项中，不属于银行核心一级资本的是(　　)。[2016 年 11 月真题]

A. 一般风险准备　　B. 实收资本或普通股

C. 小额贷款损失准备　　D. 未分配利润

【解析】核心一级资本包括：实收资本或普通股、资本公积、盈余公积、一般风险准备、未分配利润、累计其他综合收益、少数股东资本可计入部分。

10. 下列关于资本补充的表述，错误的是(　　)。[2021 年 6 月真题]

5C　6B　7D　8D　9C　10C

A. 补充一级资本较常用的方式有发行普通股或提高留存利润

B. 如果通过发行债券的方式补充二级资本，则必须满足监管规定的合格二级资本工具标准

C. 发行股票补充一级资本的优点是数额大、成本低、用时短、效果明显

D. 通过多计提拨备方式可以增加二级资本

【解析】普通股是银行核心一级资本的主要内容，但发行普通股成本通常较高，且银行不能经常采用。

11. 下列关于资本的说法，不正确的是(　　)。

A. 会计资本也就是账面资本

B. 监管资本是银行按照监管要求应当持有的最低资本量或最低资本要求

C. 经济资本是根据银行资产的风险程度计算出来的、银行“应该持有”的资本

D. 监管资本又称为风险资本

【解析】D 项，经济资本本质上是一个风险概念，因而又称为风险资本。

12. 下列选项中，属于银行资本金静态反映的是(　　)。

A. 监管资本　　B. 经济资本　　C. 商品资本　　D. 会计资本

【解析】账面资本又称为会计资本，其金额等于资产减去负债后的余额，账面资本反映了银行实际拥有的资本水平，是银行资本金的静态反映。

13. 从银行内部管理角度来说，为了应对未来一定期限内资产的非预期损失而应该持有或需要的资本金是(　　)。［2023 年 10 月真题］

A. 账面资本　　B. 核心资本　　C. 经济资本　　D. 监管资本

【解析】经济资本是描述在一定的置信度水平下(如 99%)，为了应对未来一定期限内资产的非预期损失而应该持有或需要的资本金。经济资本是根据银行资产的风险程度计算出来的虚拟资本，即银行所“需要”的资本，或“应该持有”的资本，而不是银行实际拥有的资本。经济资本本质上是一个风险概念，因而又称为风险资本。

14. 与一般企业相比，商业银行的突出特点是(　　)。

A. 低负债经营　　B. 全负债经营　　C. 中负债经营　　D. 高负债经营

【解析】与一般企业相比，商业银行的突出特点是高负债经营，融资杠杆率较高，资本所占比重较低，承担的风险较大，因此资本所肩负的责任和发挥的作用更为重要。

15. 银行资本发挥的作用比一般企业资本发挥的作用更为重要，下列不属于银行资本作用的是(　　)。

A. 避免损失　　B. 维持市场信心

C. 限制业务过度扩张　　D. 为银行提供融资

【解析】银行资本具有为银行提供融资、吸收和消化损失、限制业务过度扩张、维持市场信心等作用。

16. 第二版巴塞尔资本协议中的第(　　)支柱要求银行通过建立一套披露机制，通过市场

11D　12D　13C　14D　15A　16C

力量来约束银行行为，驱动银行不断强化自身管理。

A. 一　　B. 二　　C. 三　　D. 四

【解析】第二版巴塞尔资本协议构建了“三大支柱”的监管框架，其中，第三支柱要求银行通过建立一套披露机制，以便于股东、存款人、债权人等市场参与者了解和评价银行有关资本、风险、风险评估程序以及资本充足率等重要信息，通过市场力量驱动银行不断强化自身管理。

17. 在第三版巴塞尔资本协议中，新引入的用来反映商业银行中长期流动性水平的指标是(　　)。

A. 流动性缺口率　　B. 核心负债比例

C. 净稳定融资比率　　D. 流动性覆盖率

【解析】第三版巴塞尔资本协议提出了两个流动性量化监管指标：①流动性覆盖率(LCR)，用于衡量在短期压力情景下(30 日内)单个银行的流动性状况；②净稳定融资比率(NSFR)，用于度量中长期内银行可供使用的稳定资金来源能否支持其资产业务的发展。在正常情况下，商业银行的流动性覆盖率和净稳定融资比率都不得低于100%。

18. 根据《巴塞尔协议Ⅲ》的规定，商业银行杠杆率不得低于(　　)。

A. 4%　　B. 6%　　C. 5%　　D. 3%

【解析】《巴塞尔协议Ⅲ》引入了杠杆率监管标准。杠杆率是指商业银行持有的、符合有关规定的一级资本净额与商业银行调整后的表内外资产余额的比率。杠杆率监管指标基于规模计算，与具体资产风险无关，以此控制商业银行资产规模的过度扩张，杠杆率不能低于3%。

19. 下列选项中不属于第二版巴塞尔资本协议第一支柱覆盖的风险是(　　)。

A. 操作风险　　B. 声誉风险　　C. 信用风险　　D. 市场风险

【解析】第二版巴塞尔资本协议构建了“三大支柱”的监管框架，其中，第一支柱是最低资本要求。明确商业银行总资本充足率不得低于8%，核心资本充足率不得低于4%，资本要全面覆盖信用风险、市场风险和操作风险。

20. 下列关于第二版巴塞尔资本协议中的第三支柱的表述，正确的是(　　)。

A. 通过市场力量约束银行　　B. 主要靠道德力量

C. 银行必须披露所有客户信息　　D. 由监管部门主导约束银行

【解析】第二版巴塞尔资本协议中的第三支柱为市场纪律，第三支柱要求银行通过建立一套披露机制，以便于股东、存款人、债权人等市场参与者了解和评价银行有关资本、风险、风险评估程序以及资本充足率等重要信息，通过市场力量驱动银行不断强化自身管理。

21. 若某银行风险加权资产为10000亿元，若不考虑扣除项因素，则根据第二版巴塞尔资本协议，其资本不得______亿元，核心资本不得______亿元。(　　)

A. 低于400；低于800　　B. 低于800；低于400

C. 高于400；高于800　　D. 高于800；高于400

17C　18D　19B　20A　21B

【解析】第二版巴塞尔资本协议明确商业银行总资本充足率不得低于8%，核心资本充足率不得低于4%。在本题中不考虑扣除项因素，总资本充足率＝总资本/风险加权资产×100%，核心资本充足率＝核心资本/风险加权资产×100%。因此，若风险加权总资产为10000亿元，则资本不得低于10000×8%＝800(亿元)，核心资本不得低于10000×4%＝400(亿元)。

22. 根据《统一国际银行资本计量和资本标准的国际协议》，资本充足率监管的三个要素不包括(　　)。

A. 监管资本定义　　B. 资本充足率监管要求

C. 风险加权资产计算　　D. 市场风险监管要求

【解析】1988年，巴塞尔委员会正式出台了《统一国际银行资本计量和资本标准的国际协议》(即第一版巴塞尔资本协议)，确立了资本充足率监管的基本框架，第一次在国际上明确了资本充足率监管的三个要素，即监管资本定义、风险加权资产计算和资本充足率监管要求。

23. 《巴塞尔协议Ⅲ》进一步提高了监管资本的最低要求，一级资本充足率提高至(　　)。

A. 2%　　B. 2.5%　　C. 4%　　D. 6%

【解析】《巴塞尔协议Ⅲ》提高了资本充足率监管标准，明确了三个层次的最低资本要求：核心一级资本充足率为4.5%，一级资本充足率为6%，总资本充足率为8%，并规定商业银行资本充足率不得低于最低资本要求。

24. (　　)是第二版巴塞尔资本协议的第二支柱。

A. 法律法规　　B. 监督检查　　C. 最低资本要求　　D. 市场纪律

【解析】第二版巴塞尔资本协议构建了“三大支柱”的监管框架，其中，“最低资本要求”是第一支柱；“监督检查”是第二支柱；“市场纪律”是第三支柱。

25. 下列关于《巴塞尔协议Ⅲ》的说法错误的是(　　)。

A. 引入了杠杆率监管标准

B. 界定并区分一级资本和二级资本的功能，强调优先股在一级资本中的主导地位

C. 增强风险加权资产计量的审慎性

D. 提高了资本充足率监管标准

【解析】B项，《巴塞尔协议Ⅲ》界定并区分一级资本和二级资本的功能：一级资本应能够在银行持续经营条件下吸收损失，其中普通股(含留存收益)应在一级资本中占主导地位；二级资本仅在银行破产清算条件下承担损失。

26. 《巴塞尔协议Ⅱ》构建了“三大支柱”的监管框架，其中，“第三支柱”是指(　　)。[2021年6月真题]

A. 监督检查　　B. 逆周期资本要求

C. 市场纪律　　D. 信息披露

【解析】《巴塞尔协议Ⅱ》构建了“三大支柱”的监管框架，其中，第一支柱为最低资本要求；第二支柱为监督检查；第三支柱为市场纪律。

22D　23D　24B　25B　26C

27. 根据《商业银行资本管理办法》，我国商业银行一级资本充足率的最低要求为(　　)。

A. 6%　　B. 4.5%　　C. 5%　　D. 3%

【解析】最低资本要求的规定为：核心一级资本充足率、一级资本充足率和资本充足率分别为5%、6%和8%；对于核心一级资本充足率，我国监管要求高于《巴塞尔协议Ⅲ》的监管标准(4.5%)。

28. 某商业银行目前的资本金为40亿元，信用风险加权资产为100亿元，根据《商业银行资本充足率管理办法》，若要使资本充足率为8%，则市场风险资本要求为(　　)亿元。

A. 8　　B. 16　　C. 24　　D. 32

【解析】根据资本充足率的计算公式：资本充足率=(总资本-对应资本扣减项)/(风险加权资产)×100%，其中风险加权资产=信用风险加权资产+市场风险加权资产，市场风险加权资产=12.5×市场风险资本要求，由此可以推出：市场风险资本要求=[(总资本-对应资本扣减项)/资本充足率-信用风险加权资产]/12.5=(40/8%-100)/12.5=32(亿元)。

29. 假设某银行的所持有的合规资本为200亿元人民币，风险加权资产为1500亿元人民币，则其资本充足率为(　　)。

A. 13.3%　　B. 10.0%　　C. 7.8%　　D. 8.7%

【解析】资本充足率是指商业银行持有的、符合监管规定的资本净额与风险加权资产之间的比率。资本充足率计算公式如下：资本充足率=(总资本-对应资本扣减项)/风险加权资产×100%。所以该银行资本充足率为：200/1500×100%=13.3%。

30. 根据我国《商业银行资本管理办法》，符合条件的优先股属于(　　)。

A. 资本扣除项　　B. 核心一级资本

C. 其他一级资本　　D. 二级资本

【解析】其他一级资本与核心一级资本相比，承担风险和吸收损失的能力相对差一些，主要包括：其他一级资本工具及其溢价、少数股东资本可计入部分。在银行实践中，其他一级资本主要包括符合条件的优先股、永续债等。

31. 关于我国商业银行资本充足率监管要求的说法不正确的是(　　)。

A. 第一层次为最低资本要求，即核心一级资本充足率、一级资本充足率和资本充足率分别为4%、6%和8%

B. 第二层次为储备资本要求和逆周期资本要求，包括储备资本要求为风险加权资产的2.5%，由核心一级资本来满足；在最低资本要求和储备资本要求之上计提逆周期资本

C. 第三层次为系统重要性银行附加资本要求，国内系统重要性银行分成五组，分别适用0.25%、0.5%、0.75%、1%、1.5%的附加资本要求

D. 第四层次为第二支柱资本要求，确保资本充分覆盖所有实质性风险

【解析】A项，我国商业银行对于核心一级资本充足率的最低要求为5%。

27A　28D　29A　30C　31A

32. 下列不属于增加商业银行二级资本方法的是(　　)。[2023 年 6 月真题]

A. 发行可转换债券　　B. 提高超额损失准备

C. 发行长期次级债券　　D. 提高留存利润

【解析】在银行实践中，二级资本工具主要包括符合条件的次级债、可转债及符合条件的超额损失准备金等，故 ABC 三项均可以增加商业银行二级资本。D 项，留存利润属于补充一级资本最常用的方式。

33. 下列属于提高商业银行资本充足率分母对策的是(　　)。

A. 发行优先股　　B. 增加资本

C. 发行普通股　　D. 降低风险加权总资产

【解析】商业银行资本充足率的计算公式为：资本充足率 =(总资本 - 对应资本扣减项)/风险加权资产 ×100%，因此提高资本充足率分母对策的总体的思路是降低风险加权资产的总量，包括分别降低信用风险、市场风险和操作风险的资本要求。ABC 三项属于分子对策，通过资本补充提高资本充足率。

34. 我国商业银行的储备资本要求由(　　)来满足。

A. 核心一级资本　　B. 一级资本

C. 二级资本　　D. 附属资本

【解析】我国将资本监管要求分为四个层次，第二层次为储备资本要求和逆周期资本要求，包括储备资本要求为风险加权资产的 2.5%，由核心一级资本来满足；在最低资本要求和储备资本要求之上计提逆周期资本。

35. 商业银行应当建立完善的风险管理框架和稳健的内部资本充足评估程序，内部资本充足评估程序应至少(　　)实施一次，并视情况及时调整更新。

A. 每周　　B. 每月　　C. 每季度　　D. 每年

【解析】内部资本充足评估程序是银行对资本充足情况进行自我评估的一整套程序和方法，应至少每年实施一次，在经营情况、风险状况和外部环境发生重大变化时，应及时进行调整和更新。

36. (　　)是银行增加一级资本最快捷的方式。

A. 发行普通股　　B. 发行优先股　　C. 留存利润　　D. 次级债券

【解析】补充一级资本最常用的方式是发行普通股或提高留存利润。普通股是银行核心一级资本主要内容，但发行普通股成本通常较高，且银行不能经常采用。留存利润是银行增加一级资本最便捷的方式，相对于发行股票来说，其成本相对要低得多。

37. 计量信用风险经济资本过程中，银行需要考虑的因素不包括(　　)。

A. 违约风险暴露　　B. 相关性

C. 置信水平　　D. 经济增加值

【解析】在计量信用风险经济资本过程中，银行通常需要考虑违约概率、损失程度与违约风险暴露、时间范围、置信水平、相关性等因素。D 项，经济增加值是国际上主流商业银行的风险绩效评价方法之一。

32D　33D　34A　35D　36C　37D

38. (　　)将商业银行的收益与风险直接挂钩，从根本上改变了银行忽视风险、盲目追求利润的经营方式。

A. RAROC　　B. ROE　　C. EVA　　D. ROA

【解析】RAROC 克服了传统财务绩效考核中盈利目标未能充分反映资本成本的缺陷，将商业银行的收益与风险直接挂钩，从根本上改变了银行忽视风险、盲目追求利润的经营方式。

39. 下列关于商业银行操作风险管理的说法，不正确的是(　　)。

A. 标准法将银行全部业务划分为 8 个业务条线

B. 操作风险加权资产 = 操作风险资本要求 ×12.5

C. 采用基本指标法时，操作风险资本要求等于银行前三年总收入的平均值乘以 15%

D. 任何一家银行新的业务开展或新系统刚上线时，由于规章制度不完善、员工操作经验不足、管理上的漏洞，这就使得出现操作风险的概率较高

【解析】标准法将银行全部业务划分为公司金融、交易和销售、零售银行、商业银行、支付和清算、代理服务、资产管理、零售经纪和其他业务等 9 个业务条线。

40. (　　)反映了可能发生损失的总额度，一般包括已使用的授信余额、应收未收利息、未使用授信额度的预期提取数量以及可能发生的相关费用等。

A. 预期损失　　B. 违约损失率　　C. 违约风险暴露　　D. 非预期损失

【解析】违约风险暴露是指债务人发生违约时预期表内和表外项目风险暴露总额，反映了可能发生损失的总额度，一般包括已使用的授信余额、应收未收利息、未使用授信额度的预期提取数量以及可能发生的相关费用等。

41. 商业银行通过内部评级确定每个非零售风险暴露债务人的风险等级时，债务人评级范围包括(　　)。

A. 债务人和债项　　B. 保证人和债项

C. 债务人和保证人　　D. 保证人和被保证人

【解析】商业银行采用内部评级法计算信用风险加权资产，应该通过内部评级确定每个非零售风险暴露债务人和债项的风险等级。其中，债务人评级范围要包括所有的债务人与保证人。

42. 市场风险加权资产为市场风险资本要求的(　　)。

A. 8 倍　　B. 8.5 倍　　C. 12.5 倍　　D. 13 倍

【解析】根据《商业银行资本管理办法》规定，市场风险加权资产为市场风险资本要求的 12.5 倍，即，市场风险加权资产 = 市场风险资本要求 ×12.5。

二、多项选择题(以下各小题给出的 5 个选项中，至少有 2 项符合题目要求，请将符合题目要求选项的代码填入括号内)

1. 根据《商业银行资本管理办法》，下列选项中，可计入银行二级资本的是(　　)。[2017 年 6 月真题]

A. 符合条件的普通股　　B. 符合条件的超额损失准备

38A　39A　40C　41C　42C　┃　1BCE

C. 符合条件的可转债　　D. 符合条件的优先股

E. 符合条件的次级债

【解析】二级资本包括：二级资本工具及其溢价、超额损失准备、少数股东资本可计入部分。在银行实践中，二级资本工具主要包括符合条件的次级债、可转债及符合条件的超额损失准备金等。

2. 我国商业银行的会计资本包括(　　)。

A. 实收资本　　B. 盈余公积　　C. 未分配利润　　D. 资本公积

E. 可转换债券

【解析】会计资本，也称为账面资本，属于会计学概念，是指商业银行持股人的永久性资本投入，即出资人在商业银行资产中享有的经济利益，其金额等于资产减去负债后的余额，包括实收资本或普通股、资本公积、盈余公积、未分配利润等。

3. 经济资本是可以根据不同角度来区分的银行资本，它是(　　)。

A. 银行实际拥有的资本

B. 资产减去负债后的余额

C. 是根据银行资产的风险程度计算出来的虚拟资本

D. 是银行的一种内部管理工具

E. 维持金融体系稳定必须持有的资本

【解析】A 项，经济资本是根据银行资产的风险程度计算出来的虚拟资本，即银行所"需要"的资本，或"应该持有"的资本，而不是银行实际拥有的资本；B 项，资产减去负债后的余额是会计资本，也称账面资本；E 项，维持金融体系稳定必须持有的资本是监管资本。

4. 下列关于商业银行账面资本、监管资本和经济资本的说法，正确的有(　　)。

A. 三者相互独立

B. 合格资本的数额应大于最低监管资本要求

C. 账面资本与监管资本(银行持有的合格资本)具有交叉，可以用于吸收损失

D. 银行要稳健、审慎经营，持有的账面资本还应大于经济资本

E. 监管资本更好地反映了银行的风险状况和资本需求

【解析】A 项，账面资本、监管资本和经济资本三者之间既有区别、又有联系；E 项，就银行管理角度来看，相对于监管资本，经济资本更好地反映了银行的风险状况和资本需求，对银行风险变动具有更高的敏感性，目前已经成为先进银行广泛应用的管理工具。

5. 下列关于《巴塞尔协议Ⅲ》的主要内容，说法正确的有(　　)。

A. 界定并区分了一级资本和二级资本的功能

B. 提升资本工具损失吸收能力

C. 规定普通股(不含留存收益)应在一级资本中占主导地位

D. 提出了流动性覆盖率和净稳定融资比率，并规定正常情况下，两个流动性量化监管指标值都不得低于100%

2ABCD　3CD　4BCD　5ABD

E. 弱化了资本充足率的监管标准

【解析】C 项，一级资本应能够在银行持续经营条件下吸收损失，其中普通股(含留存收益)应在一级资本中占主导地位；E 项，《巴塞尔协议Ⅲ》强化了资本充足率的监管标准。

6. 第二版巴塞尔资本协议与第一版巴塞尔资本协议保持了一定的连续性，但与之不同的是，第二版巴塞尔资本协议(　　)。

A. 构建了"三大支柱"的监管框架

B. 扩大了资本覆盖风险的种类

C. 允许商业银行采用比较粗略的方法计量资本要求

D. 改革了风险加权资产的计算方法

E. 明确商业银行核心资本充足率不得低于 5%

【解析】第二版巴塞尔资本协议与第一版巴塞尔资本协议保持了一定的连续性，但与之不同的是，第二版巴塞尔资本协议构建了"三大支柱"的监管框架，扩大了资本覆盖风险的种类，改革了风险加权资产的计算方法。CE 两项，第二版巴塞尔资本协议对商业银行最低资本要求作了明确规定，商业银行总资本充足率不得低于 8%，核心资本充足率不得低于 4%，资本要全面覆盖信用风险、市场风险和操作风险。

7. 第二版巴塞尔资本协议中的三大支柱是指(　　)。

A. 最低资本要求　　B. 资本规模　　C. 监督检查　　D. 市场纪律

E. 安全运营

【解析】2004 年，巴塞尔委员会发布了第二版巴塞尔资本协议，构建了"三大支柱"的监管框架，其中，"最低资本要求"是第一支柱；"监督检查"是第二支柱；"市场纪律"是第三支柱。

8. 以下关于商业银行内部资本评估程序应实现的目标的表述，正确的有(　　)。

A. 确保主要风险得到识别、计量或评估、监测和报告

B. 在经营情况、风险状况和外部环境有所变化时不得调整和更新

C. 内部资本评估程序至少每半年实施一次

D. 确保资本规划与银行经营状况、风险变化趋势及月度经营计划相匹配

E. 确保资本水平与风险偏好及风险管理水平相适应

【解析】B 项，在经营情况、风险状况和外部环境发生重大变化时，应及时进行调整和更新；C 项，内部资本充足评估程序应至少每年实施一次；D 项，商业银行内部资本评估程序应确保资本规划与银行经营状况、风险变化趋势及长期发展战略相匹配。

9. 下列属于商业银行核心一级资本的有(　　)。[2023 年 10 月真题]

A. 普通股　　B. 一般风险准备　　C. 盈余公积　　D. 未分配利润

E. 超额贷款损失准备

【解析】核心一级资本是银行资本中最核心的部分，承担风险和吸收损失的能力也最强。核心一级资本主要包括以下七个部分：实收资本或普通股、资本公积、盈余公积、一般风险准备、未分配利润、累计其他综合收益、少数股东资本可计入部分。

6ABD　7ACD　8AE　9ABCD

10. 根据《商业银行资本管理办法》，我国商业银行计算资本充足率时，应当从核心一级资本中全额扣除的项目包括(　　)。

A. 商誉　　B. 土地使用权

C. 损失准备缺口　　D. 盈余公积

E. 由经营亏损引起的净递延税资产

【解析】计算资本充足率时，商业银行应当从核心一级资本中全额扣除一些不具备损失吸收能力的项目，主要包括商誉、其他无形资产(土地使用权除外)，由经营亏损引起的净递延税资产、损失准备缺口等。

11. 下列关于《商业银行资本管理办法》的表述中，错误的有(　　)。

A. 要求我国商业银行一级资本充足率不低于10.5%

B. 商业银行应在最低资本要求和储备资本要求之上计提逆周期资本

C. 储备资本要求为风险加权资产的2.5%，由核心一级资本来满足

D. 将商业银行资本充足率监管要求分为最低资本要求、储备资本要求和逆周期资本要求

E. 要求我国商业银行核心一级资本充足率不低于8%

【解析】AE两项，一级资本充足率不得低于6%，核心一级资本充足率不得低于5%，资本充足率不得低于8%；D项，商业银行资本充足率监管要求分为四个层次：最低资本要求、储备资本要求和逆周期资本要求、系统重要性银行附加资本要求和第二支柱资本要求。

12. 根据《商业银行资本管理办法》，我国商业银行监管资本包括(　　)。

A. 补充资本　　B. 二级资本　　C. 其他一级资本　　D. 核心一级资本

E. 附属资本

【解析】监管资本根据其承担风险和吸收损失的能力，可以分为不同的层次。《商业银行资本管理办法》规定，银行实际持有的总资本包括核心一级资本、其他一级资本和二级资本，且银行发行的资本工具应符合监管规定的合格标准。

13. 商业银行提高资本充足率的方法有(　　)。

A. 降低风险加权资产的总量　　B. 提高留存利润

C. 多计提超额损失准备　　D. 发行可转换债券

E. 收购上市公司

【解析】商业银行资本充足率的计算公式为：资本充足率=(总资本-对应资本扣减项)/风险加权资产×100%，因此要提高资本充足率，主要有两个途径：①分子对策，即增加资本；②分母对策，即降低总的风险加权资产。其中，商业银行通过资本补充提高资本充足率，主要途径是增加一级资本和二级资本。补充一级资本最常用的方式是发行普通股或提高留存利润。二级资本主要来源于超额损失准备、次级债券、可转换债券等。商业银行可以通过多计提拨备方式补充二级资本。如果通过发行债券的方式补充二级资本，则必须满足监管规定的合格二级资本工具标准。A项为分母对策；BCD三项为分子对策。

10ACE　11ADE　12BCD　13ABCD

14. 在内部评级法中，常见的风险参数包括(　　)。

A. 违约概率　　B. 违约损失率　　C. 有效期限　　D. 杠杆率

E. 违约风险暴露

【解析】常用的风险参数包括违约概率、违约损失率、违约风险暴露、有效期限等。D项，杠杆率监管指标基于规模计算，与具体资产风险无关，以此控制商业银行资产规模的过度扩张。

15. 关于信用风险加权资产的计量，下列说法正确的有(　　)。

A. 权重法下，针对不同类别的表外资产分别规定了不同的信用转换系数

B. 有权重法和内部评级法两种计算方法

C. 权重法适用于未实施内部评级法的商业银行

D. 采用内部评级法时，信用风险加权资产为银行账簿表内资产信用风险加权资产与表外项目信用风险加权资产之和

E. 内部评级法分为初级内部评级法、中级内部评级法和高级内部评级法

【解析】D项，采取权重法，信用风险加权资产为银行账簿表内资产信用风险加权资产与表外项目信用风险加权资产之和；E项，内部评级法分为初级内部评级法和高级内部评级法。

16. 与非零售风险暴露相比，零售风险暴露具有(　　)的特点。

A. 笔数小　　B. 笔数大

C. 单笔风险暴露较大　　D. 单笔风险暴露较小

E. 风险分散

【解析】与非零售风险暴露相比，零售风险暴露具有笔数大、单笔风险暴露较小、风险分散的显著特点，这一特点决定了商业银行普遍采用组合的方式对零售业务进行管理。

17. 商业银行信息披露频率分为(　　)。

A. 临时信息披露　　B. 月度信息披露

C. 季度信息披露　　D. 半年信息披露

E. 年度信息披露

【解析】商业银行第三支柱信息披露频率分为临时、季度、半年及年度披露。商业银行应按照《商业银行资本管理办法》要求，充分披露第三支柱相关信息。临时信息应及时披露，季度信息披露时间为每个会计年度的第三个月和第九个月结束后的一个月内，半年度信息披露时间为每个会计年度的上半年结束后的两个月内，年度信息披露时间为每个会计年度结束后的四个月内。季度、半年及年度的第三支柱信息披露应不晚于同期的财务报告发布。因特殊原因不能按时披露的，应至少提前15个工作日向国家金融监督管理总局或其派出机构申请延迟披露。

18. 对国内系统重要性银行，信息披露内容应至少包括(　　)。

A. 不同资本计量方法下的风险加权资产对比

B. 交易对手信用风险

14ABCE　15ABC　16BDE　17ACDE　18ABCDE

C. 资产证券化

D. 信用估值调整风险

E. 宏观审慎监管措施

【解析】对国内系统重要性银行，信息披露内容应至少包括：风险管理、关键审慎监管指标和风险加权资产概览；不同资本计量方法下的风险加权资产对比；资本和总损失吸收能力的构成；利润分配限制；财务报表与监管风险暴露间的联系；资产变现障碍；薪酬；信用风险；交易对手信用风险；资产证券化；市场风险；信用估值调整风险；操作风险；银行账簿利率风险；宏观审慎监管措施；杠杆率；流动性风险。对非国内系统重要性银行(除第三档商业银行外)，信息披露内容应至少包括风险管理、关键审慎监管指标和风险加权资产概览，资本构成，杠杆率的相关定性信息和定量信息等。对第三档商业银行，信息披露内容应至少包括关键审慎监管指标和资本构成。

19. 关于银行业监督管理机构对商业银行的监督检查，下列说法正确的有(　　)。

A. 银行业监督管理机构对商业银行的资本充足率检查要确保资本能够覆盖市场风险

B. 对商业银行的信用风险、市场风险、操作风险、流动性风险等各类风险进行评估

C. 银行业监督管理机构有权根据单家商业银行操作风险管理水平及操作风险事件发生情况，提高操作风险的监管资本要求

D. 银行业监督管理机构可通过调整风险权重、相关性系数、有效期限等方法，提高特定资产组合的资本要求

E. 商业银行已建立内部资本充足评估程序且评估程序达到监管要求的，银行业监督管理机构根据对商业银行风险状况的评估结果确定监管资本要求

【解析】A 项，国家金融监督管理总局及其派出机构对商业银行实施资本充足率监督检查，确保资本能够充分覆盖所面临的各类风险；E 项，商业银行已建立内部资本充足评估程序并经国家金融监督管理总局或其派出机构评估认可达到资本办法要求的，国家金融监督管理总局或其派出机构根据其内部资本充足评估程序结果确定第二支柱资本要求。

20. 关于银行业监督管理机构对未达到监管要求的商业银行采取的监管措施，说法正确的有(　　)。

A. 第一类商业银行为资本充足率、一级资本充足率和核心一级资本充足率均达到《商业银行资本管理办法》规定的各级资本要求的银行

B. 第三类商业银行为资本充足率、一级资本充足率和核心一级资本充足率均不低于最低资本要求，但未达到其他各级资本要求的银行

C. 对第二类银行，可以增加对商业银行资本充足的监督检查频率

D. 对第三类商业银行，可以要求商业银行大幅降低风险资产的规模，责令商业银行停办一切高风险资产业务

E. 对第四类商业银行，可以强制要求商业银行对二级资本工具进行减记或转为普通股

【解析】根据资本充足状况，银行业监督管理机构将商业银行分为四类，并实行不同的监管措施。对第一类银行采取的措施对其他三类同样适用，对第二、三、四类银行，

19BCD　20ABCE

除适用前述几类银行的监管措施外，还有额外的监管措施。D 项属于对第四类商业银行监管措施。

21. 下列适用于对第三类银行采取的监管措施有(　　)。

A. 要求商业银行加强对资本充足率水平下降原因的分析及预测

B. 要求商业银行对特定风险领域采取风险缓释措施

C. 限制商业银行分配红利和其他收入

D. 限制商业银行重要资本性支出

E. 限制或禁止商业银行增设新机构、开办新业务

【解析】A 项为第一类银行的监管措施，适用于第三类银行；B 项为第二类银行的监管措施，适用于第三类银行；CD 两项为第三类银行的监管措施；E 项为第四类银行特有的监管措施。

三、判断题(判断以下各小题的对错，正确的用 A 表示，错误的用 B 表示)

1. 账面资本反映的是所有者权益，而监管资本、经济资本则是从覆盖风险与吸收损失的角度提出的资本概念。(　　)[2023 年 10 月真题]

【解析】账面资本、监管资本和经济资本三者之间既有区别、又有联系。账面资本反映的是所有者权益，而监管资本、经济资本则是从覆盖风险与吸收损失的角度提出的资本概念。在资本功能方面，账面资本与监管资本具有交叉，可以用于吸收损失。

2. 经济资本反映了为抵补银行资产或投资组合面临的预期损失所需要的资本。(　　)[2019 年 6 月真题]

【解析】经济资本反映了为抵补银行资产或投资组合面临的非预期损失所需要的资本，因此，对经济资本的计量实质上是对非预期损失的计量。

3. 零售风险暴露内部评级法不区分初级法与高级法，银行均需要自行估计违约概率(PD)、违约损失率(LCD)、违约风险暴露(EAD)、期限(M)等参数。(　　)[2017 年 6 月真题]

【解析】内部评级法分为初级内部评级法和高级内部评级法。二者的区别在于，初级内部评级法下，银行自行估计违约概率，但要根据监管部门提供的规则计算违约损失率、违约风险暴露和期限。高级内部评级法下，银行可自行估计违约概率、违约损失率、违约风险暴露和期限。对于零售信用风险暴露，不区分初级法和高级法，即银行都要自行估计违约概率、违约损失率、违约风险暴露和期限。

4. 一级资本工具的目标是破产清算情况下吸收损失，而二级资本目标是在持续经营前提下吸收损失。(　　)[2016 年 11 月真题]

【解析】一级资本应能够在银行持续经营条件下吸收损失；二级资本仅在银行破产清算条件下承担损失。

5. 监管资本是指银行资产负债表中资产减去负债之后的余额，即所有者权益。(　　)

【解析】监管资本涉及两个层次的概念：①银行实际持有的符合监管规定的合格资本；②银行按照监管要求应当持有的最低资本量或最低资本要求。题中描述的是账面资本的概念。

21ABCD　▍　1A　2B　3A　4B　5B

6. 经济资本是描述在一定的置信度水平下(如99%)，为了应对未来一定期限内资产的非预期损失而应该持有或需要的资本金。(　　)

【解析】经济资本是描述在一定的置信度水平下(如99%)，为了应对未来一定期限内资产的非预期损失而应该持有或需要的资本金。银行要稳健、审慎经营，持有的账面资本还应大于经济资本。

7. 经济资本本质上是一个风险概念，因而又称为风险资本。(　　)

【解析】经济资本是根据银行资产的风险程度计算出来的虚拟资本，即银行所“需要”的资本，或“应该持有”的资本，而不是银行实际拥有的资本。经济资本本质上是一个风险概念，因而又称为风险资本。

8. 采用内部评级法计算信用风险资本要求，可以使监管资本与经济资本在理念上取得一致。(　　)

【解析】巴塞尔委员会吸纳了国际大银行的先进做法，提出了采用内部评级法计算信用风险资本要求的方法，使监管资本与经济资本在理念上取得了一致，也为商业银行提供了一种新的经济资本计量模型。

9. 1988年，巴塞尔委员会通过了第二版巴塞尔资本协议，确立了资本充足率监管的基本框架。(　　)

【解析】1988年，巴塞尔委员会正式出台了第一版巴塞尔资本协议，确立了资本充足率监管的基本框架。2004年，巴塞尔委员会发布了《统一资本计量和资本标准的国际协议：修订框架》(即第二版巴塞尔资本协议，也称为新资本协议)。

10. 杠杆率是资本充足率的补充指标，涉及不同的资产风险时，杠杆率有所不同。(　　)

【解析】商业银行杠杆率的计算公式为：杠杆率 =(一级资本 - 一级资本扣减项)/调整后的表内外资产余额 ×100%，杠杆率监管指标基于规模计算，与具体资产风险无关，以此控制商业银行资产规模的过度扩张。

11. 商业银行的资本充足率水平满足了监管要求，就不会陷入破产困境。(　　)

【解析】资本充足率是商业银行持有的、符合监管规定的资本净额与风险加权资产之间的比率，它反映了商业银行在存款人和债权人的资产遭到损失之前，能以自有资本承担损失的程度。金融当局设置资本充足率的监管指标，目的是监测银行抵御风险的能力，并不能保证银行不破产，银行是否破产还与其自身经营状况、经济环境等众多因素有关。

12. 可转换债券可纳入监管资本中。(　　)

【解析】监管资本由一级资本和二级资本构成。其中，二级资本主要来源于超额损失准备、次级债券、可转换债券等。

13. 我国对核心一级资本充足率的要求低于第三版巴塞尔资本协议中的规定。(　　)

【解析】我国对核心一级资本充足率的要求为不得低于5%，高于第三版巴塞尔资本协议中4.5%的规定。

6A　7A　8A　9B　10B　11B　12A　13B

14. 资本规划是银行根据各项内、外部约束，量身定做的一套兼顾当期及未来资本充足率要求、发展目标和管理需要的关于整体资本需求和补充的计划。(　　)[2017 年 10 月真题]

【解析】从商业银行自身角度看，制定资本规划有助于确保资本水平长期稳定及经营发展的稳健性。资本规划是银行根据各项内、外部约束，量身定做的一套兼顾当期及未来资本充足率要求、发展目标和管理需要的关于整体资本需求和补充的计划。

15. 标准法的核心是以风险价值为指标来度量市场风险。(　　)

【解析】内部模型法的核心是以风险价值为指标来度量市场风险，并在此基础上确定资本要求。

16. 同一交易对手，无论是作为债务人还是保证人，在商业银行内部只能有一个评级。(　　)

【解析】债务人评级范围要包括所有的债务人与保证人；同一交易对手，无论是作为债务人还是保证人，在商业银行内部只能有一个评级。对债务人的每笔债项均应进行评级。

17. 在市场风险的计量中，商业银行采用内部模型法，内部模型法覆盖率应不低于 5%。(　　)

【解析】商业银行可以采用标准法、内部模型法或简化标准法计量市场风险资本要求。商业银行采用内部模型法，内部模型法覆盖率应不低于 10%。商业银行应按季度评估内部模型法覆盖率，若不满足标准，应采用标准法计量资本要求。重新满足标准后，当季末应恢复采用内部模型法计量资本要求。

18. 商业银行采用标准法，应分别计量基于敏感度方法的资本要求、违约风险资本要求和剩余风险附加资本要求。(　　)

【解析】商业银行采用标准法，应分别计量基于敏感度方法的资本要求、违约风险资本要求和剩余风险附加资本要求。基于敏感度方法的资本要求为德尔塔、维伽和曲度三项风险资本要求之和。风险类别包括一般利率风险、非证券化信用利差风险、非相关性交易组合证券化信用利差风险、相关性交易组合证券化信用利差风险、股票风险、商品风险和汇率风险。违约风险资本要求的风险类别包括非证券化违约风险、非相关性交易组合证券化违约风险和相关性交易组合证券化违约风险。标的为奇异性资产的工具和承担其他剩余风险的工具应计量剩余风险附加资本要求。

14A　15B　16A　17B　18A

第十二章　资产负债管理

一、单项选择题(以下各小题所给出的 4 个选项中，只有 1 项最符合题目要求，请将正确选项的代码填入括号内)

1. 在商业银行全面风险管理架构中，下列属于商业银行董事会职责的是(　　)。[2023 年 10 月真题]

A. 设定风险偏好和风险限额

B. 建立完备的管理信息系统和数据质量控制机制

C. 制定风险管理政策和程序，定期评估，必要时调整

D. 建立适应全面风险管理的经营管理架构

【解析】商业银行董事会承担银行账簿利率风险管理的最终责任，履行制定银行账簿利率风险管理策略、设定风险偏好、确保风险限额的设立等职责；银行高级管理层承担银行账簿利率风险管理的实施责任，商业银行应指定专门部门负责银行账簿利率风险识别、计量、监测、控制和缓释，并确保其具备履行职能所需资源，该部门应独立于业务经营部门(或人员)，并直接向高级管理层报告。BCD 三项属于高级管理层的职责。

2. 商业银行内部资金转移定价模式的最初形式是(　　)。[2023 年 10 月真题]

A. 差额管理模式　　B. 期限匹配模式　　C. 多资金池模式　　D. 单资金池模式

【解析】单资金池模式是商业银行内部资金转移定价模式的最初形式，目前商业银行使用较少。单资金池模式假设资金具有相同的属性，所有资金汇总形成一个资金池，形成单一的内部资金成本价格。单资金池模式的优点是简便易行，有利于商业银行以负债制约资产，达到总量平衡。

3. 资产负债管理计划是商业银行综合经营计划的重要组成部分，应采用(　　)制定方法。[2018 年 10 月真题]

A. 定性为主的　　B. 定量为主的

C. 指令与指导相结合的　　D. 定性与定量相结合的

【解析】资产负债管理计划是商业银行综合经营计划的重要组成，采用定性与定量相结合的方法。每年第四季度，银行财务会计部门将牵头制定下年度综合经营计划，其中资产负债管理计划是重要组成部分，资产负债管理计划确定后，在计划年度内可根据宏观经济政策、市场需求和本行经营策略的需要适时调整优化。

4. 风险计量常用的方法包括(　　)。[2017 年 6 月真题]

A. 缺口分析、久期分析、内部评级法

B. 缺口分析、久期分析、敏感性分析

C. 波特五力分析法、久期分析、敏感性分析

D. 高级内部评级法、标准法、压力测试

【解析】风险计量方法具体包括缺口分析、敏感性分析、久期、风险值、压力测试、情景

1A　2D　3D　4B

分析等。

5. 商业银行资产负债管理关注的净利息收益率(NIM)是指(　　)。[2017 年 6 月真题]
 A. 净利息收益与生息资产余额之比　　　　B. 净利息收入与净资产平均余额之比
 C. 资产收益率与负债成本率之差　　　　　D. 净利息收益与生息资产平均余额之比

【解析】净利息收益与生息资产平均余额之比即为净利息收益率。净利息收益或净利息收益率是经营业绩的核心构成，适用期限为一个完整或部分会计年度。

6. 银行存款定价大多根据产品性质选择不同的定价方法，并根据银行自身发展战略、市场定位、定价能力不同而各有侧重。一般来说，中小银行存款定价多采取行业价格法和(　　)。[2023 年 6 月真题]
 A. 基准利率法　　B. 抽样分析法　　C. 综合定价法　　D. 差别定价法

【解析】一般来说，中小银行存款定价多采取行业价格法和基准利率法，大型银行可采用逆向倒推法、综合评价法、抽样分析法制定存款利率标准，以引导市场利率有序变动。

7. 目前我国商业银行常用的内部资金转移定价的方法包括(　　)。[2017 年 6 月真题]
 A. 多元化曲线的转让定价　　　　B. 以风险为基础的转让定价
 C. 以市场为基础的转移定价　　　D. 以客户为基础的转让定价

【解析】目前，国内商业银行内部资金转移定价的方法主要有以下两种：①以市场为基础的转移定价；②以成本为基础的转让定价。

8. 我国商业银行的个人住房按揭贷款一般都允许客户提前还款，并且客户无须提前缴纳还款费用，因此导致银行利率风险形式是(　　)。[2023 年 10 月真题]
 A. 基准风险　　　　B. 收益率曲线风险
 C. 期权性风险　　　D. 重新定价风险

【解析】期权性风险是指银行持有期权衍生工具，或其银行账簿表内外业务存在嵌入式期权条款或隐含选择权，使银行或交易对手可以改变金融工具的未来现金流水平或期限，从而形成的风险。期权性风险可分为自动利率期权风险和客户行为性期权风险两类。客户行为性期权风险来源于金融工具合同中的隐含选择权(例如借款人的提前还款权，或存款人的提前支取权等)。

9. 资产负债管理中，优化资产负债期限结构的目的是(　　)。[2022 年 7 月真题]
 A. 调整资产负债久期结构　　　　B. 保持全行净利差空间
 C. 有效控制资金来源成本　　　　D. 降低和化解期限错配风险

【解析】优化资产负债的期限结构目的是降低和化解期限错配风险。在贷款期限安排上，优先支持票据贴现、贸易融资、小企业贷款等期限短、收益高的信贷业务，合理安排中长期贷款增速；存款期限结构安排方面，在保持活期存款比例的优势地位的基础上，灵活调整中长期定期存款业务发展策略。

10. 下列不属于内部资金转移定价主要功能的是(　　)。[2022 年 7 月真题]
 A. 引导产品合理定价　　　　B. 优化资产负债业务组合和资源配置

5D　6A　7C　8C　9D　10D

C. 完善绩效考评体系　　D. 分离和消除流动性风险、利率风险

【解析】内部资金转移定价的主要功能包括：①优化资产负债业务组合和资源配置；②实现风险分离和集中管理；③引导产品合理定价；④完善绩效考评体系和激励机制。

11. 根据《商业银行银行账簿利率风险管理指引(修订)》，商业银行应按照《商业银行资本管理办法》的相关要求，基于银行账簿利率风险水平和管理状况开展资本充足性评估，并将其纳入商业银行(　　)。[2016 年 11 月真题]

A. 内部资本充足评估程序　　B. 持续监管框架

C. 风险考量体系　　D. 内部审计

【解析】《商业银行银行账簿利率风险管理指引(修订)》要求商业银行按照《商业银行资本管理办法》的相关要求，基于银行账簿利率风险水平和管理状况开展资本充足性评估，并将其纳入内部资本充足评估程序；按照《商业银行信息披露办法》和《商业银行资本管理办法》等有关规定，披露银行账簿利率风险水平和风险管理状况等定量定性信息。

12. 在资产管理理论中，(　　)认为，商业银行的资金应主要来源于流动性较强的活期存款。

A. 商业性贷款理论　　B. 资产可转换性理论

C. 预期收入理论　　D. 流动性偏好理论

【解析】商业性贷款理论认为，商业银行的资金来源主要是流动性较强的活期存款，因此商业银行只应发放与商品周转相联系或与生产物资储备相适应的自偿性贷款，以保持与资金来源的高度流动性相适应，应付客户兑现的需求。

13. 商业银行资产负债综合管理产生之初的核心在于管理(　　)。

A. 利率风险　　B. 市场风险　　C. 流动性风险　　D. 操作风险

【解析】资产负债综合管理产生之初的核心内容集中于利率风险管理，目的在于增强银行抵御利率风险的能力。

14. 目前银行业常以(　　)作为衡量短期资产负债效率的核心指标。

A. 资产负债率　　B. 资产偿债率

C. 经济资本回报率　　D. 净利息收益率

【解析】银行业资产负债管理短期目标关注资产收入扣除负债成本后的净利息收益，或是净利息收益与生息资产平均余额之比的净利息收益率。净利息收益或净利息收益率是经营业绩的核心构成，适用期限为一个完整或部分会计年度。

15. 商业银行资产负债管理的基本原则中，______是持续生存的基本前提，______是稳健经营的基础，______是经营发展的动力。(　　)

A. 盈利性；流动性；安全性　　B. 流动性；安全性；盈利性

C. 风险性；流动性；盈利性　　D. 安全性；流动性；风险性

【解析】安全性、流动性、盈利性“三性”协调是资产负债管理的基本管理原则。流动性原则是商业银行持续生存的前提；安全性原则是商业银行稳健经营的基础；盈利性原

11A　12A　13A　14D　15B

则是商业银行经营发展的动力。

16. 商业银行内部资金转移价格模式较多，能够实现资产负债期限结构、交易规模、利率特征匹配，利率风险集中管理的模式是(　　)。[2021 年 6 月真题]

A. 金额集中管理模式　　B. 单资金池模式

C. 期限匹配模式　　D. 多资金池模式

【解析】期限匹配模式的优点包括：①实现资产负债期限结构的匹配、交易规模的匹配、利率特征的匹配，利率风险集中到总行资金管理部门管理，有效实现风险专业化分工，提高风险管理效率和综合经营效益；②更为科学地区分各业务线利润贡献，评价产品盈利能力和价格合理性；③便于商业银行利用价格杠杆对全行资产负债业务进行更为准确地调控。

17. 结构调整方法不包括(　　)。

A. 产品定价模型　　B. 内部资金转移定价

C. 外部资金转移定价　　D. 风险调整后的资本回报率

【解析】当前，国际银行业资产负债管理的工具方法大体可分为风险计量方法、风险对冲方法和结构调节方法三种。其中，结构调整方法具体包括产品定价模型、内部资金转移定价、风险调整后的资本回报率等。

18. (　　)涉及复杂的市场分析工具，需要投入较高费用和成本。

A. 单资金池模式　B. 多资金池模式　C. 期限匹配模式　D. 缺口分析模式

【解析】期限匹配模式的缺点有：①涉及复杂的数学模型和市场分析工具，要求商业银行具备较高的管理水平和配备专业人员，操作难度较大；②要求先进的计算机系统支持，确保数据采集和处理及时准确，需要投入较高费用和成本。

19. 我国商业银行一般选择(　　)作为基准利率。

A. 银行间同业拆借市场利率　　B. 回购市场利率

C. 掉期利率　　D. 票据市场利率

【解析】根据我国商业银行在金融市场现有的资金筹集与运用渠道，可选择银行间同业拆借市场利率作为基准利率，再按照资金利差和利差分摊标准确定各部门、各产品的内部资金转移价格。

20. 银行账簿(　　)是指因利率水平、期限结构等要素的不利变动，而导致银行账簿发生的风险损失。

A. 信用风险　B. 汇率风险　C. 操作风险　D. 利率风险

【解析】银行账簿利率风险是指利率水平、期限结构等不利变动导致银行账簿经济价值和整体收益遭受损失的风险，主要包括缺口风险、基准风险、期权性风险和银行账簿信用利差风险。

二、多项选择题(以下各小题给出的 5 个选项中，至少有 2 项符合题目要求，请将符合题目要求选项的代码填入括号内)

16C　17C　18C　19A　20D

1. 下列各项关于商业银行资产负债管理目标的说法中正确的有(　　)。

A. 银行业资产负债管理短期目标关注资产收入扣除负债成本后的净利息收益

B. 银行业资产负债管理长期目标关注以股票价格计算的市值

C. 净利息收益属于价值范畴，市值属于会计范畴

D. 资产负债管理的核心是实现长期利益最大化

E. 银行业资产负债管理长期目标关注资产市场价值扣除负债市场价值后的净现值

【解析】C 项，短期目标与长期目标是从两个角度衡量商业银行经营绩效，净利息收益或净利息收益率属于会计范畴，净现值或市值是价值范畴；D 项，资产负债管理的核心是实现短期目标和长期利益的协调一致。

2. 资产负债管理要以实现银行价值最大化为目标，建立以经济资本回报率为核心的价值管理体系，统筹兼顾(　　)，持续提升银行的价值创造能力。

A. 安全性　　B. 流动性　　C. 盈利性　　D. 风险性

E. 服务性

【解析】安全性、流动性、盈利性“三性”协调是资产负债管理的基本管理原则。由于“三性”相互影响、相互牵制、关联紧密，在商业银行具体目标的制定中，必须统筹考虑和协调应用。

3. 国际银行业资产负债管理的工具方法可分为(　　)。

A. 风险计量方法　　B. 风险评估方法　　C. 风险对冲方法　　D. 结构调节方法

E. 总量调节方法

【解析】当前，国际银行业资产负债管理的工具方法大体可分为风险计量方法、风险对冲方法和结构调节方法三种，其中风险计量和对冲仅限于利率、汇率和流动性等资产负债业务相关的市场风险，不包括信用风险、操作风险和其他风险。

4. 银行业资产负债管理的风险对冲方法有(　　)。[2019 年 6 月真题]

A. 到期日对冲　　B. 久期　　C. 互换　　D. 期权

E. 远期

【解析】风险对冲方法分为表内对冲和表外对冲两种，表内对冲分为到期日对冲、重定价日对冲和币种对冲等，表外对冲包括利率和汇率的远期、互换、期权等。B 项，久期属于风险计量方法。

5. 商业银行资产负债组合管理的实施工具类型包括(　　)。

A. 限额管理型　　B. 价格管理型　　C. 窗口指导型　　D. 产品创新型

E. 风险规避型

【解析】目前，我国商业银行资产负债组合管理的实施工具可以分为限额管理型、价格管理型、窗口指导型和产品创新型四种类型，各类资产负债管理工具正处于不断改进和扩展阶段，不同工具相互配合使用。

6. 贷款计划的一级指标包括(　　)。

A. 房地产贷款　　B. 个人经营贷款　　C. 票据贴现　　D. 银行卡透支

1ABE　2ABC　3ACD　4ACDE　5ABCD　6CD

E．小企业贷款

【解析】根据管理需要，贷款计划可分为一级指标和二级指标。一级指标包括公司类贷款、个人类贷款、票据贴现和银行卡透支。其中，公司类贷款二级指标包括小企业贷款、一般流动资金贷款、项目贷款和房地产贷款(贸易融资计划进行单列专项管理)；个人类贷款二级指标包括个人住房贷款、个人消费贷款和个人经营贷款。

7．银行贷款定价方法随经营环境变化和技术进步而不断演变，主要可归为(　　)。[2023年10月真题]

A．内部资金转移定价法　　B．基准利率加点法

C．成本加成法　　D．客户盈利分析法

E．逆向倒推法

【解析】银行贷款定价方法随经营环境变化和技术进步而不断演变，具体可归为三大模式：成本加成法、基准利率加点法、客户盈利分析法。在定价实践中，三种方法往往混合使用。

8．内部资金转移定价的基本原则包括(　　)。

A．多样性原则　　B．全面性原则　　C．合理性原则　　D．连续性原则

E．安全性原则

【解析】为保持和促进资产负债业务的平稳发展和结构调整，在制定内部资金转移价格过程中，主要考虑以下四个原则：①统一性原则；②全面性原则；③合理性原则；④连续性原则。

9．商业银行对银行账簿利率风险的控制手段包括(　　)。

A．实施利率风险限额管理

B．制定清晰的银行账簿利率风险管理策略

C．制定书面的银行账簿利率风险偏好

D．采用表内对冲进行风险缓释

E．采用表外对冲进行风险缓释

【解析】利率风险管理的目的是将银行面临的利率风险控制在可承受范围内，商业银行应制定清晰的银行账簿利率风险管理策略和风险偏好，实施银行账簿利率风险限额管理和风险对冲。

三、判断题(判断以下各小题的对错，正确的用A表示，错误的用B表示)

1．市场风险管理应涵盖识别、计量、监测和控制市场风险的全过程，管理的目标是通过将市场风险控制在商业银行可以承受的合理范围内，实现经风险调整的收益率的最大化。(　　)[2023年10月真题]

【解析】市场风险管理是识别、计量、监测和控制市场风险的全过程，市场风险管理的目标是通过将市场风险控制在商业银行可以承受的合理范围内，实现经风险调整的收益率的最大化。

2．信贷计划是资产负债管理计划的重要组成部分，主要是指人民币贷款计划，属于指令计

7BCD　8BCD　9ABCDE　▎　1A　2B

划。(　　)［2017 年 10 月真题］

【解析】信贷计划是国内商业银行资产负债管理计划的重要组成部分，主要是指人民币贷款计划，属于业务发展计划，由总行对一级(直属)分行分解下达，一般实施指令性计划和指导性计划结合的管理方式。

3. 狭义资产负债管理是以流动性风险为管理对象的资产负债匹配管理。(　　)

【解析】从商业银行管理经验看，狭义资产负债管理是指银行为应对市场利率变化的冲击而对资产负债进行的协调性管理，是以利率风险为管理对象的资产负债匹配管理。广义资产负债管理是指通过对银行表内外资产负债的品种、数量、期限和风险进行选择和控制，从总量和结构两个方面实施动态的最优化管理，实现盈利目标的最大化。

4. 商业银行的负债管理方法是一种被动性的管理方法。(　　)

【解析】负债管理理论变被动的存款观念为主动的借款观念，为银行找到了保持流动性的新方法。

5. 商业银行资产管理的最终经营目标是满足利润最大化。(　　)

【解析】资产管理的核心思想是通过对资产的优化配置，协调处理流动性与盈利性之间的矛盾，满足利润最大化的经营目标。追求合理的资本回报是商业银行经营发展的根本出发点和动力，也是商业银行资产负债管理的最终目标。

6. 商业银行流动性与安全性通常具有矛盾性。(　　)

【解析】流动性与安全性通常具有统一性，流动性与盈利性通常具有矛盾性，安全性与盈利性则是既对立又统一。

7. 风险对冲方法可以用来管理信用风险。(　　)

【解析】风险计量方法和风险对冲方法仅限于利率、汇率和流动性等资产负债业务相关的市场风险，不包括信用风险、操作风险和其他风险。

8. 指导性计划和比例指标均属于我国的窗口指导型工具。(　　)

【解析】限额管理型工具包括控制性限额、指导性计划、比例指标等；窗口指导型工具主要有协调例会、电话沟通、监控通知书等方式。

9. 优化资产负债品种结构的原则是要发展高风险、高收益的业务。(　　)

【解析】优化资产负债品种结构的原则就是要发展收益高、风险低的业务，降低高风险、低收益业务占比，并要综合考虑利润目标、风险偏好和市场预期等因素。

10. 优化资产负债利率结构包括缺口管理和风险管理两方面内容。(　　)

【解析】优化资产负债利率结构包括业务发展和风险管理两方面内容。

11. 成本加成法把贷款利率分为资金成本、风险补偿和目标收益等三部分。(　　)

【解析】成本加成法认为任何一笔贷款的利率应包括资金成本、费用成本、风险补偿和目标收益等四部分。

3B　4B　5A　6B　7B　8B　9B　10B　11B

12. 客户盈利分析法是国际银行业广泛采用的贷款定价方法。(　　)

【解析】银行贷款定价方法随经营环境变化和技术进步而不断演变，具体可归为三大模式：成本加成法、基准利率加点法、客户盈利分析法。基准利率加点法是国际银行业广泛采用的贷款定价方法。

13. 较之单资金池模式，多资金池模式克服了资产负债期限匹配问题。(　　)

【解析】多资金池模式的缺点：①无法完全避免资产负债期限匹配问题；②即使资产负债期限相同，但由于利率特征不同，也同样会出现利率风险。

14. 银行账簿是指银行为交易目的或规避交易账簿其他项目的风险而持有的可以自由交易的金融工具和商品头寸。(　　)

【解析】交易账簿是指银行为交易目的或规避交易账簿其他项目的风险而持有的可以自由交易的金融工具和商品头寸。银行账簿记录的是商业银行未划入交易账簿的相关表内外业务。

15. 2019 年 8 月 16 日，中国人民银行决定改革完善贷款市场报价利率(LPR)形成机制，自 2019 年 8 月 20 日起，授权全国银行间同业拆借中心于每月 20 日(遇节假日顺延)9 时 30 分公布贷款市场报价利率，各银行应在新发放的贷款中主要参考贷款市场报价利率定价，并在浮动利率贷款合同中采用贷款市场报价利率作为定价基准。(　　)[2023 年 6 月真题]

【解析】自 2019 年 8 月 20 日起，中国人民银行改革完善了我国的贷款市场报价利率(LPR)形成机制，授权全国银行间同业拆借中心于每月 20 日(遇节假日顺延)9 时 30 分公布贷款市场报价利率，各银行在新发放的贷款中主要参考贷款市场报价利率定价，并在浮动利率贷款合同中采用贷款市场报价利率作为定价基准。

12B　13B　14B　15A

第十三章　流动性风险管理

一、单项选择题(以下各小题所给出的4个选项中，只有1项最符合题目要求，请将正确选项的代码填入括号内)

1. 商业银行合格优质流动性资产应当是(　　)。[2017年6月真题]

A. 无变现障碍资产　　B. 所有银行持有的种类均相同的资产

C. 有变现障碍资产　　D. 能够快速获取收益的资产

【解析】优质流动性资产是指银行持有的没有变现障碍、在压力情景下能够通过出售或抵(质)押方式获取资金的流动性资产。其中，合格优质流动性资产还须符合流动性覆盖率标准所规定的各项条件，银行应定期测试合格优质流动性资产的变现能力。

2. 计算流动性覆盖率的分母现金净流出量时，可计入的预期现金流入总量不得超过预期现金流出总量的(　)。[2017年10月真题]

A. 75%　　B. 100%　　C. 50%　　D. 85%

【解析】预期现金流入总量是在压力情景下，表内外相关契约性应收款项余额与其预计流入率的乘积之和。可计入的预期现金流入总量不得超过预期现金流出总量的75%。

3. 商业银行流动性风险管理中承担最终责任的是(　　)。[2018年6月真题]

A. 董事会　　B. 负责流动性风险管理的部门

C. 业务部门　　D. 高级管理层

【解析】商业银行基本建立起流动性风险管理的三个层面的治理架构，分别是以董事会为流动性风险管理最终责任承担者的决策层面，以总行的高级管理层构成的执行和组织管理层面，以及以总分行的各个风险管理职能部门为基础的风险管理执行和报告层面。

4. 根据《商业银行流动性覆盖率信息披露办法》规定，(　　)应定期按照统一模板披露详细的流动性覆盖率及其构成信息。[2022年7月真题]

A. 大型商业银行　　B. 适用流动性覆盖率监管要求的商业银行

C. 实施资本计量高级方法的商业银行　　D. 所有商业银行

【解析】《商业银行流动性覆盖率信息披露办法》引入差异化监管理念，综合考虑我国商业银行实际及相关国际标准，要求在信息系统和数据精细化程度方面具备更好基础、经批准实施资本计量高级方法的银行，定期按照全球统一模板披露详细的流动性覆盖率及其构成信息，并披露与流动性覆盖率有关的定性信息。

5. 根据《商业银行压力测试指引》，商业银行常规压力测试应当至少(　　)进行一次，出现市场剧烈波动等情况时，应当增加压力测试的频率。[2021年6月真题]

A. 每年　　B. 每季度　　C. 每月　　D. 每半年

【解析】商业银行每季度进行一次常规压力测试，还应在并表基础上分币种实施压力测试。

1A　2A　3A　4C　5B

6. 下列有关流动性风险特征说法错误的是(　　)。

A. 流动性风险属于“次生风险”

B. 流动性风险具有隐蔽性和爆发性

C. 严重的流动性风险通常都是由流动性冲击直接导致的

D. 流动性风险属于低频高损事件

【解析】C 项，流动性风险可以由流动性冲击直接导致，但严重的流动性风险通常都是由信用风险、市场风险、操作风险等造成的。

7. 存放央行的准备金适用(　　)的稳定资金需求系数。

A. 0%　　B. 10%　　C. 50%　　D. 100%

【解析】最具流动性的资产，如现金、存放央行的准备金等适用 0% 的稳定资金需求系数。

8. 推出流动性覆盖率和净稳定资金比例定量监管标准的目的不包括(　　)。

A. 增加全球银行体系的优质流动性资产储备水平

B. 鼓励银行减少期限错配

C. 增加短期稳定资金来源

D. 减少流动性危机发生的概率

【解析】流动性覆盖率和净稳定资金比例定量监管标准的推出，旨在增加全球银行体系的优质流动性资产储备水平，鼓励银行减少期限错配、增加长期稳定资金来源，防止银行在市场繁荣、流动性充裕时期过度依赖批发性融资，减少流动性危机发生的概率和造成的负面冲击。

9. 合格优质流动资产中二级资产占比不得超过(　　)。

A. 15%　　B. 20%　　C. 30%　　D. 40%

【解析】二级资产由 AA 级资产和 BB 级资产构成。合格优质流动性资产中二级资产占比不得超过 40%，BB 级资产占比不得超过 15%。

10. 商业银行应合理审慎设定在压力情景下满足流动性需求并持续经营的最短期限，在影响整个市场的系统性冲击情景下该期限应不少于(　　)天。[2018 年 6 月真题]

A. 14　　B. 7　　C. 30　　D. 90

【解析】流动性风险压力测试应该符合的要求之一是合理审慎设定在压力情景下公司满足流动性需求并持续经营的最短期限，在影响整个市场的系统性冲击情景下该期限应当不少于 30 天。

11. 下列有关合格优质流动性资产说法不正确的是(　　)。

A. 合格优质流动性资产由一级资产和二级资产构成

B. 现金属于二级资产

C. 一级资产可按 100% 计入合格优质流动性资产

D. AA 级资产和 BB 级资产分别按 85% 和 50% 计入合格优质流动性资产

【解析】合格优质流动性资产由一级资产和二级资产构成。其中，一级资产主要包括：

6C　7A　8C　9D　10C　11B

现金；存放于中央银行且在压力情景下可以提取的准备金等，一级资产可按100%计入合格优质流动性资产。AA级和BB级资产分别按85%和50%计入合格优质流动性资产。

12. 商业银行净稳定资金比例计算中，分子可用的稳定资金是指银行的资本和负债在未来至少(　　)内所能提供的可靠资金来源。[2021年6月真题]

A. 1年　　B. 3个月　　C. 6个月　　D. 3年

【解析】可用的稳定资金是指银行的资本和负债在未来至少1年内所能提供的可靠资金来源。其计算需要对银行各类资金来源按照稳定性特征不同进行分类。

13. 下列属于二级资产中BB级资产的是(　　)。

A. 中央银行发行的证券　　B. 多边开发银行担保的证券

C. 住房抵押支持证券　　D. 公共部门实体发行的证券

【解析】AA级资产主要包括主权实体、中央银行、公共部门实体或多边开发银行发行或担保的，可在市场上交易且满足评级(风险权重为20%)、交易条件的证券；满足评级(AA-级以上)、交易等特定条件的公司债券和担保债券。BB级资产包括满足特定条件的公司债券、住房抵押支持证券和股票等。

14. 首个国际统一的流动性风险监管定量指标是(　　)。

A. 流动性覆盖率　　B. 净稳定资金比例

C. 融资集中度　　D. 合同期限错配

【解析】流动性覆盖率是首个国际统一的流动性风险监管定量指标，旨在确保商业银行具有充足的合格优质流动性资产，能够在规定的流动性压力情景下，通过变现这些资产满足未来至少30日的流动性需求。B项，净稳定资金比例是在流动性覆盖率之后推出来的流动性风险监管指标；CD两项都属于流动性风险监测工具。

15. 以下关于现金流入的说法不正确的是(　　)。

A. 资产流动性越高，现金流入越少

B. 正常到期的贷款属于契约性现金流入项目

C. 契约性现金流入项目的系数与对应资产的流动性相关

D. 按流动性由强到弱，契约性现金流入项目分别被赋予了不同的流入系数

【解析】A项，资产流动性越高，现金流入越多。

16. 商业银行流动性比例的最低监督标准为(　　)。[2019年6月真题]

A. 70%　　B. 25%　　C. 80%　　D. 75%

【解析】根据《商业银行流动性风险管理办法》，流动性风险监管指标包括流动性覆盖率、净稳定资金比例、流动性比例、流动性匹配率和优质流动性资产充足率。其中，商业银行的流动性比例(流动性资产余额/流动性负债余额)应当不低于25%。

17. 商业银行可以采用流动性风险监管指标监测流动性风险，下列关于流动性风险监管指标的说法错误的是(　　)。

12A　13C　14A　15A　16B　17C

A. 商业银行流动性比例不得低于25%

B. 流动性覆盖率是指合格优质流动性资产占未来30天现金净流出量的比例

C. 商业银行流动性覆盖率应当不低于150%

D. 流动性匹配率旨在引导商业银行合理配置长期稳定负债、高流动性或短期资产

【解析】C项，商业银行的流动性覆盖率应当不低于100%。

18. 流动性风险管理的监督评价层是(　　)。

A. 董事会　　B. 高级管理层

C. 各个风险管理职能部门　　D. 监事会和内部审计部门

【解析】商业银行基本建立起流动性风险管理的三个层面的治理架构，分别是以董事会为流动性风险管理最终责任承担者的决策层面，以总行的高级管理层构成的执行和组织管理层面，以及以总分行的各个风险管理职能部门为基础的风险管理执行和报告层面。此外，由监事会和内部审计部门构成对流动性风险管理的监督评价层。

二、多项选择题(以下各小题给出的5个选项中，至少有2项符合题目要求，请将符合题目要求选项的代码填入括号内)

1. 《商业银行压力测试指引》规定，压力测试情景根据假设程度的不同，一般包括(　　)。[2023年10月真题]

A. 中度压力　　B. 重度压力　　C. 内部压力　　D. 轻度压力

E. 外部压力

【解析】压力情景要充分考虑影响商业银行自身的特定冲击、影响整个市场的系统性冲击和两者相结合的情景，包括轻度、中度、重度等不同的压力程度。压力测试的范围和频率应与商业银行的规模、风险水平及市场影响力相适应。

2. 根据《商业银行流动性风险管理办法》，在流动性覆盖率公式中“合格优质流动性资产”应具备的基本特征包括(　　)。[2023年10月真题]

A. 属于无变现障碍资产

B. 易于定价且价值稳定

C. 风险低，但与高风险资产的相关性高

D. 在广泛认可，活跃且具有广度、深度和规模的成熟市场中交易，市场波动性低，历史数据表明在压力时期的价格和成交量仍然比较稳定

E. 市场基础设施比较健全，存在多元化的买卖方，市场集中度低

【解析】合格优质流动性资产是指在流动性覆盖率所设定的压力情景下，能够通过出售或抵(质)押方式，在无损失或极小损失的情况下快速变现的各类资产。合格优质流动性资产应具备的基本特征包括：属于无变现障碍资产；风险低，且与高风险资产的相关性低；易于定价且价值稳定；在广泛认可、活跃且具有广度、深度和规模的成熟市场中交易，市场波动性低，历史数据表明在压力时期的价格和成交量仍然比较稳定；市场基础设施比较健全，存在多元化的买卖方，市场集中度低；从历史上看，在发生系统性危机时，市场参与者倾向于持有这类资产。

18D　┃　1ABD　2ABDE

3. 根据《商业银行流动性风险管理办法》，流动性风险管理政策和程序主要包括(　　)。［2021 年 6 月真题］

A. 压力测试　　B. 应急计划

C. 流动性风险限额管理　　D. 融资管理

E. 现金流测算和分析

【解析】流动性风险管理政策和程序主要包括现金流测算和分析、早期预警、流动性风险限额管理、融资管理、日间流动性风险管理、压力测试、应急计划、优质流动性资产管理、并表及重要币种的流动性风险管理等内部管理制度。

4. 体现加强流动性风险管理必要性的有(　　)。

A. 流动性风险具有隐蔽性和爆发性

B. 流动性风险管理是银行体系稳健运行的重要保障

C. 银行管理流动风险的内生动力不足

D. 金融危机暴露出银行流动性风险管理存在不足

E. 金融市场化和技术进步对流动性风险管理提出更高要求

【解析】加强流动性风险管理的必要性包括：①流动性风险管理是银行体系稳健运行的重要保障；②银行管理流动性风险的内生动力不足；③金融危机暴露出银行流动性风险管理存在不足；④金融市场化和技术进步对流动性风险管理提出更高要求。A 项属于流动性风险的特征。

5. 下列有关流动性风险含义说法不正确的有(　　)。

A. 流动性是指银行的某项资产

B. 流动性是指银行具备充分的储备以应对需求的能力

C. 流动性风险不具有内生性

D. 流动性风险是与银行金融中介功能相伴而生的固有风险

E. 银行的基本功能之一就是将存款人的短期资金转化为对借款人的长期贷款

【解析】A 项，流动性不是指银行的某项资产，而是银行具备充分的储备以应对需求的能力；C 项，市场的流动性风险积聚并转化为商业银行的资产负债期限错配，因此流动性风险具有内生性。

6. 合同期限错配监测工具将表内外所有项目按照合同到期日归入指定的时间段，一般划分为(　　)。

A. 隔夜　　B. 14 天　　C. 3 个月　　D. 1 年

E. 5 年

【解析】合同期限错配监测工具是将表内外所有项目按照合同到期日归入指定的时间段，一般划分为隔夜、7 天、14 天、1 个月、2 个月、3 个月、6 个月、9 个月、1 年、3 年、5 年及超过 5 年等。

7. 下列关于净稳定资金比例说法正确的有(　　)。

A. 净稳定资金比例为所需的稳定资金与可用的稳定资金之比

3ABCDE　4BCDE　5AC　6ABCDE　7BCE

B. 净稳定资金比例旨在促进银行建立更稳健的融资结构

C. 净稳定资金比例具有前瞻性和全面性

D. 净稳定资金比例是一项短期结构性存量指标

E. 净稳定资金比例是对流动性覆盖率的必要补充

【解析】A 项，净稳定资金比例为可用的稳定资金与所需的稳定资金之比；D 项，净稳定资金比例是一项中长期结构性存量指标。

8. 按照资金来源稳定性的不同，流动性覆盖率将短期负债分为(　　)。

A. 零售存款　　B. 小企业客户存款

C. 对公存款　　D. 同业存放和拆入

E. 回购等抵(质)押融资

【解析】按照资金来源稳定性的不同，流动性覆盖率将短期负债分为零售存款和小企业客户存款、对公存款、同业存放和拆入、回购等抵(质)押融资等类别。

9. 下列属于流动性风险管理的治理结构的内容的有(　　)。

A. 明确流动性风险管理的总体目标、管理模式、主要政策和程序

B. 高管层应制定、定期评估并监督执行流动性风险管理策略、政策和程序

C. 商业银行应根据其经营战略、业务特点、财务实力、融资能力、总体风险偏好及市场影响力等因素确定流动性风险偏好

D. 监事会和内审部门应对流动性风险管理进行有效监督

E. 商业银行应当按照本外币合计和重要币种分别进行流动性风险的识别、计量、监测和控制

【解析】AC 两项属于流动性风险管理策略、政策和程序的内容；E 项属于流动性风险识别、计量、监测和控制的内容。

10. 商业银行为了确保能够满足正常和压力情景下日间和不同期限的融资需求，应适当(　　)。

A. 设置现金流缺口限额　　B. 设置负债集中度限额

C. 加强融资抵押品管理　　D. 加强融资渠道管理

E. 设置集团内部交易和融资限额

【解析】商业银行应适当设置现金流缺口限额、负债集中度限额、集团内部交易和融资限额等表内外限额，加强融资渠道管理和融资抵押品管理，确保能够满足正常和压力情景下日间和不同期限的融资需求。

11. 《商业银行流动性风险管理办法》要求管理信息系统应至少实现的功能有(　　)。

A. 及时计算流动性风险监管和监测指标

B. 支持对流动性风险限额的监测和控制

C. 支持对大额资金流动的实时监控

D. 支持对融资抵(质)押品信息的监测

E. 支持在不同假设情景下实施压力测试

【解析】《商业银行流动性风险管理办法》要求管理信息系统应至少实现以下七项功能：

8ABCDE　9BD　10ABCDE　11ABCDE

①每日计算各个时间段的现金流入、流出及缺口；②及时计算流动性风险监管和监测指标；③支持对流动性风险限额的监测和控制；④支持对大额资金流动的实时监控；⑤支持对优质流动性资产及其他无变现障碍资产信息的监测；⑥支持对融资抵（质）押品信息的监测；⑦支持在不同假设情景下实施压力测试。

12. 2000 亿以上资产的商业银行流动性监测指标有哪些？（　　）［2023 年 6 月真题］

A. 流动性覆盖率　　B. 净稳定资金比例

C. 流动性比例　　D. 流动性匹配率

E. 优质流动性资产充足率

【解析】资产规模在 2000 亿元（含）以上的商业银行适用流动性覆盖率、净稳定资金比例、流动性比例和流动性匹配率。

三、判断题（判断以下各小题的对错，正确的用 A 表示，错误的用 B 表示）

1. 根据《商业银行流动性风险管理办法》，流动性风险偏好、流动性风险管理策略、政策和程序构建了商业银行流动性风险管理的制度框架，应至少每年评估一次，并在必要时进行修订。（　　）［2022 年 7 月真题］

【解析】商业银行应根据其经营战略、业务特点、财务实力、融资能力、总体风险偏好及市场影响力等因素确定流动性风险偏好，并在此基础上制定书面的流动性风险管理策略、政策和程序。流动性风险偏好，流动性风险管理策略、政策和程序构建了商业银行流动性风险管理的制度框架，应至少每年评估一次，并在必要时进行修订。

2. 商业银行应指定专门部门负责流动性风险管理，流动性风险管理职能应与业务经营职能保持相对独立。（　　）［2016 年 11 月真题］

【解析】《商业银行流动性风险管理办法》明确了银行流动性风险管理体系的整体框架，对流动性风险管理的治理结构提出了要求：银行应指定专门部门负责流动性风险管理，流动性风险管理职能应与业务经营职能保持相对独立。

3. 与传统的存款相比，来自金融市场或同业机构的批发性融资不但波动性更大、稳定性较低，而且使得金融机构之间的关联更为松散，个别银行或局部的流动性问题更易迅速蔓延，引发市场流动性紧张乃至系统性风险。（　　）

【解析】与传统的存款相比，来自金融市场或同业机构的批发性融资不但波动性更大、稳定性较低，而且使得金融机构之间的关联更为复杂紧密，个别银行或局部的流动性问题更易迅速蔓延，引发市场流动性紧张乃至系统性风险。

4. 在现金流入方面，流动性覆盖率只考虑未来 30 天内的契约性和非契约性现金流入。（　　）

【解析】在现金流入方面，出于审慎考虑，流动性覆盖率只考虑未来 30 天内的契约性现金流入，非契约性现金流入一律不纳入计算。

5. 在计算所需的稳定资金时，对应于银行各类资产和表外风险暴露的流动性特征，稳定资金需求系数被细分为五档，分别为 100%、95%、90%、50%和 0。（　　）

【解析】在计算所需的稳定资金时，对应于银行各类资产和表外风险暴露的流动性特征，

12ABCD ▎ 1A　2A　3B　4B　5B

稳定资金需求系数被细分为八档，分别为0、5%、10%、15%、50%、65%、85%或100%。

6. 对于净稳定资金比例，商业银行应每半年披露一次。（　　）

【解析】银行要按照规定的披露模板披露净稳定资金比例及其主要构成部分的数据。披露的各项数据应是前一季度的季末数据，如果银行每半年披露一次，则应同时披露该半年内两个季度的季末数据。

7. 流动性风险指商业银行无法以合理成本及时获得充足资金以偿付到期债务、履行其他支付义务和满足正常业务资金需求的风险。（　　）［2019年6月真题］

【解析】流动性不是指银行的某项资产，而是银行具备充分的储备以应对需求的能力。流动性风险指商业银行无法以合理成本及时获得充足资金，用以偿付到期债务、履行其他支付义务和满足正常业务开展的其他资金需求的风险。

6B　7A

第十四章　经营绩效管理

一、单项选择题(以下各小题所给出的 4 个选项中，只有 1 项最符合题目要求，请将正确选项的代码填入括号内)

1．根据《金融机构客户身份识别和客户身份资料及交易记录保存管理办法》规定，商业银行对本金融机构风险等级最高的客户或者账户，至少(　　)进行一次审核。[2023 年 10 月真题]

A．每半年　　B．每一年　　C．每个月　　D．每季度

【解析】金融机构应当根据客户或者账户的风险等级，定期审核本金融机构保存的客户基本信息，对风险等级较高客户或者账户的审核应严于对风险等级较低客户或者账户的审核。对本金融机构风险等级最高的客户或者账户，至少每半年进行一次审核。

2．根据《银行业金融机构绩效考评监管指引》的规定，银行业金融机构应当建立绩效考评结果定期公布制度，向(　　)通报绩效考评结果。[2023 年 10 月真题]

A．全体考评对象　　B．银行业监管机构

C．新闻媒体　　D．当地银行业协会

【解析】法人机构应每年至少组织开展一次绩效考评专项审计。审计重点是否放在绩效考评制度建设、组织实施和结果应用上等，关注绩效考评结果是否定期公布和向全体考评对象通报绩效考评结果，审计结果向董事会和监事会报告，并报送银行业监督管理机构。

3．商业银行出现以下(　　)情形，应当严格限定高级管理人员考核结果及其薪酬。[2021 年 6 月真题]

A．资产质量出现波动　　B．资本充足率未达到监管要求

C．公司治理整体评价下降　　D．盈利水平低于同业

【解析】当商业银行出现资本充足率等主要监管指标没有达到监管要求、资产质量或盈利水平明显恶化，以及出现其他重大风险时，应当严格限定高级管理人员绩效考核结果及其薪酬。

4．商业银行的非利息收入比例是指(　　)。[2018 年 10 月真题]

A．净利润/营业收入　　B．非利息收入/总收入

C．非利息收入/营业净收入　　D．税后净收入/股本总额

【解析】非利息收入比例的计算公式为：非利息收入比例 = 非利息收入 ÷ 营业净收入 × 100%。非利息收入比例不只是银行获利能力的标志，同时也反映出银行的经营管理效率。银行的非利息收入来自于手续费和佣金收入，获得这类收入不需要相应增加资产规模，较高的非利息收入会明显提高银行的资产利润率。

5．下列指标中不属于商业银行盈利状况评价体系定量指标的是(　　)。[2021 年 6 月

1A　2A　3B　4C　5D

真题］

A．资产利润率　　B．资本利润率　　C．成本收入比率　　D．财务管理的有效性

【解析】一般来说，商业银行的盈利状况评价体系包括定性指标与定量指标，其中，定性指标包括盈利的真实性、盈利的稳定性、盈利的风险覆盖性、盈利的可持续性以及财务管理的有效性；定量指标包括资产利润率、资本利润率、成本收入比率、风险资产利润率、净息差以及非利息收入比例。

6．下列指标中能够衡量商业银行所有者投入资本所形成权益的获利水平的是（　　）。［2021 年 6 月真题］

A．税后净收入/总收入　　B．资本利润率

C．成本收入率　　D．资产利润率

【解析】资本利润率是指商业银行在一个会计年度内获得的税后利润与资本平均余额的比率，衡量商业银行所有者投入资本所形成权益的获利水平。

7．下列选项中，用于衡量商业银行生息资产获取净利息收入的能力的指标是（　　）。［2017 年 6 月真题］

A．权益乘数　　B．净息差

C．风险资产利润率　　D．资产利润率

【解析】净息差是指商业银行净利息收入与平均生息资产的比率，用以衡量商业银行生息资产获取净利息收入的能力。

8．（　　）反映出银行每一单位收入需要支出多少成本，该比率越低，说明银行单位收入的成本支出越低。［2023 年 10 月真题］

A．权益乘数　　B．资本利润率　　C．成本收入比　　D．资产利润率

【解析】成本收入比率是银行营业费用与营业收入的比率，反映出银行每一单位的收入需要支出多少成本，该比率越低，说明银行单位收入的成本支出越低，银行获取收入的能力越强。因此，成本收入比率是衡量银行盈利能力与成本控制能力的重要指标。

9．商业银行的资产使用率是指（　　）。［2023 年 10 月真题］

A．总资产/股本总额　　B．税后净收入/总收入

C．总收入/总资产　　D．税后净收入/股本总额

【解析】资产使用率的计算公式为：资产使用率 = 总收入/总资产。资产使用率主要反映银行资产对收入的贡献情况。

10．以其他银行的业绩作为标杆或参照系，由此对被评价者做出评价的标准是（　　）。

A．历史标准　　B．预算标准　　C．相对业绩标准　　D．行业标准

【解析】外部标准也称相对业绩标准，是指以其他银行的业绩作为标杆或参照系，由此对被评价者作出评价，外部标准有行业标准、竞争对手标准、标杆标准等。

11．（　　）正成为商业银行考评体系中的核心指标。

A．风险调整后利润　　B．经济成本

6B　7B　8C　9C　10C　11C

C. 经济增加值　　　　　　　　　　D. 资本回报率

【解析】对于一个完整的考评指标体系，需制定能够反映全行经营战略的核心指标，核心指标的设置是考评体系中传导战略的最重要的一个环节。从国内外商业银行的最新实践看，经济增加值正成为商业银行考评体系中的核心指标。

12. 商业银行对高级管理人员以及对风险有重要影响岗位上的员工，其绩效薪酬的(　　)以上应采取延期支付的方式，且延期支付期限一般不少于3年。

A. 40%　　B. 20%　　C. 25%　　D. 50%

【解析】商业银行对高级管理人员以及对风险有重要影响岗位上的员工，其绩效薪酬的40%以上应采取递延支付方式，且延期支付期限一般不少于3年，其中主要高级管理人员绩效薪酬的延期支付比例应高于50%，有条件的应争取达到60%。

13. 商业银行的薪酬机制坚持的原则不包括(　　)。

A. 薪酬水平与风险成本调整后的经营业绩相适应

B. 短期激励与长期激励相统一

C. 薪酬机制与银行公司治理要求相统一

D. 薪酬激励与银行竞争能力及银行持续能力建设相兼顾

【解析】薪酬机制一般应坚持以下原则：①薪酬机制与银行公司治理要求相统一；②薪酬激励与银行竞争能力及银行持续能力建设相兼顾；③薪酬水平与风险成本调整后的经营业绩相适应；④短期激励与长期激励相协调。

14. 商业银行的基本薪酬一般不高于其薪酬总额的(　　)。

A. 15%　　B. 20%　　C. 35%　　D. 50%

【解析】根据《商业银行稳健薪酬监管指引》，商业银行应科学设计职位和岗位，合理确定不同职位和不同岗位的薪酬标准。不鼓励商业银行设立保底奖金，如果确有实际需要，保底奖金只适用于新雇用员工入职第一年的薪酬发放。而且，商业银行的基本薪酬一般不高于其薪酬总额的35%。

15. 根据《商业银行稳健薪酬监管指引》，商业银行主要负责人的绩效薪酬根据年度经营考核结果，在其基本薪酬的(　　)倍以内确定。[2023年10月真题]

A. 3　　B. 4　　C. 8　　D. 5

【解析】根据《商业银行稳健薪酬监管指引》，商业银行应科学设计职位和岗位，合理确定不同职位和不同岗位的薪酬标准。商业银行的基本薪酬一般不高于其薪酬总额的35%。同时，绩效薪酬要体现充足的各类风险与各项成本抵扣和银行可持续发展的激励约束要求。商业银行主要负责人的绩效薪酬根据年度经营考核结果，在其基本薪酬的3倍以内确定。

16. 主要高级管理人员绩效薪酬的延期支付比例应高于(　　)。

A. 20%　　B. 30%　　C. 40%　　D. 50%

【解析】商业银行高级管理人员以及对风险有重要影响岗位上的员工，其绩效薪酬的40%以上应采取延期支付的方式，且延期支付期限一般不少于3年，其中，主要高级

12A　13B　14C　15A　16D

管理人员绩效薪酬的延期支付比例应高于50%，有条件的应争取达到60%。在延期支付时段中必须遵循等分原则，不得前重后轻。

17. (　　)是薪酬管理组织架构的责任主体。

A. 董事会　B. 监事会　C. 管理层　D. 人力资源部门

【解析】目前，各商业银行初步建立了以董事会作为责任主体的薪酬管理组织架构。

18. 国内一些大型银行和股份制商业银行采用(　　)、平衡计分卡等绩效管理方法。

A. 关键绩效指标　B. 经济资本指标

C. 经济增加值　D. 资本收益率

【解析】绩效管理所应用的工具方法，一般包括关键绩效指标法、经济增加值法、平衡计分卡、股权激励计划等。一些大型银行和一些股份制商业银行采用了关键绩效指标、平衡计分卡等国际通行的绩效管理方法，并在对分支机构绩效考评中比较注重以经济资本指标，如经济增加值和风险调整后的资本收益率为导向，兼顾质量与风险、规模与效益的相互平衡。

19. 在薪酬管理中，有(　　)项监管指标未达标，当年全行人均绩效薪酬在上年基础上实行下浮。

A. 1　B. 2　C. 3　D. 4

【解析】根据《商业银行稳健薪酬监管指引》规定，风险成本控制指标至少应包括资本充足率、不良贷款率、拨备覆盖率、案件风险率、杠杆率等五大监管标准。如有一项指标未达标，当年全行人均绩效薪酬不得超过上年水平；有两项未达标的，当年全行人均绩效薪酬在上年基础上实行下浮；而如果有三项及以上指标未达标的，当年全行人均绩效薪酬不仅要参照两项未达标的条款进行调整，下一年度全行基本薪酬总额也不得调增。

20. (　　)反映的是银行管理的效率。

A. 资本收益率　B. 资产收益率　C. 资产使用率　D. 股权乘数

【解析】A项，资本收益率反映的是股东回报率；C项，资产使用率主要反映银行资产对收入的贡献情况；D项，股权乘数主要反映银行的融资策略，主要是依赖债务融资还是股权融资。

21. S银行2016年的利息收入为3200万元，非利息收入为1300万元，该银行总资产为3亿元，S银行的资产使用率为(　　)。

A. 10.67%　B. 4.33%　C. 15%　D. 6.33%

【解析】根据公式，资产使用率=总收入/总资产=(利息收入+非利息收入)/总资产=(3200+1300)/30000=15%。

22. 商业银行经营管理以(　　)为目标。

A. 盈利性　B. 安全性　C. 流动性　D. 稳定性

【解析】商业银行经营管理以盈利性为目标、以流动性和安全性为基本原则，三者既矛

17A　18A　19B　20B　21C　22A

盾又统一。

23. 下列关于盈利定量指标的说法错误的是(　　)。

A. 资本利润率是一个综合性很强的财务指标，是杜邦分析体系的核心

B. 资产利润率指标是体现经营效益和管理水平的重要综合性指标

C. 成本收入比率是衡量银行盈利能力与成本控制能力的重要指标

D. 一般而言，风险资产利润率应小于资产利润率

【解析】风险资产利润率指商业银行净利润与风险加权资产的比率，从风险视角考察资产利润率，对资产利润率进行调节。一般而言，风险资产利润率应大于资产利润率。

24. (　　)是商业银行最主要的营业支出。[2018 年 6 月真题]

A. 业务及管理费　　B. 资产减值损失

C. 营业支出　　D. 利息支出

【解析】利息支出，是商业银行最主要的营业支出，反映银行以负债业务吸取资金的成本发生情况。它的主要部分是银行的存款利息支出，另一部分是借款利息支出。

二、多项选择题(以下各小题给出的 5 个选项中，至少有 2 项符合题目要求，请将符合题目要求选项的代码填入括号内)

1. 商业银行的薪酬是指商业银行为获得员工提供的服务和贡献而给予的(　　)等报酬及相关支出。[2018 年 10 月真题]

A. 基本薪酬　　B. 社会保险费　　C. 中长期激励　　D. 绩效薪酬

E. 住房公积金

【解析】商业银行的薪酬是指商业银行为获得员工提供的服务和贡献而给予的报酬及其相关支出，包括基本薪酬、绩效薪酬、中长期激励、福利性收入等项下的货币和非现金的各种权益性支出。其中，福利性收入包括商业银行为员工支付的社会保险费、住房公积金等。

2. 根据《商业银行监管评级办法》，商业银行盈利的稳定性主要包括(　　)。[2017 年 6 月真题]

A. 经济环境、利率波动、政策调整对银行收入和成本的影响

B. 银行生息资产占比是否合适，利润增长幅度是否合理，是否存在利润增长幅度偏低或偏高的情况，非经常损益对盈利影响如何

C. 银行成本费用的构成及变动趋势如何，成本管理是否有效

D. 银行是否严格按照会计准则和会计制度真实、准确核算成本费用和收入，有无虚增和虚减利润，或将利息收入计入中间业务收入从而变相提高非利息收入比例等现象

E. 银行利息收入、非利息收入和营业外收入的占比情况，利息收入是否过度依赖某类行业、客户和产品，非利息收入是否主要来源于中间业务收入

【解析】A 项属于商业银行盈利的可持续性；D 项属于商业银行盈利的真实性。

3. 根据《商业银行监管评级办法》，商业银行盈利的真实性主要包括(　　)。[2016 年 11 月真题]

23D　24D　❙　1ABCDE　2BCE　3ACE

A. 银行是否严格按照会计准则和会计制度真实、准确核算成本费用和收入，有无虚增和虚减利润，或将利息收入计入中间业务收入从而变相提高非利息收入比例等现象
B. 银行利息收入、非利息收入和营业收入的占比情况，利息收入是否过度依赖某类行业、客户和产品、非利息收入是否主要来源于中间业务收入
C. 内审部门对银行经营成果真实性的评价结果如何
D. 利润的增长方式是否依赖单纯的规模扩张，还是主要来源于资产利用率，净息差和非利息收入比例的提高
E. 银行是否按照监管机构的规定充足提取各项准备金，特别是要通过考察银行资产分类准确性和提取拨备的充足性，来衡量银行是否做实利润

【解析】B 项，属于盈利的稳定性；D 项，属于盈利的可持续性。

4. 下列关于绩效考评工作中的做法正确的有(　　)。
A. 在制定经营计划时过分强调竞争排名，经营计划指标脱离实际
B. 在向下分解经营计划和考评任务时，计划越分越大，任务越压越重
C. 银行业金融机构在确定考评指标权重时，合规经营类指标和风险管理类指标权重应当明显高于其他类指标
D. 银行业金融机构应建立完善绩效薪酬延期支付和扣回制度，提高绩效薪酬支付与风险暴露期的匹配度
E. 银行业金融机构应将绩效考评管理纳入内部审计，法人机构应每年至少组织开展一次绩效考评专项审计

【解析】A 项，银行业金融机构在进行绩效考评时要科学制定经营计划，不能在制定经营计划时未充分考虑市场发展状况，过分强调竞争排名，经营计划指标脱离实际，大幅超过机构的发展能力；B 项，银行业金融机构应合理分解考评任务，分支机构不得自行制定考评办法或层层加码提高考评标准及相关要求。

5. 下列关于绩效考评体系的应用说法正确的有(　　)。
A. 年度经营考评结果作为战略咨询及战略调整的重要信息输入，也是年度目标计划制定的重要依据
B. 在具体分配过程中，通常将经营费用分为标准费用和绩效费用
C. 绩效考评结果的应用至少应当包括评定等级行、确定管理授权、分配信贷资源和财务费用、核定绩效薪酬总额、评价高级管理人员和确定其绩效薪酬等方面
D. 由于综合考评结果可以反映被考评对象的整体经营情况，它通常被应用于战略目标审视、资源配置、人力资源管理运用、制度建设及企业文化建设等方面
E. 绩效与企业文化之间是相互独立的，不存在联系

【解析】E 项，绩效与企业文化是相辅相成的关系，所以也需要根据绩效结果及各层次绩效考评结果对企业文化建设的成果进行检测与反省，以评估企业文化建设的实际效果。

6. 监管部门对商业银行薪酬管理的监管重点主要包括(　　)。
A. 绩效考评指标设置与上级机构考评要求的一致性
B. 年度经营计划的审慎性

4CDE　5ABCD　6ABCDE

C. 绩效考评目标与年度经营计划的吻合性

D. 业务归属和会计核算的准确性

E. 财务数据和管理信息的规范性

【解析】根据《银行业金融机构绩效考评监管指引》等系列指导意见，监管部门对商业银行绩效管理的主要关注点如下：①在激励约束机制方面是否合规；②年度经营计划的审慎性；③绩效考评目标与年度经营计划的吻合性；④绩效考评指标设置与上级机构考评要求的一致性；⑤业务归属和会计核算的准确性；⑥财务数据和管理信息的规范性；⑦是否将绩效考评管理纳入内部审计，法人机构应每年至少组织开展一次绩效考评专项审计；⑧是否将商业银行绩效考评实施情况纳入年度监管评价，并与设立机构、开办新业务、高级管理人员任职资格核准等监管激励措施挂钩。

7.《银行业金融机构绩效考评监管指引》中规定的发展转型类指标主要包括(　　)等。[2023 年 10 月真题]

A. 收入结构调整指标　　B. 成本控制指标

C. 资产质量变化指标　　D. 业务及客户发展指标

E. 资产负债结构调整指标

【解析】发展转型类指标用于评价银行根据宏观经济政策、结构调整及自身需要，推动业务发展和战略转型的情况，包括业务及客户发展指标、资产负债结构调整指标、收入结构调整指标等。银行应当根据考评对象的经营地域、客户结构、市场需求以及服务能力，合理确定发展转型类指标。对于以贷转存、以贷收费和转嫁成本等不规范经营的考评对象，应当调低发展转型类指标的考评得分。B 项，成本控制指标属于经营效益类指标。

8. 我国商业银行正逐步淡化规模考评，形成了以(　　)等为核心的业绩价值考评体系。

A. 经济资本　　B. 资本回报率

C. 经济增加值　　D. 风险调整后利润

E. 权益回报率

【解析】绩效管理作为一种自律手段是现代商业银行经营管理的重要延伸，作为一种导向与调节工具是现代商业银行运行机制的重要特征。近年来，我国商业银行正逐步淡化规模考评，形成了以经济资本、经济增加值等为核心的业绩价值考评体系。

9. 商业银行绩效考评应当坚持的原则包括(　　)。

A. 稳健经营　　B. 合规引领　　C. 战略导向　　D. 综合平衡

E. 统一执行

【解析】绩效考评即经营业绩的考核与评价，就绩效考评而言，一般应当坚持以下原则：稳健经营、合规引领、战略导向、综合平衡、统一执行。

10. 下列关于绩效考评说法正确的有(　　)。

A. 绩效考评基本要素包括：评价目标、评价对象、评价指标、评价标准、评价报告

B. 绩效考评系统是对银行本身的评价

7ADE　8AC　9ABCDE　10ACE

C. 绩效考评指标是指对评价对象的哪些方面进行评价

D. 评价标准是整个经营管理系统运行的指南和目的

E. 选择什么标准作为考评的基准取决于考评的目的

【解析】B 项，绩效考评系统主要有两个评价对象，对银行本身和银行管理者的评价；D 项，绩效考评系统的目标是整个经营管理系统运行的指南和目的。

11. 银行绩效考评指标包括(　　)。

A. 合规经营类指标　　B. 经营效益类指标

C. 社会责任类指标　　D. 风险管理类指标

E. 发展转型类指标

【解析】考评指标的设置关键是突出考评重点，明确经营导向，同时还要考虑公司治理要求、指标间关联性和互补性、结构优化与协调发展等因素。银行绩效考评指标一般包括以下五大类：合规经营类指标、风险管理类指标、经营效益类指标、发展转型类指标、社会责任类指标。

12. 固定薪酬主要根据员工在商业银行经营中的(　　)等因素确定。

A. 服务年限　　B. 劳动投入

C. 所承担的经营责任　　D. 经营业绩考核结果

E. 所承担的经营风险

【解析】固定薪酬即基本薪酬，是商业银行为保障员工基本生活而支付的基本报酬，包括津补贴，主要根据员工在商业银行经营中的劳动投入、服务年限、所承担的经营责任及风险等因素确定。D 项，绩效薪酬是商业银行支付给员工的业绩报酬和增收节支报酬，主要根据当年经营业绩考核结果来确定。

13. 可变薪酬是商业银行薪酬结构之一，具体包括(　　)。

A. 津补贴　　B. 绩效薪酬　　C. 福利性收入　　D. 中长期各种激励

E. 基本薪酬

【解析】商业银行薪酬由固定薪酬、可变薪酬、福利性收入等构成，其中，可变薪酬包括绩效薪酬和中长期各种激励。固定薪酬即基本薪酬，包括津补贴。

14. 风险成本控制指标是银行绩效考核指标体系构成之一，该指标包括(　　)。

A. 案件风险率　　B. 不良贷款率　　C. 资本充足率　　D. 拨备覆盖率

E. 杠杆率

【解析】根据《商业银行稳健薪酬监管指引》规定，风险成本控制指标至少应包括资本充足率、不良贷款率、拨备覆盖率、案件风险率、杠杆率等五大监管标准。

15. 监管部门对商业银行薪酬管理的监管重点包括(　　)。

A. 着力解决薪酬机制的问题　　B. 着力解决法人层面的问题

C. 着力解决薪酬与风险挂钩的问题　　D. 着力解决绩效考评问题

E. 着力解决市场纪律约束的问题

【解析】在薪酬监管上，强调监管部门定期对商业银行薪酬机制的健全性和有效性作出

11ABCDE　12ABCE　13BD　14ABCDE　15ABCE

评估，并对绩效考评情况进行现场检查，对违反审慎经营要求的相关问题予以查处。ABCE 四项是监管部门对商业银行薪酬管理的监管重点。

16. 以下属于利息收入的有(　　)。

A. 贷款收入　B. 证券回购　C. 汇兑收入　D. 同业拆出

E. 信用卡费用

【解析】利息收入是商业银行收入的最主要来源。利息收入可具体细分为贷款利息收入、证券投资利息收入以及存放同业、同业拆出、进行证券回购所得利息收入等。CE 两项为非利息收入。

17. 下列关于银行利润说法正确的有(　　)。

A. 根据核算口径的不同，银行利润有营业利润、税前利润、净利润

B. 营业利润加上营业外收入减去营业外支出即为税前利润

C. 税前利润扣除免税收入即为应税所得

D. 净利润是进行绩效评价时的基本指标

E. 税前利润扣除所得税之后的余额为净利润

【解析】C 项，营业利润是银行收支相抵后的余额，该指标的意义在于明确应税所得，营业利润扣除免税收入即为应税所得；D 项，税前利润可以看作是银行正常经营活动的最终结果，较好地反映了银行业绩，是进行绩效评价时的基本指标。

18. 下列关于净息差的说法正确的有(　　)。

A. 净息差是指商业银行净利息收入与平均生息资产的比率

B. 净息差越高，反映商业银行运用生息资产的效率越高

C. 净息差越低，商业银行生息资产获取净利息收入的能力越低

D. 净息差水平高，表明商业银行生息资产收益水平较高，或者付息负债融资成本较低

E. 净息差的高低仅取决于生息资产的收益能力高低

【解析】E 项，净息差的高低取决于两方面因素：一是生息资产的收益能力高低，二是与生息资产对应的资本成本高低。

19. 下列关于商业银行盈利管理说法正确的有(　　)。

A. 商业银行盈利的稳定性主要包括盈利结构、盈利水平稳定性以及盈利效率三个方面

B. 盈利的风险覆盖性要参考风险定价能力如何

C. 利润的增长方式影响盈利的可持续性

D. 保证银行盈利的可持续性是商业银行加快发展、保持市场竞争力的关键

E. 是否建立健全的预决算体系、是否开发财务管理信息系统、是否采用标准的会计准则对财务管理有效性有很大影响

【解析】盈利的真实性、盈利的稳定性、盈利的风险覆盖性、盈利的可持续性以及财务管理的有效性是商业银行盈利状况评价体系的定性指标。ABCDE 五项为这五项指标的具体内容。

20. 银行的非利息收入包括(　　)。

16ABD　17ABE　18ABCD　19ABCDE　20ABC

A. 手续费和佣金收入　　B. 投资收益
C. 汇兑损益　　D. 债券投资收入
E. 贷款收入

【解析】商业银行收入主要包括利息收入与非利息收入。非利息收入包括所有其他来源的收入，主要包括手续费和佣金收入、投资收益、汇兑损益、公允价值变动损益、其他业务收入等。

21. 银行生息资产包括(　　)。
A. 各项贷款　B. 定期存款　C. 债券投资　D. 单位存款
E. 存放央行款项

【解析】生息资产是指商业银行以收取利息为条件(或隐含利息条件，即虽不收取利息，但其价值却受实际利率影响，如买入的零息债券)对外融出或存放资金而形成的资产，主要包括：存放中央银行款项、存放同业款项、各项贷款、拆放同业、债券投资、买入返售资产以及其他能够产生利息收入的资产。BD 两项属于银行的负债。

三、判断题(判断以下各小题的对错，正确的用 A 表示，错误的用 B 表示)

1. 商业银行风险资产利润率应小于资产利润率。(　　)。[2023 年 10 月真题]

【解析】风险资产利润率是从风险视角考察资产利润率，对资产利润率进行调节。一般而言，风险资产利润率应大于资产利润率。对于风险资产利润率，一是考察资产的运用效益，二是考察表内外资产的风险状况。

2. 商业银行提供的贵重金属保管、信息咨询等服务所收取的费用都属于利息收入。(　　)[2016 年 11 月真题]

【解析】非利息收入包括所有其他来源的收入，主要包括手续费和佣金收入、投资收益、汇兑损益、公允价值变动损益、其他业务收入等。手续费与佣金收入是银行为客户提供服务所取得的收入，其主要来源有支付结算业务，如开立保兑信用证、履约保证书及承兑汇票等所收取的手续费，对外保证业务收取的手续费，以及代买卖证券、贵重金属保管、信息咨询、信用卡费用等。

3. 资本利润率是商业银行资产盈利能力与财务杠杆的综合表现。(　　)[2016 年 11 月真题]

【解析】资本利润率是商业银行资产盈利能力与财务杠杆的综合表现。资本利润率是一个综合性很强的财务指标，是杜邦分析体系的核心。

4. 相对业绩标准能够剔除行业发展中的环境不确定性，有利于提高激励的效率和效果。(　　)

【解析】相对业绩标准能够剔除行业发展中的环境不确定性，有利于提高激励的效率和效果，而且有助于强化竞争意识，并为竞争提供恰当线索，实现银行未来业绩的持续改善。

5. 不同银行的福利性收入有所不同，对于福利性收入的管理，按各银行的章程执行。(　　)

21ACE　|　1B　2B　3A　4A　5B

【解析】福利性收入包括商业银行为员工支付的社会保险费、住房公积金等。对于福利性收入的管理，按国家有关规定执行。

6. 绩效薪酬应全部根据经营情况和风险成本分期考核情况随基本薪酬一起支付。(　　)

【解析】绩效薪酬是商业银行支付给员工的业绩报酬和增收节支报酬，主要根据当年经营业绩考核结果来确定。绩效薪酬主要与岗位履职和业务开展情况相挂钩，一部分根据季度经营业绩考核情况，按月或按季发放，剩余部分根据年度考核结果以年终奖等形式支付。

7. 商业银行制定的绩效薪酬延期追索、扣回规定对离职人员同样适用。(　　)

【解析】商业银行应制定绩效薪酬延期追索、扣回规定，如在规定期限内其高级管理人员和相关员工职责内的风险损失超常暴露，商业银行有权将相应期限内已发放的绩效薪酬全部追回，并止付所有未支付部分。商业银行制定的绩效薪酬延期追索、扣回规定应同样适用离职人员。

8. 银行利润是利息净收入扣除提取贷款损失准备金与其他费用支出后的部分。(　　)

【解析】利息净收入扣除提取贷款损失准备金与其他费用支出后与非利息净收入之和，构成银行利润。

9. 租赁收入、信托收入属于商业银行的其他营业收入。(　　)

【解析】商业银行的其他营业收入包括信托收入、租赁收入、债券销售(或发行)的差价收入、同业往来收入及其他各种非利息的营业收入。

10. 资产利润率、成本收入比率、盈利的风险覆盖性属于盈利状况评价体系中的定量指标。(　　)

【解析】商业银行的盈利状况评价体系包括定性指标与定量指标，其中定性指标包括：盈利的真实性、盈利的稳定性、盈利的风险覆盖性、盈利的可持续性以及财务管理的有效性；定量指标包括资产利润率、资本利润率、成本收入比率、风险资产利润率、净息差以及非利息收入比例。

6B　7A　8B　9A　10B

第十五章　信息科技管理

一、单项选择题(以下各小题所给出的4个选项中，只有1项最符合题目要求，请将正确选项的代码填入括号内)

1. 以下关于商业银行外包业务的说法，不正确的是(　　)。[2023年10月真题]

A. 商业银行应对重要的非驻场外包服务进行实地检查，原则上一年不少于一次

B.《电子银行业务管理办法》要求，银行对电子银行业务处理系统等进行外包时，应在业务外包实施前向银行业监督管理机构报告

C. 商业银行应设立信息科技管理委员会，成员来自高管层、信息科技部门和主要业务部门

D. 商业银行应制定与自身规模、市场地位相适应的外包战略，有针对性地获取或提升技术能力，降低对服务提供商的依赖

【解析】非驻场外包是指服务提供商不在银行保险机构场所提供服务的外包形式。银行保险机构应当对符合重要外包标准的非驻场外包服务进行实地检查，原则上每三年覆盖所有重要的非驻场外包服务。对具有行业集中度性质的服务提供商，银行保险机构可采取联合检查、委托检查等形式，减少重复性工作，减轻服务提供商的检查负担。

2. 能使银行业务在瞬间全部瘫痪的风险是(　　)。[2016年11月真题]

A. 合规风险　　B. 信息科技风险　　C. 信用风险　　D. 市场风险

【解析】信息科技风险是基于信息科技的应用而逐步推进的。如果承载大量业务的系统长时间中断或业务数据大量丢失，将使信息科技风险“甚至成为唯一可能使银行业务在瞬间全部瘫痪的重要风险”，银行可能因此面临倒闭的风险。

3. 现代化支付体系建立于我国银行信息化发展的(　　)。

A. 信息孤岛阶段　　B. 互联互通阶段

C. 银行信息化阶段　　D. 信息化银行阶段

【解析】从20世纪90年代末一直到2012年左右，银行业进入信息化阶段。2005年以后，中国人民银行利用计算机技术和通信网络自主开发建设中国现代化支付系统，开始高效、安全处理各银行办理异地、同城各种支付业务及其资金清算和货币市场交易的资金清算。

4. 信息科技工作要把银行的(　　)作为各项工作的中心。

A. 利润目标　　B. 风险目标　　C. 战略目标　　D. 长期目标

【解析】信息科技工作要把银行的战略目标作为各项工作的中心，所有的工作围绕这个中心布局、展开。

5. 在信息科技风险的监管中，(　　)是风险信息采集、识别和监测的主要手段。

A. 非现场监管报表　　B. 现场监管

1A　2B　3C　4C　5A

C. 风险控制　　　　　　　　　　　　　D. 风险评估与监管评级

【解析】我国银行业监督管理机构已构建信息科技非现场监管体系，并以银行业金融机构信息科技非现场监管报表作为风险信息采集、识别和监测的主要手段，全面收集银行业金融机构重点信息科技风险领域数据。

6. (　　)是识别机构单体高风险，提供更为准确的风险评估依据的最直接有效方式。

A. 非现场监管　　　　　　　　　　　B. 现场检查

C. 风险控制　　　　　　　　　　　　D. 风险评估与监管评级

【解析】现场检查是识别机构单体高风险、定位信息科技风险管理重大缺陷、传导监管机构监管要求、核实银行业金融机构信息科技风险实际状况，提供更为准确的风险评估依据的最直接有效方式。

7. (　　)是信息科技风险监管的核心步骤。

A. 现场监管　　B. 非现场监管　　C. 风险评估　　D. 监管评级

【解析】信息科技风险评估是风险监管的核心步骤，旨在通过评估机构固有风险水平、相应的控制措施有效性，对机构整体风险进行评估。

8. 信息科技发展战略需经(　　)审批。

A. 股东大会　　B. 董事会　　C. 监事会　　D. 总经理

【解析】信息科技发展战略需经董事会审批，年度信息科技工作决议需经董事会会议形成。

9. 在信息科技风险的监管中，(　　)的风险识别与监测，可作为制定快速巡查方案的依据。

A. 现场监管　　B. 非现场监管　　C. 全面监管　　D. 综合监管

【解析】信息科技非现场监管的风险识别与监测，可作为制定现场检查方案或快速巡查的依据。依据非现场监管风险分析结果制定的现场检查工作方案能有效配置监管资源，提高现场检查的针对性和工作效率。

10. 信息科技人员占比应与(　　)相匹配。

A. 信息科技投入　　　　　　　　　　B. 商业银行发展水平

C. 商业银行收入水平　　　　　　　　D. 银行工作人员薪酬

【解析】信息科技人员数量、信息科技人员占比、信息科技投入占比应与商业银行发展水平匹配。

11. 根据《银行保险机构信息科技外包风险监管办法》，银行业金融机构应当明确外包活动需要访问或使用的信息资产，按(　　)原则进行访问授权。[2023 年 6 月真题]

A. “必需知道”和“最小授权”　　　　B. “事前审批”“事中监督”和“事后检查”

C. “双人经手”和“四眼”　　　　　　D. “一事一审”和“事前审批”

【解析】针对可能给业务连续性管理造成重大影响的重要外包服务，银行保险机构应当事先建立风险控制、缓释或转移措施。银行保险机构应当制定和落实网络和信息安全

6B　7C　8B　9B　10B　11A

管理措施，明确外包活动需要访问或使用的信息资产，按“必需知道”和“最小授权”原则进行访问授权。

二、多项选择题（以下各小题给出的5个选项中，至少有2项符合题目要求，请将符合题目要求选项的代码填入括号内）

1．银行信息科技发展的特征包括（　　）。

A．银行业务高度依赖信息科技　　B．系统环境日益复杂

C．信息科技的内部性特点显著　　D．业务与信息科技不断融合

E．业务系统性风险减小

【解析】当前，银行信息科技发展呈现如下特征：①银行业务高度依赖信息科技；②系统环境日益复杂；③业务与信息科技不断融合；④信息科技的外部性特点显著。

2．银行业信息科技风险的特征包括（　　）。

A．风险因素复杂　B．不确定性减弱　C．损失难以计量　D．影响范围广

E．风险外延性强

【解析】银行业信息科技风险具有以下特征：①风险因素复杂；②不确定性突出；③损失难以计量；④影响范围广；⑤风险外延性强。

3．监管部门的信息科技风险监管具体目的包括（　　）。［2020年10月真题］

A．降低信息管理成本　　B．公众满意度

C．合法合规　　D．业务连续性

E．信息安全

【解析】信息科技风险监管的目标是有效保障银行业持续运作和信息安全，维护社会稳定，确保金融安全和保障公众利益。监管部门的信息科技风险监管具体目的包括以下几个方面：①业务连续性；②信息安全；③公众满意度；④合法合规。

4．信息科技风险监管方式包括（　　）。

A．非现场监管　B．现场检查　C．风险对冲　D．风险控制

E．集中监管

【解析】信息科技风险监管方式主要分为非现场监管、现场检查、风险评估与监管评级、风险控制、持续监管五大类。

5．信息科技现场检查分为（　　）。

A．综合检查　B．全面检查　C．专项检查　D．单位检查

E．独立检查

【解析】信息科技现场检查主要分为全面检查和专项检查两类，是有效识别信息科技风险的重要方法。

6．面向机构单体的风险控制可采取（　　）等措施。

A．风险提示　B．资本计提　C．市场准入　D．行业通报

E．专项治理与处置

1ABD　2ACDE　3BCDE　4ABD　5BC　6ABC

【解析】面向机构单体的风险控制可采取风险提示、资本计提、市场准入、行政处罚等手段；面向银行业整体的风险控制可采取行业通报、专项治理与处置、行业规范调整等方式。

7. 在信息科技治理组织架构方面，商业银行应做到(　　)。
A. 建立信息科技管理制度的起草、发布、修订等工作流程
B. 设立信息科技管理委员会
C. 以正式制度(文件)明确信息科技治理作为重要组成部分纳入公司治理
D. 制定信息科技治理运作效果考核指标并不定期进行评价
E. 明确监事会的信息科技治理职责

【解析】D 项，商业银行应该制定信息科技治理运作效果考核指标并定期进行评价；E 项，商业银行应该明确董事会、高管层的信息科技治理职责。

8. 商业银行“三道防线”职责包括(　　)。
A. 信息科技管理　　B. 信息科技风险管理
C. 信息科技风险评估　　D. 信息科技风险监督
E. 信息科技风险控制

【解析】商业银行应明确信息科技管理、信息科技风险管理和信息科技风险监督的“三道防线”职责。

9. 在信息科技内外部审计方面，商业银行应重视(　　)。
A. 近三年信息科技审计覆盖率
B. 近两年信息科技审计覆盖率
C. 近三年信息科技内(外)审整改率
D. 近两年信息科技内(外)审整改率
E. 近两年内(外)审工作中信息科技专项审计占比

【解析】在信息科技内外部审计方面，商业银行应重视以下几点：①近三年信息科技审计覆盖率；②近两年信息科技内(外)审整改率；③近两年内(外)审工作中信息科技专项审计占比。

10. 在业务连续性管理体系方面，商业银行应做到(　　)。
A. 建立日常业务连续性管理组织　　B. 定期开展业务连续性演练
C. 明确业务恢复优先级和恢复目标　　D. 制定所有业务的业务连续性计划
E. 对业务连续性管理工作进行审计

【解析】D 项，商业银行应制定所有重要业务的业务连续性计划。

三、判断题(判断以下各小题的对错，正确的用 A 表示，错误的用 B 表示)

1. 商业银行实施信息科技跨境外包，涉及信息跨境存储、处理和分析的，应遵循我国有关法律法规的规定。(　　)［2023 年 10 月真题］

【解析】跨境外包是指服务提供商在境外其他国家或地区实施信息科技外包服务的行为。商业银行在选择跨境外包时，应当充分评估服务提供商所在国家或地区的政治、经济、

7ABC　8ABD　9ADE　10ABCE　▎　1A

社会、法律、文化等经营环境。涉及信息跨境存储、处理和分析的，应遵守我国有关法律法规的规定。

2. 在信息科技审计领域，需要重点关注信息科技风险内部监督机制和外部监管合规监督等。（ ）[2023年6月真题]

【解析】《商业银行监管评级办法》和《商业银行信息科技监管评级内部规程(试行)》对商业银行信息科技管理明确了8项评级基本要素。其中，在信息科技审计领域，需要重点关注信息科技风险内部监督机制和外部监管合规监督等。

3. 在银行信息化阶段，商业银行秉持“分散运营、服务共享”的理念，改变了传统集中式的作业模式。（ ）

【解析】在银行信息化阶段，商业银行按照“集约运营、服务共享”的理念和打造“流程银行”的目标，改变了传统分散式的作业模式，实现了业务处理工厂化、集中化和规范化，大幅提升了业务运营效率，降低了运营成本，提高了柜面服务的响应能力和服务质量。

4. 我国秉持“风险为本”的监管理念，理念核心是有效防范和控制信息科技风险。（ ）

【解析】我国以“风险为本”的监管框架是一个持续、循环的过程。“风险为本”信息科技监管理念的核心是有效防范和控制信息科技风险，强化银行业金融机构风险管控能力，建立风险管控的长效机制。

5. 我国银行业监督管理机构在坚持强化行业整体风险监管的同时，更加注重对单体风险的监控。（ ）

【解析】银行业信息科技风险监管面临机构间差异大的问题，存在着很大的不确定性，但整体风险如能被有效识别和控制，会有助于削减单体机构的风险。因此，我国银行业监督管理机构在坚持强化单体风险监管的同时，更加注重行业整体风险的监控。

6. 信息科技风险快速巡查是介于风险评估与风险控制之间的一种监管手段。（ ）

【解析】信息科技风险快速巡查是介于非现场监管与现场检查的一种监管手段，目的是既要保障监管有效覆盖各类机构，同时又尽量经济、节约地使用监管资源。

7. 年度信息科技工作决议需经股东大会会议形成。（ ）

【解析】年度信息科技工作决议需经董事会会议形成。

8. 商业银行应设立首席信息官，可以向行长直接汇报。（ ）

【解析】商业银行应设立首席信息官，直接向行长汇报，并参与重大决策，首席信息官具有一定的信息科技专业背景或从业经验。

9. 信息科技并非一成不变，商业银行应该建立动态化的信息科技风险评估指标。（ ）

【解析】信息科技并非一成不变，监管机构对信息科技风险的敏感度至关重要。监管框架遵循用最短的时间监测到单体银行或行业性的信息科技风险变化的原则，建立动态化的信息科技风险评估指标，在最短时间内预警单体机构或行业风险变化趋势。

2A 3B 4A 5B 6B 7B 8A 9A

第十六章　开发性金融机构与政策性银行业务与监管

一、单项选择题(以下各小题所给出的4个选项中，只有1项最符合题目要求，请将正确选项的代码填入括号内)

1. 下列不属于开发性金融机构与政策性银行的是(　　)。

A. 国家开发银行　　B. 中国银行

C. 中国进出口银行　　D. 中国农业发展银行

【解析】目前，开发性金融机构与政策性银行是指国家开发银行、中国进出口银行和中国农业发展银行，这三家银行应坚守开发性和政策性金融定位。

2. 中国进出口银行董事会应当每(　　)或必要时制订业务范围及业务划分调整方案，按规定履行相关程序。

A. 一年　　B. 两年　　C. 三年　　D. 四年

3. 下列不属于中国农业发展银行的经营范围的是(　　)。

A. 办理保函、信用证、福费廷等其他方式的贸易融资业务

B. 办理棚户区改造和农民集中住房建设贷款

C. 办理农业农村基础设施和水利建设、流通体系建设贷款

D. 办理县域城镇建设、土地收储类贷款

【解析】A项属于中国进出口银行的经营范围。

4. 开发性金融机构和政策性银行的高级管理层按照本行章程及董事会授权开展经营管理活动，对(　　)负责。

A. 股东大会　　B. 行长　　C. 执行董事　　D. 董事会

【解析】开发性金融机构和政策性银行不设股东大会。高级管理层按照本行章程及董事会授权开展经营管理活动，对董事会负责。

5. 开发性金融机构和政策性银行应当根据需要外聘符合国家有关规定的审计机构对公司治理、内部控制、经营管理及财务状况进行审计，审计结果应当报送(　　)。

A. 银行业监督管理机构　　B. 中国人民银行

C. 证监会　　D. 国务院

6. 下列关于开发性金融机构和政策性银行内部控制的说法，错误的是(　　)。

A. 开发性金融机构和政策性银行应当强化内控管理、风险管理、合规管理、内部审计部门的职能，保障其履职独立性

B. 开发性金融机构和政策性银行应当按照统一管理、差别授权、动态调整、权责一致的原则，建立有利于管控风险和开展政策性业务的授权体系

C. 实行全部岗位轮岗或强制休假制度和不相容岗位分离制度

1B　2C　3A　4D　5A　6C

D. 开发性金融机构和政策性银行应当向银行业监督管理机构报送审计工作情况和审计报告

【解析】C 项，实行重要岗位轮岗或强制休假制度和不相容岗位分离制度。

7. 银行业监督管理机构按照有关规定对开发性金融机构和政策性银行的资本充足率及其管理情况实施监督检查，不包括(　　)。

A. 全面风险管理框架　　B. 责令控制风险资产增长

C. 资本充足率计量准确性　　D. 各类风险及压力测试情况

【解析】银行业监督管理机构按照有关规定对开发性金融机构和政策性银行的资本充足率及其管理情况实施监督检查，主要包括全面风险管理框架、资本充足率计量准确性、各类风险及压力测试情况等。开发性金融机构和政策性银行资本充足率未达到监管要求时，银行业监督管理机构有权根据具体情况采取责令控制风险资产增长、责令暂停自营性业务、限制分配红利和其他收入、停止批准增设机构等监管措施。

二、多项选择题(以下各小题给出的 5 个选项中，至少有 2 项符合题目要求，请将符合题目要求选项的代码填入括号内)

1. 目前，国家开发银行的经营范围包括(　　)。

A. 吸收对公存款

B. 办理国内外结算

C. 买卖政府债券、金融债券、信用债券

D. 发放短期、中期和长期贷款

E. 办理票据承兑与贴现

【解析】除了 ABCDE 五项之外，国家开发银行的经营范围还包括：①委托贷款；②依托中小金融机构发放转贷款；③发行金融债券和其他有价证券；④代理发行，代理兑付，承销政府债券、金融债券和信用债券；⑤从事同业拆借；⑥买卖、代理买卖外汇；⑦办理结汇、售汇业务；⑧开展自营和代客衍生品业务；⑨提供信用证服务及担保；⑩代理收付款项及代理保险业务；⑪提供保管箱服务；⑫资产管理业务；⑬资产证券化业务；⑭顾问咨询；⑮海外分支机构在开发银行授权范围内经营当地法律许可的银行业务；⑯子行(子公司)依法开展投资和投资管理、证券、金融租赁、银行、资产管理等业务；⑰经国务院银行业监督管理机构批准的其他业务。

2. 开发性金融机构和政策性银行应遵循各治理主体(　　)的原则。

A. 独立运作　　B. 有效制衡　　C. 科学管理　　D. 相互合作

E. 协调运转

【解析】开发性金融机构和政策性银行应当按照现代金融企业制度，结合开发性金融和政策性金融机构特点，遵循各治理主体独立运作、有效制衡、相互合作、协调运转的原则，构建决策科学、执行有力、监督有效的公司治理机制。

3. 下列关于开发性金融机构和政策性银行风险管理的说法，正确的是(　　)。

A. 开发性金融机构和政策性银行应当结合业务特点和风险补偿方式，有效识别、计量、

7B　　▍　　1ABCDE　2ABDE　3ABCD

监测和控制各项业务面临的信用风险

B. 按照相关规定确定会计并表、资本并表和风险并表管理范围，并将各类表内外、境内外、本外币业务纳入并表管理范围

C. 开发性金融机构和政策性银行应当主动、有效防范声誉风险，制定完善声誉风险监测机制、应急预案和处置措施

D. 开发性金融机构和政策性银行应当建立压力测试体系，定期开展压力测试

E. 压力测试应当覆盖各类风险和表内外主要业务领域，不考虑各类风险间的相互影响

【解析】E 项，压力测试应当覆盖各类风险和表内外主要业务领域，并考虑各类风险间的相互影响。压力测试结果应当运用于风险管理和各项经营管理决策。

4. 开发性金融机构和政策性银行应当建立授权体系，授权范围和大小应当统筹考虑各分支机构和各部门的(　　)。

A. 信用评级　B. 经营能力　C. 管理水平　D. 风险状况

E. 业务发展需要

【解析】开发性金融机构和政策性银行应当按照统一管理、差别授权、动态调整、权责一致的原则，建立有利于管控风险和开展政策性业务的授权体系。授权范围和大小应当统筹考虑各分支机构和各部门的经营能力、管理水平、风险状况与业务发展需要。

5. 当资本充足率不足时，应当通过(　　)等措施，确保资本充足率达到监管标准。

A. 优化资产结构　B. 盘活资产存量

C. 减少或免于分红　D. 利润转增资本

E. 国家追加注资

【解析】当资本充足率不足时，应当通过优化资产结构、盘活资产存量、减少或免于分红、利润转增资本、国家追加注资、发行符合监管要求的各类资本补充工具等措施，确保资本充足率达到监管标准。

6. 开发性金融机构和政策性银行应当建立科学的绩效考核体系，对于开发性或政策性业务，应当侧重对(　　)的考核。

A. 风险管理　B. 依法合规　C. 合规经营　D. 履职尽责

E. 服务国家战略成效

【解析】开发性金融机构和政策性银行应当结合本行职能定位、发展战略、业务特点以及风险偏好等因素，建立科学的绩效考核体系，合理确定绩效考核的定性、定量指标及权重。对于开发性或政策性业务，应当侧重对依法合规、履职尽责、服务国家战略成效的考核；对于商业性或自营性业务，应当侧重对风险管理、合规经营以及可持续发展能力的考核。

7. 银行业监督管理机构对开发性金融机构和政策性银行实施持续的非现场监管，包括(　　)。

A. 依法收集董事会会议记录和决议等文件

B. 对开发性金融机构和政策性银行的经营状况、风险特点和发展趋势进行监测分析

4BCDE　5ABCDE　6BDE　7ABCDE

C. 建立监管评估制度和机制

D. 通过审慎监管会谈、监管通报、监管意见书等形式向开发性金融机构和政策性银行反馈监管情况

E. 定期对非现场监管工作进行总结

【解析】银行业监督管理机构对开发性金融机构和政策性银行实施持续的非现场监管，包括但不限于以下事项：①依法收集董事会会议记录和决议等文件，要求开发性金融机构和政策性银行报送各类报表、经营管理资料、内控评价报告、风险分析报告、内审工作计划、内审工作报告、整改报告、外部审计报告以及监管需要的其他资料，派员列席经营管理工作会议和其他重要会议；②对开发性金融机构和政策性银行的经营状况、风险特点和发展趋势进行监测分析，实现对各类风险的及早发现、及时预警和有效监管；③建立监管评估制度和机制，对开发性金融机构和政策性银行执行国家政策、公司治理、风险管理、内部控制、资本管理以及问题整改等情况开展专项或综合评估；④通过审慎监管会谈、监管通报、监管意见书等形式向开发性金融机构和政策性银行反馈监管情况，提出监管要求，并对整改情况进行后续评估；⑤定期对非现场监管工作进行总结，对开发性金融机构和政策性银行的经营状况、风险特点和发展趋势进行分析，形成监管报告。

三、判断题(判断以下各小题的对错，正确的用 A 表示，错误的用 B 表示)

1. 农业发展银行可以吸收县域范围内的单位存款。(　　)[2023 年 10 月真题]

【解析】中国农业发展银行的经营范围包括：办理粮食、棉花、油料、食糖、猪肉、化肥等重要农产品收购、储备、调控和调销贷款，办理农业农村基础设施和水利建设、流通体系建设贷款，办理农业综合开发、生产资料和农业科技贷款，办理棚户区改造和农民集中住房建设贷款，办理易地扶贫搬迁、贫困地区基础设施、特色产业发展及专项扶贫贷款，办理县域城镇建设、土地收储类贷款，办理农业小企业、产业化龙头企业贷款，组织或参加银团贷款，办理票据承兑和贴现等信贷业务；吸收业务范围内开户企事业单位的存款，吸收县域范围内的单位存款，吸收财政存款，发行金融债券；办理结算、结售汇和代客外汇买卖业务，按规定设立财政支农资金专户并代理拨付有关财政支农资金，买卖、代理买卖和承销债券，从事同业拆借、存放，代理收付款项及代理保险，资产证券化，企业财务顾问服务，经批准后可通过与租赁公司、涉农担保公司和涉农股权投资公司合作等方式开展涉农业务；经国务院银行业监督管理机构批准的其他业务。

2. 中国进出口银行应坚持政策性金融定位，依托国家信用，紧紧围绕国家战略，充分发挥政策性金融机构在支持国民经济发展方面的重要作用，重点支持外经贸发展、对外开放、国际合作、“走出去”等领域。(　　)

3. 国家开发银行应根据依法确定的服务领域和经营范围开展业务，以政策性业务为主，辅以商业性业务。(　　)

【解析】国家开发银行应根据依法确定的服务领域和经营范围开展业务，以开发性业务为主，辅以商业性业务。

1A　2A　3B

4. 开发性金融机构和政策性银行应当建立与业务性质、规模和复杂程度相适应的市场风险管理体系，充分识别、准确计量、持续监测和有效控制各项业务的市场风险，确保可持续经营。所承担的市场风险水平应当与市场风险管理能力和资本实力相匹配。( )

5. 内部控制评价由董事会指定的部门组织实施，至少每半年开展一次，年度内部控制评价报告应当报送银行业监督管理机构。( )

【解析】内部控制评价由董事会指定的部门组织实施，至少每年开展一次，年度内部控制评价报告应当报送银行业监督管理机构。

6. 开发性金融机构和政策性银行应当建立独立、水平管理的内部审计体系及相应的报告制度和报告路径。( )

【解析】开发性金融机构和政策性银行应当建立独立、垂直管理的内部审计体系及相应的报告制度和报告路径。

7. 开发性金融机构和政策性银行应当以服务国家战略、实现可持续发展为导向，以保障开发性和政策性业务为原则，建立市场化的人力资源管理体制，健全激励约束机制，完善绩效考核和问责机制。( )

8. 银行业监督管理机构依法对开发性金融机构和政策性银行的公司治理、风险管理、内部控制、资本管理、业务活动和风险状况等开展非现场检查。( )

【解析】银行业监督管理机构依法对开发性金融机构和政策性银行的公司治理、风险管理、内部控制、资本管理、业务活动和风险状况等开展现场检查。

4A 5B 6B 7A 8B

第十七章　金融资产管理公司业务与监管

一、单项选择题（以下各小题所给出的4个选项中，只有1项最符合题目要求，请将正确选项的代码填入括号内）

1. 根据《金融资产投资公司管理办法（试行）》，以下不得作为债转股企业的是（　　）。［2023年10月真题］

A. 高负债居于产能过剩行业前列的关键性企业以及关系国家安全的战略性企业

B. 因行业周期性波动导致困难但仍有望逆转的企业

C. 因高负债而财务负担过重的成长型企业，特别是战略性新兴产业领域的成长型企业

D. 金融业企业

【解析】根据《金融资产投资公司管理办法（试行）》第三十六条，金融资产投资公司开展债转股，应当符合国家产业政策等政策导向，优先考虑对拥有优质优良资产的企业和发展前景良好但遇到暂时困难的优质企业开展市场化债转股，包括：①因行业周期性波动导致困难但仍有望逆转的企业；②因高负债而财务负担过重的成长型企业，特别是战略性新兴产业领域的成长型企业；③高负债居于产能过剩行业前列的关键性企业以及关系国家安全的战略性企业；④其他适合优先考虑实施市场化债转股的企业。第三十七条，金融资产投资公司不得对下列企业实施债转股：①扭亏无望、已失去生存发展前景的"僵尸企业"；②有恶意逃废债行为的失信企业；③债权债务关系复杂且不明晰的企业；④不符合国家产业政策，助长过剩产能扩张和增加库存的企业；⑤金融业企业；⑥其他不适合实施债转股的企业。

2. 根据《金融资产管理公司监管办法》，金融资产管理公司母公司的资本充足率不得低于（　　）。［2022年7月真题］

A. 9%　　B. 10.5%　　C. 12.5%　　D. 10%

【解析】根据《金融资产管理公司监管办法》规定，金融资产管理公司母公司的资本充足率不得低于12.5%，核心一级资本充足率不得低于9%，一级资本充足率不得低于10%。

3. 下列关于金融资产管理公司监管指标的说法错误的是（　　）。［2016年11月真题］

A. 单一客户业务集中度不高于10%　　B. 流动性覆盖率不低于100%

C. 杠杆率不低于6%　　D. 集团合并杠杆率不低于6%

【解析】D项，金融资产管理公司的监管指标规定集团合并杠杆率不低于8%。

4. 我国的金融资产管理公司不包括（　　）。

A. 中国信达资产管理公司　　B. 中国东方资产管理公司

C. 中国长城资产管理公司　　D. 中国实华资产管理公司

【解析】金融资产管理公司，是指1999年我国先后成立的中国信达资产管理公司、中国东方资产管理公司、中国长城资产管理公司和中国华融资产管理公司。

1D　2C　3D　4D

5. 金融资产管理公司从(　　)入手，收购处置金融机构和非金融机构的不良资产。

A. 存量　　B. 流量　　C. 总量　　D. 增量

【解析】相对于其他金融机构而言，金融资产管理公司从存量入手，通过收购处置金融机构和非金融机构已经形成的不良资产，通过问题资产、问题企业和问题机构的收购、分类处置和重振盘活，调整和校正存量中的资产结构和资源错配问题。

6. (　　)是金融资产管理公司的传统业务和核心业务。

A. 表外业务　　B. 投资业务　　C. 中间业务　　D. 不良资产业务

【解析】金融资产管理公司集团的母公司主要经营不良资产业务、投资业务和中间业务等。其中，不良资产业务是金融资产管理公司的传统业务和核心业务。

7. 非金融类不良资产通常以(　　)不良资产为主。

A. 实物类　　B. 债权类　　C. 货币类　　D. 股权类

【解析】实践中，非金融类不良资产以债权类不良资产为主，通常包括因提供商品、劳务形成的材料款、工程款，企业间形成的往来款以及其他应收款等。

8. 关于设立 SPV 开展不良资产业务需满足的条件中，下列说法错误的是(　　)。

A. 金融资产管理公司通过 SPV 募集外部资金用于不良资产收购和投资业务，需严格遵守《金融资产管理公司监管办法》中关于特殊目的实体的监管规定

B. 金融资产管理公司需对 SPV 实施穿透管理，明确各参与方的风险承担责任，对外部资金来源进行审查，确保资金来源于合格的机构投资者

C. 需充分论证设立 SPV 的必要性，通过 SPV 募集的资金只能用于不良资产收购和相关投资业务，业务终结后原则上应在两个月内清理关闭，内审部门需定期对 SPV 业务开展和关闭情况进行审计

D. 不得通过 SPV 为金融机构规避资产质量监管提供通道，不得通过 SPV 掩盖风险

【解析】C 项，需充分论证设立 SPV 的必要性，通过 SPV 募集的资金只能用于不良资产收购和相关投资业务，业务终结后原则上应在一个月内清理关闭，内审部门需定期对 SPV 业务开展和关闭情况进行审计。

9. 清算方式不包括(　　)。

A. 行政清算　　B. 司法清算　　C. 股东清算　　D. 债权人清算

【解析】清算包括行政清算、司法清算和股东清算三类。行政清算，是指监管部门责令企业关闭，并对其实施清算；司法清算，指法院宣布企业破产，指定清算组对企业实施破产清算；股东清算，根据《公司法》的有关规定，有限责任公司的清算组由股东组成，股份有限公司的清算组由董事会或者股东大会确定人员组成。

10. 集团内部交易定价应当公允，内部交易不能增加客户的成本、产生负的外部性，体现了内部交易的(　　)。

A. 必要性　　B. 合理性　　C. 合规性　　D. 透明性

【解析】金融资产管理公司集团内部交易应遵循诚信、公允、审慎、透明的原则，确保必要性、合理性、合规性。其中，合理性是指内部交易应符合商业原则、行业和市场

5A　6D　7B　8C　9D　10B

惯例，交易价格应当公允，内部交易不能增加客户的成本、产生负的外部性。

二、多项选择题（以下各小题给出的5个选项中，至少有2项符合题目要求，请将符合题目要求选项的代码填入括号内）

1. 根据《金融资产管理公司监管办法》的相关规定，以下属于金融资产管理公司集团风险监管内容的有（　　）。［2023年10月真题］

A. 声誉风险　B. 战略风险　C. 流动性风险　D. 新业务风险

E. 集中度风险

【解析】银行业监督管理机构对金融资产管理公司集团层面风险的监管内容包括：①集团战略风险；②集团集中度风险；③集团流动性风险；④集团声誉风险。

2. 金融资产管理公司的功能定位包括（　　）。

A. 不良资产管理和处置市场的培育者　B. 各类存量资产的盘活者

C. 风险识别及控制的领头者　D. 资产管理业务的探索者

E. 多元化金融服务的实践者

【解析】金融资产管理公司的功能定位主要包括：①是不良资产管理和处置市场的培育者；②是各类存量资产的盘活者；③是多元化金融服务的实践者。

3. 按照资产质量五级分类，不良资产主要包括（　　）。

A. 正常类资产　B. 关注类资产　C. 次级类资产　D. 可疑类资产

E. 损失类资产

【解析】按照银行业监督管理机构制定的有关贷款分类原则和标准，商业银行需依据借款人的实际还款能力进行资产质量五级分类，不良资产主要包括贷款五级分类中划分为次级、可疑和损失类的资产，以及银行认定的包括表外项目中的直接信用替代项目在内的其他各类不良资产。

4. 处置金融类不良资产的主要环节有（　　）。

A. 收购　B. 管理　C. 评估　D. 打包

E. 处置

【解析】对于金融类不良资产，金融资产管理公司一般采取对账面原值进行打折收购并择机处置以回收现金这一传统的不良资产经营模式，主要包括收购、管理及处置三个环节。

5. 下列各项关于处置金融类不良贷款的主要环节的说法中正确的有（　　）。

A. 收购环节的核心是估值定价

B. 收购价格和资产原值相比的折扣率主要取决于所收购资产的来源

C. 分类管理是管理环节的核心之一

D. 价值提升是管理环节的核心之一

E. 各个环节可运用手段单一

【解析】B项，收购价格和资产原值相比的折扣率主要取决于所收购资产的质量；E项，金融类不良资产经营在收购、管理和处置各个环节可运用的手段比较丰富，预期可实现

1ABCE　2ABE　3CDE　4ABE　5ACD

收益的不确定性和弹性空间较大。

6. 金融资产管理公司在符合监管要求的前提下，为问题企业提供的短期流动性支持需满足的条件有(　　)。
A. 以收购不良资产或债转股资产为前提
B. 对应的基础资产需为存量的不良资产或债转股资产，而非增量的信贷资产
C. 对应的问题企业需存在资金缺口、流动性紧张或资金链断裂等情形
D. 双方需通过合同等方式明确，待风险机构生产经营恢复正常、具备获取其他金融机构贷款等条件后，及时收回流动性支持
E. 金融资产管理公司需审慎研究为风险机构提供短期流动性支持的必要性，流动性支持原则上不应超过半年

【解析】E 项，金融资产管理公司需审慎研究为风险机构提供短期流动性支持的必要性，流动性支持原则上不应超过一年。

7. 以股权形式开展的风险机构追加投资业务，需满足的条件不包括(　　)。
A. 追加股权投资需为阶段性持有，制定明确的退出计划，原则上应在 2 年内退出
B. 以风险控制为目的的开展的追加股权投资业务，应以派驻董事、监事、财务总监等形式在董事会或经营层决策中享有否决权等控制性权利
C. 以获取价值增值为目的开展的追加股权投资业务，持股比例不得超过被投资企业股权的 30%
D. 股权退出计划应按要求报送监管机构，无法按期退出的需全额计提资本，并尽快采取有效措施实现退出
E. 因收购非金融机构不良资产和并购重组高风险金融机构获取的股权也需满足上述规定

【解析】A 项，追加股权投资需为阶段性持有，制定明确的退出计划，原则上应在 3 年内退出，不得以追加股权投资形式变相开展长期股权投资或设立子公司；C 项，以获取价值增值为目的开展的追加股权投资业务，持股比例不得超过被投资企业股权的 20%，同时不能成为被投资企业的第一大股东。

8. 第三方托管的方式包括(　　)。
A. 整体托管　　B. 部分委托　　C. 行政托管　　D. 法律托管
E. 同业托管

【解析】为清理企业债权债务，论证其重组重整的可能性，对其采取由第三方托管的方式，主要包括：①整体托管；②部分委托；③行政托管。

9. 金融资产管理公司内部控制方面应遵循的原则有(　　)。
A. 评处分离　　B. 审处分离　　C. 分级审查　　D. 分级批准
E. 上报备案

【解析】金融资产管理公司内部控制方面，总体原则是“评处分离、审处分离、集体审查、分级批准、上报备案”。

6ABCD　7AC　8ABC　9ABDE

10. 金融资产管理公司的集团内部以资金为基础的内部交易主要有(　　)。

A. 业务代理　　B. 拍卖　　C. 资产租赁　　D. 财务公司存贷款

E. 授信

【解析】金融资产管理公司集团内部交易主要按照资产、资金和中间服务作为分类标准。以资金为基础的内部交易主要有投资、授信、融资(借贷、买卖公司债券、股东存款及提供担保等)、理财业务、财务公司存贷款等。AB 两项属于以中间服务为基础的内部交易；C 项属于以资产为基础的内部交易。

三、判断题(判断以下各小题的对错，正确的用 A 表示，错误的用 B 表示)

1. 金融资产管理公司的长期股权投资应以获取财务收入或提升不良资产处置回收价值为目的。(　　)[2023 年 10 月真题]

【解析】资产公司开展股权投资应符合自身经营管理特点和业务优势，满足转型发展战略需要，有利于不良资产处置回收价值最大化。资产公司可以战略转型为目的开展长期性股权投资，也可以获取财务收益或提升不良资产处置回收价值为目的开展阶段性股权投资。

2. 根据《金融资产管理公司资本管理办法(试行)》，集团内未受监管但具有投融资功能、杠杆率较高的非金融子公司无需纳入集团资本监管范围。(　　)[2023 年 10 月真题]

【解析】《金融资产管理公司资本管理办法(试行)》第三章第一节明确提出，集团内未受监管但具有投融资功能、杠杆率较高的非金融子公司需纳入集团资本监管范围，并相应明确了非金融子公司资本计量规则应参照集团母公司的相关标准执行。

3. 金融资产管理公司在经济金融体系中的作用主要体现为：通过盘活存量、优化资源配置、改善经济结构、化解金融风险，支持实体经济发展。(　　)[2018 年 10 月真题]

【解析】金融资产管理公司是各类存量资产的盘活者。金融资产管理公司从存量入手，通过收购处置金融机构和非金融机构已经形成的不良资产；通过问题资产、问题企业和问题机构的收购、分类处置和重振盘活，调整和校正存量中的资产结构和资源错配问题；通过盘活存量、优化资源配置、改善经济结构、化解金融风险，支持实体经济发展，实现经济结构战略性调整。

4. 1999 年我国成立的四家资产管理公司的经营目标是市场化，是为了实现资产的收益最大化。(　　)

【解析】1999 年我国成立的四家金融资产管理公司，初始任务是专门管理和处置国有独资商业银行剥离的不良贷款。金融资产管理公司自成立以来，充分运用国家赋予的政策和手段，以市场化、法治化、专业化手段有效处置金融不良资产，最大限度减少国家损失，支持国有商业银行改革，帮助国有企业改革脱困，对化解金融风险、维护金融体系稳定和促进经济发展作出了积极贡献。

5. 21 世纪初，金融资产管理公司被认定为银行类金融机构。(　　)

【解析】国务院于 2000 年 11 月颁布的《金融资产管理公司条例》明确指出："金融资产管理公司，是指经国务院决定设立的收购国有银行不良贷款，管理和处置因收购国有银行

10DE ▍ 1B　2B　3A　4B　5B

不良贷款形成的资产的国有独资非银行类金融机构。”

6. 金融资产管理公司正在向以不良资产业务为核心、多元化金融服务并存发展的业务格局转变。(　　)

【解析】金融资产管理公司正在从单一的银行不良资产管理和处置业务向以不良资产业务为核心、多元化金融服务并存发展的业务格局转变。

7. 金融资产管理公司作为金融体系中专业的不良资产经营处置机构，需紧扣服从服务于经济社会发展和需求侧结构性改革。(　　)

【解析】金融资产管理公司作为金融体系中专业的不良资产经营处置机构，需紧扣服从服务于经济社会发展和供给侧结构性改革，利用专业优势和技能，盘活存量、化解风险，发挥金融救助和逆周期工具功能。

8. 银行的不良资产本金能部分收回，但利息不能按时足额收回。(　　)

【解析】银行不良资产指贷款利息不能按时足额回收，甚至本金都难以回收或无法回收的资产。

9. 金融资产管理公司的非金融类不良资产业务能够提升债务企业的偿债能力和抗风险能力。(　　)

【解析】非金融类不良资产业务对实体经济复苏和产业结构调整发挥流动性弥补作用，能够帮助债务企业恢复生产经营或使原本停滞的项目或资产重新发挥社会功能，提升债务企业的偿债能力和抗风险能力。

10. 处置不良资产过程中获取的股权业务主要包括不良债权转股权、被动实施的以股抵债、司法裁定的被动以股抵债等方式。(　　)

【解析】处置不良资产过程中获取的股权业务主要包括不良债权转股权、主动实施的以股抵债、司法裁定的被动以股抵债等方式。

11. 不良资产追加投资的方式主要包括为问题机构提供长期流动性支持、追加股权投资等。(　　)

【解析】不良资产追加投资的方式主要包括为问题机构提供短期流动性支持、追加股权投资等。

12. 以获取价值增值为目的开展的追加股权投资业务，持股比例不得超过被投资企业股权的20%。(　　)

【解析】以获取价值增值为目的开展的追加股权投资业务，持股比例不得超过被投资企业股权的20%，同时不能成为被投资企业的第一大股东。

13. 金融资产管理公司的中间业务需要为客户提供充足的资金，并依托其牌照、技术、机构、信誉和人才等优势，为客户提供各种金融服务。(　　)

【解析】金融资产管理公司中间业务是指代理客户办理委托事项而收取手续费的业务，金融资产管理公司不需动用自己的资金，依托不良资产业务牌照、技术、机构、信誉

6A　7B　8B　9A　10B　11B　12A　13B

和人才等优势，以中间人的身份代理客户承办的委托事项，提供各种金融服务并据以收取手续费。

14. 行政清理与行政清算有本质上的区别。(　　)

【解析】行政清理的实质内容与行政清算没有区别，行政清理组和行政清算组的职责是相同的。

15. 财务顾问业务按服务期间和服务内容可分为专项财务顾问和全面财务顾问两种服务方式。(　　)

【解析】财务顾问业务可按服务期间和服务内容分为专项财务顾问和常年财务顾问两种服务方式。

16. 金融资产管理公司法定代表人及分支机构负责人不参加资产处置专门审核机构，不得列席资产处置审核会议。(　　)

【解析】金融资产管理公司法定代表人及分支机构负责人不参加资产处置专门审核机构，可以列席资产处置审核会议，不得对审议事项发表意见，但对资产处置专门审核机构审核通过的资产处置方案拥有否决权。

17. 金融资产管理公司可以向金融监管机构工作人员转让不良资产。(　　)

【解析】根据处置回避原则，金融资产管理公司不得向下列人员转让不良资产：国家公务员、金融监管机构工作人员、政法干警、金融资产管理公司工作人员、国有企业债务人管理层以及参与资产处置工作的律师、会计师、评估师等中介机构人员等关联人。

14B　15B　16B　17B

第十八章　信托公司业务与监管

一、单项选择题(以下各小题所给出的 4 个选项中，只有 1 项最符合题目要求，请将正确选项的代码填入括号内)

1. 根据《信托公司管理办法》，下列选项中，信托公司开展固有业务，可以开展的是(　　)。[2023 年 10 月真题]

A. 向关联方融出资金或转移财产

B. 以股东持有的本公司股权作为质押向股东融资

C. 自用固定资产投资

D. 向关联方提供担保

【解析】信托公司开展固有业务，不得有下列关联交易行为：①向关联方融出资金或转移财产；②为关联方提供担保；③以股东持有的本公司股权作为质押进行融资。关联交易指在关联方之间转移资源、劳务或义务的行为，而不论是否收取价款。根据财政部颁布的《企业会计准则第 36 号——关联方披露(2006)》的规定，在企业财务和经营决策中，如果一方控制、共同控制另一方或对另一方施加重大影响，以及两方或两方以上同受一方控制、共同控制或重大影响的，构成关联方。

2. 下列属于操作风险监管要求的是(　　)。[2018 年 10 月真题]

A. 加强重点领域信用风险防控　　B. 加强信托业务市场风险防控

C. 加强信托业务流动性风险监测　　D. 强化从业人员管理

【解析】操作风险监管包括完善操作风险防控机制和强化从业人员管理两个方面。A 项为信用风险监管要求；B 项为市场风险监管要求；C 项为流动性风险监管要求。

3. 信托公司应当根据内部控制目标和风险评估情况，采取相应的控制措施，将风险控制在可承受的范围内，下列不属于内部控制的要求的是(　　)。[2017 年 6 月真题]

A. 公司固有财产应当与信托财产分开管理，分别核算，对公司管理的每项信托业务，应分别核算

B. 自营业务和信托业务必须相互分离

C. 分别建立自营业务和信托业务的授权体系，明确界定各部门的目标、职责和权限，确保自营业务和信托业务各部门及员工在授权范围内行使相应的职责

D. 统一建立自营业务和信托业务的授权体系，合并制定、管理各部门的目标、职责和权限

【解析】信托公司内部控制要求分别建立自营业务和信托业务的授权体系，明确界定各部门的目标、职责和权限，确保自营业务和信托业务各部门及员工在授权范围内行使相应的职责。

4. 信托业务的分类不包括(　　)。

A. 资产服务信托　　B. 资产管理信托

1C　2D　3D　4C

C. 定性定量信托　　　　　　　　　　D. 公益慈善信托

【解析】《关于规范信托公司信托业务分类的通知》要求信托公司以信托目的、信托成立方式、信托财产管理内容为分类维度，将信托业务分为资产服务信托、资产管理信托、公益慈善信托三大类共25个业务品种。

5. 关于信托财产管理运用或处分的方式，下列说法错误的是(　　)。[2016年11月真题]

A. 信托公司管理运用或处分信托财产时，可以依照信托文件的约定，采取投资、出售、存放同业、买入返售、租赁、贷款等方式进行

B. 信托公司对委托人、受益人以及所处理信托事务的情况和资料负有依法保密义务、但法律法规另有规定或者信托文件另有约定的除外

C. 信托资金可以进行组合运用，但组合运用应当有明确的运用范围和投资比例

D. 信托公司在处理信托事务时有权决定应委托他人代为处理，信托文件另有约定的除外

【解析】D项，信托公司应当亲自处理信托事务。信托文件另有约定或有不得已事由时，可委托他人代为处理，但信托公司应尽足够的监督义务，并对他人处理信托事务的行为承担责任。

6. 根据《信托公司行政许可事项实施办法》，境外金融机构作为信托公司出资人，应当具备的条件不包括(　　)。[2016年11月真题]

A. 银行业监督管理机构认可的国际评级机构最近2年对其作出的长期信用评级为良好及以上

B. 具有良好的境内纳税记录

C. 财务状况良好，近2个会计年度连续盈利

D. 具有国际相关金融业务经营管理经验

【解析】除ACD三项外，境外金融机构作为信托公司出资人，还应当具备以下条件：①最近1个会计年度末总资产原则上不少于10亿美元；②符合所在国家或地区法律法规及监管当局的审慎监管要求，最近2年内无重大违法违规经营记录；③具有良好的公司治理结构、内部控制机制和健全的风险管理体系；④单个出资人及其关联方投资入股的信托公司不得超过2家，其中绝对控股不得超过1家；⑤承诺5年内不转让所持有的信托公司股权(银行业监督管理机构依法责令转让的除外)、不将所持有的信托公司股权进行质押或设立信托，并在拟设公司章程中载明；⑥所在国家或地区金融监管当局已经与银行业监督管理机构建立良好的监督管理合作机制；⑦具有有效的反洗钱措施；⑧所在国家或地区经济状况良好；⑨银行业监督管理机构规章规定的其他审慎性条件。

7. 设立信托应采取(　　)形式。

A. 书面　　B. 口头　　C. 书面或口头　　D. 公证

【解析】形成信托关系应当有信托文件，即设立信托应当采取书面形式。《信托法》允许以合同、遗嘱和其他法定书面方式设立信托。

8. 信托制度与生俱来的功能优势是(　　)。

5D　6B　7A　8B

A. 专业化　　B. 综合化　　C. 差异化　　D. 多样化

【解析】信托制度与生俱来的功能优势是综合化，可以横跨货币市场、资本市场、实业市场等多个领域，提供门类齐全、功能齐备的金融服务。

9. 信托制度长盛不衰的根本法宝是(　　)。

A. 专业化　　B. 综合化　　C. 差异化　　D. 多样化

【解析】信托制度长盛不衰的根本法宝是专业化，只有具备专业的团队、专业的能力和专业的领域，才能享有领先优势。

10. 信托公司设立信托计划，应当符合的要求之一是单个信托计划的自然人人数不得超过______人，但单笔委托金额在______万元以上的自然人投资者和合格的机构投资者数量不受限制。(　　)

A. 30；500　　B. 50；300　　C. 30；300　　D. 50；500

11. 下列不属于信托计划合格投资者的是(　　)。

A. 投资于一个信托计划 150 万元的法人

B. 家庭金融资产在其认购时为 80 万元的法人

C. 个人最近 3 年每年收入超过 20 万元的自然人

D. 夫妻双方合计收入在最近 3 年内每年收入超过 30 万元人民币的自然人

【解析】信托计划的合格投资者是指符合下列条件之一，能够识别、判断和承担信托计划相应风险的人：①投资一个信托计划的最低金额不少于 100 万元人民币的自然人、法人或者依法成立的其他组织；②个人或家庭金融资产总计在其认购时超过 100 万元人民币，且能提供相关财产证明的自然人；③个人收入在最近 3 年内每年收入超过 20 万元人民币或者夫妻双方合计收入在最近 3 年内每年收入超过 30 万元人民币，且能提供相关收入证明的自然人。

12. 未经金融监督管理机构批准，任何法人机构一律不得以各种形式从事(　　)。[2018 年 6 月真题]

A. 营业信托　　B. 民事信托　　C. 私益信托　　D. 公益信托

【解析】未经金融监督管理机构批准，任何法人机构一律不得以各种形式从事营业性信托活动，任何自然人一律不得以任何名义从事各种形式的营业性信托活动。

13. (　　)是信贷资产证券化的唯一合法受托机构。

A. 证券公司　　B. 商业银行　　C. 基金公司　　D. 信托公司

【解析】我国目前的资产证券化主要有三种类型：银行业监督管理机构、人民银行主管的信贷资产证券化，中国证监会主管的企业资产证券化，银行间市场交易商协会主导的资产支持票据。其中，信托公司是信贷资产证券化的唯一合法受托机构。

14. 信托公司应该对所有业务每______至少进行一次稽核，对自营业务和信托业务的分离情况按______稽核。(　　)

A. 3 个月；季　　B. 半年；季　　C. 3 个月；月　　D. 半年；半年

9A　10B　11B　12A　13D　14B

【解析】信托公司应设立相对独立的内部稽核监督部门，对公司所有业务每半年至少进行一次稽核，对公司自营业务和信托业务分离情况按季进行稽核，对终止或结束的业务要在一个月内进行稽核。

15. 以下不属于信托公司证券投资信托业务模式的是(　　)。

A. 阳光私募证券投资信托产品　　B. 结构化证券投资信托产品

C. ETF 基金　　D. TOT 产品

【解析】C 项，ETF 基金是一种在交易所上市交易的、基金份额可变的一种开放式证券投资基金，不属于信托产品。

16. 目前，我国商业银行资产支持证券的发行和交易场所是(　　)。

A. 全国银行间债券市场　　B. 商业银行柜台市场

C. 上海证券交易所　　D. 深圳证券交易所

【解析】我国目前的资产证券化主要有三种类型：银行业监督管理机构、人民银行主管的信贷资产证券化，中国证监会主管的企业资产证券化，银行间市场交易商协会主导的资产支持票据。信托公司是信贷资产证券化的唯一合法受托机构，信贷资产证券化的基本环节之一就是在全国银行间债券市场上发行和交易。

17. 信托公司申请投资设立境外机构要求权益性投资余额原则上不超过其净资产的______，银监局自受理之日起______内作出批准或不批准的决定。(　　)

A. 50%；3 个月　　B. 50%；6 个月　　C. 30%；3 个月　　D. 30%；6 个月

【解析】信托公司申请投资设立、参股、收购境外机构要求权益性投资余额原则上不超过其净资产的 50%。信托公司申请投资设立、参股、收购境外机构由所在地银监局受理、审查并决定。银监局自受理之日起 6 个月内作出批准或不批准的书面决定，并抄报银行业监督管理机构。

18. 信托公司风险监管应梳理的风险途径不包括(　　)。

A. 表内外风险转化途径

B. 母子公司风险传导途径

C. 固有业务与信托业务风险传导途径

D. 与其他机构业务合作存在的风险传染途径

【解析】信托公司要梳理表内外风险转化途径、母子公司风险传导途径、与其他机构业务合作存在的风险传染途径，完善相关风险管理政策、程序、方法和工具，提高风险管理的主动性和有效性。

19. (　　)特别关注资金来源为开放式、滚动发行、分期发行的信托产品期限错配情况。

A. 信用风险监管　　B. 流动性风险监管

C. 市场风险监管　　D. 拨备和资本监管

【解析】流动性风险监管要加强对信托产品资金来源与运用的期限结构分析，特别是资金来源为开放式、滚动发行、分期发行的信托产品期限错配情况。

15C　16A　17B　18C　19B

20. 信托公司设立集合资金信托计划，应当符合的要求不包括(　　)。[2023 年 6 月真题]

A. 信托期限不少于 2 年

B. 参与信托计划的委托人为唯一受益人

C. 单个信托计划的自然人人数不得超过 50 人，但单笔委托金额在 300 万元以上的自然人投资者和合格的机构投资者数量不受限制

D. 委托人为合格投资者

【解析】信托公司设立信托计划，应当符合以下要求：①委托人为合格投资者；②参与信托计划的委托人为唯一受益人；③单个信托计划的自然人人数不得超过 50 人，但单笔委托金额在 300 万元以上的自然人投资者和合格的机构投资者数量不受限制；④信托期限不少于 1 年；⑤信托资金有明确的投资方向和投资策略，且符合国家产业政策以及其他有关规定；⑥信托受益权划分为等额份额的信托单位；⑦信托合同应约定受托人报酬，除合理报酬外，信托公司不得以任何名义直接或间接以信托财产为自己或他人牟利；⑧银行业监督管理机构规定的其他要求。

二、多项选择题(以下各小题给出的 5 个选项中，至少有 2 项符合题目要求，请将符合题目要求选项的代码填入括号内)

1. 下列属于信托设立构成要素的有(　　)。

A. 信托当事人　B. 信托类别　C. 信托目的　D. 信托财产

E. 信托行为

【解析】信托的设立至少包括以下四个构成要素：信托当事人、信托目的、信托财产、信托行为。

2. 信托业务的禁止性规定包括(　　)。

A. 利用受托人地位谋取不当利益　B. 以信托财产提供担保

C. 承诺信托财产不受损失　D. 将信托财产挪用于非信托目的的用途

E. 保证最低收益

【解析】信托公司开展信托业务，不得有以下行为：①利用受托人地位谋取不当利益；②将信托财产挪用于非信托目的的用途；③承诺信托财产不受损失或者保证最低收益；④以信托财产提供担保；⑤法律法规和银行业监督管理机构禁止的其他行为。

3. 下列关于信托业务说法正确的有(　　)。

A. 信托公司设立信托计划后，信托计划的财产归入其固有财产

B. 信托公司因信托计划财产的管理、运用取得的收益，归入信托计划财产

C. 信托公司因依法解散、被撤销或破产等进行清算的，信托计划财产属于其清算财产

D. 信托计划的信托期限不得少于 1 年

E. 信托计划的信托收益权划分为等额份额的信托单位

【解析】A 项，信托计划财产独立于信托公司的固有财产，信托公司不得将信托计划财产归入其固有财产；C 项，信托公司因依法解散、被依法撤销或者被依法宣告破产等原因进行清算的，信托计划财产不属于其清算财产。

20A　▍　1ACDE　2ABCDE　3BDE

4. 目前主流的信托业务包括(　　)。

A. 基础设施信托业务　　B. 房地产信托业务

C. 证券投资信托业务　　D. 银信类业务

E. 资产证券化业务

【解析】目前，我国主流信托业务分为：基础设施信托业务；房地产信托业务；证券投资信托业务；银信类业务；资产证券化业务；慈善信托业务；风险处置类信托。

5. 房地产信托业务模式包括(　　)。

A. 房地产债权融资信托模式　　B. 房地产权益投资信托模式

C. 基金化房地产信托模式　　D. TOT 产品

E. 房地产投资信托基金

【解析】D 项，TOT 产品属于证券投资信托业务模式。

6. 信托公司管理信托计划，应当遵守以下规定(　　)。

A. 不得向他人提供担保

B. 不得以固有财产与信托财产进行交易

C. 在不同信托财产之间进行相互交易

D. 向他人提供贷款不得超过其管理的所有信托计划实收余额的 30%，但监管机构另有规定的除外

E. 不得将信托资金直接或间接运用于信托公司的股东及其关联人，但信托资金全部来源于股东或其关联人的除外

【解析】信托公司管理信托计划，应当遵守以下规定：①不得向他人提供担保；②向他人提供贷款不得超过其管理的所有信托计划实收余额的 30%，但监管机构另有规定的除外；③不得将信托资金直接或间接运用于信托公司的股东及其关联人，但信托资金全部来源于股东或其关联人的除外；④不得以固有财产与信托财产进行交易；⑤不得将不同信托财产进行相互交易；⑥不得将同一公司管理的不同信托计划投资于同一项目。

7. 信托公司固有业务项下可以开展的业务有(　　)。

A. 拆放同业　　B. 金融产品投资　　C. 实业投资　　D. 租赁业务

E. 存放同业

【解析】信托公司固有业务项下可以开展存放同业、拆放同业、贷款、租赁、投资等业务。投资业务限定为金融类公司股权投资、金融产品投资和自用固定资产投资。信托公司不得以固有财产进行实业投资，但银行业监督管理机构另有规定的除外。

8. 信托公司治理应当遵循的原则有(　　)。

A. 受益人利益最大化原则　　B. 全面风险管理原则

C. 治理制度完备原则　　D. 治理组织完备原则

E. 合规管理原则

【解析】信托公司治理应当以体现受益人利益最大化作为基础，明确董事会、监事会、高级管理层的权责，完善风险控制和信息披露，形成稳定高效的公司治理结构。具体来

4ABCDE　5ABCE　6ABDE　7ABDE　8ABCDE

说，信托公司治理应当遵循以下原则：①受益人利益最大化原则；②治理组织完备原则；③治理制度完备原则；④全面风险管理原则；⑤优化治理结构原则；⑥合规管理原则。

9. 关于境内非金融机构作为信托公司出资人，说法正确的有(　　)。

A. 经营管理良好，最近2年内无重大违法违规经营记录

B. 财务状况良好，且最近2个会计年度连续盈利

C. 最近1个会计年度末净资产不低于资产总额的30%

D. 以委托资金入股

E. 承诺3年内不转让所持有的信托公司股权

【解析】D项，入股资金为自有资金，不得以委托资金、债务资金等非自有资金入股；E项，承诺5年内不转让所持有的信托公司股权(银行业监督管理机构依法责令转让的除外)、不将所持有的信托公司股权进行质押或设立信托。

10. 关于境外金融机构作为信托公司出资人需满足的条件包括(　　)。

A. 最近1个会计年度末总资产原则上不少于10亿美元

B. 银行业监督管理机构认可的国际评级机构最近2年对其作出的长期信用评级为良好及以上

C. 所在国家或地区金融监管当局已经与银行业监督管理机构建立良好的监督管理合作机制

D. 最近2年内无重大违法违规经营记录

E. 财务状况良好，最近2个会计年度连续盈利

【解析】除ABCDE五项之外，境外金融机构作为信托公司出资人还需满足的条件有：①具有国际相关金融业务经营管理经验；②具有良好的公司治理结构、内部控制机制和健全的风险管理体系；③单个出资人及其关联方投资入股的信托公司不得超过2家，其中绝对控股不得超过1家；④承诺5年内不转让所持有的信托公司股权(银行业监督管理机构依法责令转让的除外)、不将所持有的信托公司股权进行质押或设立信托；⑤具有有效的反洗钱措施；⑥所在国家或地区经济状况良好；⑦银行业监督管理机构规章规定的其他审慎性条件。

11. 下列关于信托公司信用风险监管说法正确的有(　　)。

A. 信托公司要将承担信用风险的固有非信贷资产、表外资产及信托资产纳入资产质量管理体系

B. 信托公司要高度关注房地产、地方政府融资平台、产能过剩等重点领域信用风险，定期开展风险排查并做好风险缓释准备

C. 综合运用追加担保、资产置换、并购重组、诉讼追偿等方式，积极化解信托存量风险

D. 信托业务要重点关注与接盘信托风险项目相关的表内各项投资、应收款项和表外担保等资产风险分类情况

E. 对于政信合作信托，要密切跟进地方政府性债务置换工作，做好存量业务风险防控，审慎开展增量业务

9ABC　10ABCDE　11ABCE

【解析】D项为固有业务需关注的风险。固有业务不仅要加强贷款五级分类管理，还要重点关注与接盘信托风险项目相关的表内各项投资、应收款项和表外担保等资产风险分类情况。信托业务要重点关注融资类信托资产、风险责任划分不清的事务管理类融资性信托资产、投资类信托所涉非标债权资产、结构化信托产品优先级资产的风险分类情况，尤其是相关逾期信托项目风险情况。

12. 信托公司风险监管包括(　　)。

A. 信用风险监管
B. 流动性风险监管
C. 市场风险监管
D. 操作风险监管
E. 拨备和资本监管

【解析】风险治理体系建设是引导信托业转型发展的监管重点，信托公司要加强信用风险监管、流动性风险监管、市场风险监管、操作风险监管、跨行业及跨市场的交叉产品风险监管、拨备和资本监管。

13. 信托公司增加以下(　　)业务资格时，应当向银行业监督管理机构提交申请。

A. 企业年金基金管理业务资格
B. 受托境外理财业务资格
C. 发行金融债券、次级债券
D. 股指期货交易业务资格
E. 受托境内理财业务资格

【解析】信托公司申请调整业务范围，增加以下业务资格，应当向银行业监督管理机构提交申请，由银保监分局或银保监局受理并初步审查，银保监局审查并决定：①企业年金基金管理业务资格；②特定目的受托机构资格；③受托境外理财业务资格；④股指期货交易等衍生品交易业务资格；⑤发行金融债券、次级债券；⑥开办其他新业务。

14. 关于信托产品推介行为说法正确的有(　　)。

A. 信托公司推介集合资金信托计划不得公开宣传，不得通过手机短信等方式向不特定客户发送产品信息
B. 在产品营销时向投资人充分揭示风险，不得存在虚假披露、误导性销售等行为
C. 信托公司异地推介信托产品，应当提前10日向属地银行业监督管理机构和推介地银行业监督管理机构同时报送“信托公司固有业务、信托项目事前报告表”
D. 推介地银行业监督管理机构对信托公司异地推介承担最终监管责任
E. 信托公司应在产品说明书中明确，投资人不得违规汇集他人资金购买信托产品

【解析】D项，按属地监管原则，属地银行业监督管理机构对信托公司异地推介承担最终监管责任。属地银行业监督管理机构或推介地银行业监督管理机构发现信托公司异地推介信托计划存在违规或重大风险问题的，应当及时采取监管措施。

15. 关于信托保障基金，说法正确的有(　　)。

A. 信托公司按净资产余额的1%认购
B. 资金信托按净资产余额的1%认购
C. 属于购买标准化产品的投资性资金信托的，由信托公司认购
D. 新设立的财产信托按信托公司收取报酬的5%计算，由信托公司认购

12ABCDE　13ABCD　14ABCE　15ACDE

E. 属于融资性资金信托的，由融资者认购

【解析】B 项，资金信托按新发行金额的1%认购，其中，属于购买标准化产品的投资性资金信托的，由信托公司认购；属于融资性资金信托的，由融资者认购。

三、判断题(判断以下各小题的对错，正确的用 A 表示，错误的用 B 表示)

1. 资产管理信托是指信托公司依据信托法律关系，接受委托人委托，并根据委托人需求为其量身定制财富规划以及代际传承、托管、破产隔离和风险处置等专业信托服务。(　　)

【解析】资产服务信托是指信托公司依据信托法律关系，接受委托人委托，并根据委托人需求为其量身定制财富规划以及代际传承、托管、破产隔离和风险处置等专业信托服务。资产管理信托是信托公司依据信托法律关系，销售信托产品，并为信托产品投资者提供投资和管理金融服务的自益信托。

2. 根据受托人是否为营业性信托机构，可以将信托区分为民事信托和营业信托。(　　)[2017 年 6 月真题]

【解析】根据受托人是否为营业性信托机构，可以将信托区分为民事信托和营业信托。民事信托是指以非营业性信托机构或个人作为受托人所从事的信托活动；营业信托是指以营业性信托机构作为受托人所从事的信托活动。

3. 委托人以他人或与他人一起为受益人而设立的信托为自益信托。(　　)

【解析】自益信托是指委托人以自己为唯一受益人而设立的信托，即委托人和受益人为同一人；而他益信托是指委托人以他人或与他人一起为受益人而设立的信托。

4. 民事信托是指以非营业性信托机构或个人作为受托人所从事的信托活动。(　　)

5. 固有业务是指信托公司运用信托资金开展的业务。(　　)

【解析】固有业务是指信托公司运用资本金开展的业务。

6. 信托业务是指信托公司以资金融通为目的，以受托人身份承诺信托和处理信托事务的经营行为。(　　)

【解析】信托公司是依法设立的主要经营信托业务的金融机构。信托业务是指信托公司以营业和收取报酬为目的，以受托人身份承诺信托和处理信托事务的经营行为。

7. 信托计划可以通过第三方互联网平台向不特定客户进行产品推介。(　　)

【解析】信托公司不得通过第三方互联网平台、理财机构向不特定客户或非合格投资者进行产品推介。

8. 信托公司应当按“穿透”原则向下识别信托产品最终投资者、识别产品底层资产。(　　)

【解析】信托公司应当按“穿透”原则向上识别信托产品最终投资者，不得突破合格投资者各项规定，防止风险蔓延；同时按“穿透”原则向下识别产品底层资产，资金最终投向应符合金融监管规定和合同约定，将相关信息向投资者充分披露。

1B　2A　3B　4A　5B　6B　7B　8B

第十九章　企业集团财务公司业务与监管

一、单项选择题(以下各小题所给出的4个选项中，只有1项最符合题目要求，请将正确选项的代码填入括号内)

1. 财务公司开展同业拆入的资金，其最长期限为(　　)天。[2023年6月真题]

A. 1　　B. 3　　C. 5　　D. 7

【解析】财务公司拆入资金的最长期限为7天，最高拆入限额和最高拆出限额均不得超过实收资本的100%。

2. 下列不符合设立财务公司法人机构的基本条件的是(　　)。

A. 拥有100多家成员单位

B. 资产总额1200亿元，净资产为500亿元

C. 前两年税前利润分别为2.1亿元和3.2亿元人民币

D. 注册资本为6亿元人民币

【解析】D项，设立财务公司法人机构，应当具备的条件之一为：注册资本为一次性实缴货币资本，最低限额为10亿元人民币或等值的可自由兑换货币，银行业监督管理机构根据财务公司的发展情况和审慎监管的需要，可以调整财务公司注册资本金的最低限额。

3. 根据《企业集团财务公司管理办法》，财务公司可以开展投资业务，下列业务中不属于财务公司投资业务的是(　　)。[2019年6月真题]

A. 投资设立融资租赁公司　　B. 投资长期债券

C. 投资股票　　D. 中央银行债券及票据、国债、企业债等

【解析】投资业务是财务公司资产业务的一部分，是财务公司主业的延伸和派生，可投资标的为固定收益类有价证券。

4. 下列选项中不属于风险管理流程的是(　　)。[2016年11月真题]

A. 风险计量　　B. 风险资本计提

C. 风险识别　　D. 风险报告

【解析】财务公司应培育良好的风险文化，实行合理的风险管理政策，设计完善的风险管理架构，建立包括风险识别、计量、分析、评估、报告、控制等内容的风险管理流程。

5. 下列不属于财务公司可以经营的业务的是(　　)。

A. 办理成员单位贷款　　B. 吸收公众存款

C. 办理成员单位票据贴现　　D. 办理成员单位资金结算与收付

【解析】根据《企业集团财务公司管理办法》规定，财务公司可以经营下列部分或者全部业务：①吸收成员单位存款；②办理成员单位贷款；③办理成员单位票据贴现；④办理成员单位资金结算与收付；⑤提供成员单位委托贷款、债券承销、非融资性保函、财务

1D　2D　3A　4B　5B

顾问、信用鉴证及咨询代理业务。

6. 下列关于企业集团财务公司的表述，正确的是(　　)。

A. 以加强企业集团资金集中管理和提高企业集团资金使用效率为目的

B. 不属于企业集团内部的金融机构

C. 力求最大限度地降低财务费用，但不能促进成员单位产品的销售

D. 服务对象可以是非企业集团成员

【解析】企业集团财务公司是指以加强企业集团资金集中管理和提高企业集团资金使用效率为目的，依托企业集团、服务企业集团，为企业集团成员单位提供金融服务的非银行金融机构。C 项，财务公司的基本定位之一为紧紧围绕成员单位业务和产品，促进成员单位业务的拓展和产品的销售。

7. 财务公司从业人员中从事金融或财务工作 3 年以上的人员应当不低于总人数的______、5 年以上的人员应当不低于总人数的______。(　　)

A. 三分之二；三分之一　　B. 三分之一；三分之二

C. 二分之一；三分之一　　D. 二分之一；三分之二

【解析】设立财务公司法人机构应当具备的条件之一为：财务公司从业人员中从事金融或财务工作 3 年以上的人员应当不低于总人数的三分之二、5 年以上的人员应当不低于总人数的三分之一，且至少引进 1 名具有 5 年以上银行业从业经验的高级管理人员。

8. (　　)是财务公司的主要负债，也是财务公司货币资金的主要来源之一。

A. 同业拆入　　B. 吸收成员单位存款

C. 卖出回购　　D. 发行金融债券

9. 财务公司最高拆入限额和最高拆出限额均不得超过实收资本的(　　)。

A. 80%　　B. 100%　　C. 120%　　D. 150%

10. 下列各项不属于财务公司内部控制的基本原则的是(　　)。

A. 全面性　　B. 审慎性　　C. 独立性　　D. 连续性

【解析】财务公司内部控制的基本原则包括全面性、审慎性、有效性、独立性和制衡性。

11. 成员单位以外的投资者作为财务公司出资人，应为境内外法人金融机构，应具备的条件不包括(　　)。

A. 最近 2 个会计年度连续盈利

B. 最近 2 年未受到境内外监管机构的重大处罚

C. 权益性投资余额原则上不得超过本企业净资产的 30%

D. 不得以委托资金、债务资金等非自有资金入股

【解析】C 项，权益性投资余额原则上不得超过本企业净资产的 50%(含本次投资金额)，国务院规定的投资公司和控股公司除外。

12. 财务公司承兑汇票保证金余额不得超过存款总额的(　　)。

A. 20%　　B. 25%　　C. 10%　　D. 35%

6A　7A　8B　9B　10D　11C　12C

二、多项选择题(以下各小题给出的5个选项中，至少有2项符合题目要求，请将符合题目要求选项的代码填入括号内)

1. 企业集团财务公司的基本功能主要包括(　　)。[2021年6月真题]

A. 集团资金监控平台　　B. 集团金融服务平台

C. 集团资金结算平台　　D. 集团资金投资平台

E. 集团资金归集平台

【解析】财务公司主要服务集团资金集中管理，通过发挥"集团资金归集平台、集团资金结算平台、集团资金监控平台、集团金融服务平台"等基本功能，促进集团优化资源配置，节约财务成本，保障资金安全，提升运行效率。

2. 下列各项关于财务公司的基本定位的说法中正确的有(　　)。

A. 提高企业集团内部资金融通的效率　　B. 降低营业成本

C. 促进成员单位的产品销售　　D. 为非成员单位提供顾问服务

E. 促进成员单位业务的拓展

【解析】财务公司的基本定位包括以下方面：①通过作为内部银行的金融机构地位，提高企业集团内部资金融通的效率，最大程度地降低财务费用；②紧紧围绕成员单位业务和产品，促进成员单位业务的拓展和产品的销售；③利用自身金融机构在信息、资金等方面的优势，为成员单位提供全方位的顾问服务。

3. 下列各项中可作为财务公司买入返售业务项下的金融资产的有(　　)。

A. 银行承兑汇票　　B. 金融债券　　C. 公司债券　　D. 中央银行票据

E. 国库券

【解析】买入返售业务项下的金融资产应当为银行承兑汇票，债券、央行票据等在银行间市场、证券交易所市场交易的具有合理公允价值和较高流动性的金融资产。

4. 财务公司内部结算业务包括(　　)。

A. 委托收款　　B. 资金归集　　C. 代理收付款　　D. 信用证结算

E. 托收承付结算

【解析】结算业务包括内部结算业务和外部结算业务。内部结算业务包括内部转账、委托收款和资金归集，外部结算业务包括代理收付款、信用证结算和托收承付结算。

5. 下列各项中属于财务公司中间业务的有(　　)。

A. 结算业务　　B. 财务公司票据承兑业务

C. 委托贷款　　D. 同业拆入

E. 同业业务

【解析】财务公司中间业务包括：结算业务、财务公司票据承兑业务、委托贷款、委托投资、对成员单位办理财务和融资顾问、对成员单位提供非融资性保函。D项属于财务公司的负债类业务；E项属于财务公司的资产类业务。

6. 符合条件的财务公司，可以向银行业监督管理机构及其派出机构申请经营的业务有(　　)。

1ABCE　2ACE　3ABCDE　4AB　5ABC　6ABCD

A. 从事同业拆借　　　　　　　　　　B. 办理成员单位产品买方信贷和消费信贷
C. 从事固定收益类有价证券投资　　　D. 从事套期保值类衍生产品交易
E. 办理实业投资

【解析】符合条件的财务公司，可以向银行业监督管理机构及其派出机构申请经营下列本外币业务：①从事同业拆借；②办理成员单位票据承兑；③办理成员单位产品买方信贷和消费信贷；④从事固定收益类有价证券投资；⑤从事套期保值类衍生产品交易；⑥银行业监督管理机构批准的其他业务。

7. 成员单位作为财务公司出资人，应当具备的条件主要包括(　　)。
A. 最近3年无重大违法违规行为
B. 最近2个会计年度连续盈利
C. 最近2个会计年度末净资产不低于总资产的30%
D. 入股资金为自有资金
E. 具有法人资格

【解析】A项，成员单位应满足最近2年无重大违法违规行为。C项，成员单位应满足最近1个会计年度末净资产不低于总资产的30%；作为财务公司控股股东的，最近1个会计年度末净资产不低于总资产的40%。

8. 财务公司的市场退出方式包括(　　)。
A. 解散　　B. 撤销　　C. 接管　　D. 重组
E. 破产

【解析】按照监管规定，财务公司的市场退出方式，包括解散、撤销、接管、重组、破产等。财务公司符合《中华人民共和国企业破产法》规定的破产情形的，经银行业监督管理机构同意，财务公司或其债权人可以向人民法院提出重整、和解或者破产清算申请。破产重整的财务公司，其重整后的企业集团应符合设立财务公司的行政许可条件。银行业监督管理机构应根据进入破产程序财务公司的业务活动和风险状况，对其采取暂停相关业务等监管措施。

9. 下列各项关于财务公司经营业务应当遵守的监管指标的说法中正确的有(　　)。
A. 投资总额不得高于资本净额的70%
B. 贷款余额不得高于存款余额与实收资本之和的80%
C. 流动性比例不得低于20%
D. 固定资产净额不得高于资本净额的30%
E. 票据承兑余额不得超过资产总额的15%

【解析】C项，流动性比例不得低于25%；D项，固定资产净额不得高于资本净额的20%。

三、判断题(判断以下各小题的对错，正确的用A表示，错误的用B表示)

1. 在委托贷款中，贷款人(受托人)只收取手续费，不承担贷款风险。(　　)

【解析】委托贷款是指财务公司作为受托人，根据委托人的委托，在委托人存放财务公司

7BDE　8ABCDE　9ABE　|　1A

的资金额度内，向委托人指定的借款人，按照委托人指定的贷款用途、期限、利率和金额等代为发放、到期协助收回贷款本息的业务。委托人须提供合法的资金来源，委托人及借款人均须为成员企业，贷款风险由委托人承担。

2. 财务公司向成员单位只能开展本币贷款业务。（　）

【解析】财务公司可以向成员单位开展全部种类本外币的贷款业务。

3. 财务公司可以与银行类金融机构进行同业拆出。（　）

【解析】财务公司同业拆出是指财务公司与经中国人民银行批准进入全国银行间同业拆借市场的金融机构之间，通过全国统一的同业拆借网络进行的无担保资金融通行为。

4. 财务公司可以发行金融债券，可以向金融机构和企业投资。（　）

【解析】财务公司不得从事除中国人民银行或国家外汇管理局政策规定之外的离岸业务或资金跨境业务。财务公司不得发行金融债券，不得向金融机构和企业投资。

5. 稽核法律部独立于其他任何部门，可以直接向董事会和高级管理层报告。（　）

【解析】稽核法律部为内部控制的检查、评价部门，独立于其他任何部门，并可以直接向董事会和高级管理层报告。

6. 财务公司设立新的机构或开办新的业务，都必须体现“利润优先”的要求。（　）

【解析】财务公司的内部控制以防范风险、审慎经营为出发点，公司的经营管理，尤其是设立新的机构或开办新的业务，都必须体现“内控优先”的要求。

7. 财务公司发生合并与分立的，可申请在成员单位集中且业务量较大的地区设立分公司。（　）

【解析】财务公司发生合并与分立、跨省级派出机构迁址，或者所属集团被收购或重组的，根据业务需要，可申请在成员单位集中且业务量较大的地区设立分公司。

8. 财务公司应该对所有岗位的工作人员实行定期轮岗制。（　）

【解析】财务公司应明确划分各机构、各部门和各岗位的任务、职责和权限，建立职责分离、横向纵向相互监督制约的机制。关键岗位的人员应实行定期轮岗制。

9. 部门经理对工作人员的授权必须采取书面形式。（　）

【解析】财务公司应建立完整的授权体系，包括董事会对高级管理层的授权；董事长对总经理、风险控制委员会的授权；总经理对副总经理、部门经理的授权；部门经理对工作人员的授权等。授权力求适当、明确，并采取书面形式。

10. 设立财务公司法人机构应当有符合任职资格条件的董事、高级管理人员，并且在风险管理、资金管理、信贷管理、结算等关键岗位上至少各有 1 名具有 5 年以上相关金融从业经验的人员。（　）

【解析】设立财务公司法人机构应当有符合任职资格条件的董事、高级管理人员，并且在风险管理、资金管理、信贷管理、结算等关键岗位上至少各有 1 名具有 3 年以上相关金融从业经验的人员。

2B　3A　4B　5A　6B　7A　8B　9A　10B

11. 财务公司票据承兑和转贴现总额可以高于资本净额。(　　)

【解析】财务公司票据承兑和转贴现总额不得高于资本净额。

12. 财务公司集团外负债总额可以超过资本净额。(　　)

【解析】财务公司集团外负债总额不得超过资本净额。

13. 财务公司对单一股东发放贷款余额超过财务公司注册资本金 50% 或者该股东对财务公司的出资额的，应当及时向银行业监督管理机构报告。(　　)

【解析】财务公司对单一股东发放贷款余额超过财务公司注册资本金 50% 或者该股东对财务公司的出资额的，应当及时向银行业监督管理机构报告。对于影响财务公司稳健运行的行为，银行业监督管理机构应予以监督指导，并可区别情形采取早期干预措施。

14. 财务公司票据承兑余额不得高于存放同业余额的 5 倍。(　　)

【解析】财务公司票据承兑余额不得高于存放同业余额的 3 倍。

11B　12B　13A　14B

第二十章 金融租赁公司业务与监管

一、单项选择题(以下各小题所给出的4个选项中，只有1项最符合题目要求，请将正确选项的代码填入括号内)

1. 金融租赁公司对一个关联方的全部融资租赁业务余额占金融租赁公司资本净额不得超过(　　)。[2019年6月真题]

A. 20%　　B. 30%　　C. 10%　　D. 15%

【解析】单一客户关联度是指金融租赁公司对一个关联方的全部融资租赁业务余额占金融租赁公司资本净额的比例。金融租赁公司的单一客户关联度不得超过30%。

2. 融资租赁业务中，承租人和供货人为同一人的融资租赁方式为(　　)。[2023年6月真题]

A. 联合租赁　　B. 售后回租　　C. 转租赁　　D. 直接融资租赁

【解析】售后回租是指承租人为了提高资产流动性、均衡税负、改善资产负债表等需要，将自有设备等固定资产以公允价值出卖给金融租赁公司，然后再从金融租赁公司租回使用并按期支付租金的业务形式，其业务特点是承租人和供货人为同一人。

3. 根据《金融租赁公司管理办法》，金融租赁公司对单一承租人的全部融资租赁业务余额不得超过资本净额的(　　)。[2021年6月真题]

A. 15%　　B. 30%　　C. 50%　　D. 20%

【解析】单一客户融资集中度是指金融租赁公司对单一承租人的全部融资租赁业务余额占金融租赁公司资本净额的比例。金融租赁公司的单一客户融资集中度不得超过资本净额的30%。

4. 我国的金融租赁公司不得经营(　　)业务。

A. 固定收益类证券投资业务

B. 接受承租人的租赁保证金

C. 同业拆借

D. 吸收非银行股东2个月(含)以上定期存款

【解析】根据《金融租赁公司管理办法》规定，经银行业监督管理机构批准，金融租赁公司可以经营下列部分或全部本外币业务：①融资租赁业务；②转让和受让融资租赁资产；③固定收益类证券投资业务；④接受承租人的租赁保证金；⑤吸收非银行股东3个月(含)以上定期存款；⑥同业拆借；⑦向金融机构借款；⑧境外借款；⑨租赁物变卖及处理业务；⑩经济咨询。经银行业监督管理机构批准，经营状况良好、符合条件的金融租赁公司可以开办下列部分或全部本外币业务：①发行债券；②在境内保税地区设立项目公司开展融资租赁业务；③资产证券化；④为控股子公司、项目公司对外融资提供担保。

1B　2B　3B　4D

5. 下列属于融资租赁在融资方面的作用的是(　　)。

A. 缓释企业财务风险　　B. 保障应收账款及时收回

C. 提升企业的产业链竞争优势　　D. 增强存量资产的经济效益

【解析】BC 两项属于在经营管理方面的作用；D 项属于在资产管理方面的作用。

6. 在中国境内注册的、主营业务为制造适合融资租赁交易产品的大型企业作为金融租赁公司发起人，最近 1 年末净值资产不低于总资产的(　　)。[2022 年 7 月真题]

A. 40%　　B. 25%　　C. 30%　　D. 50%

【解析】在中国境内注册的、主营业务为制造适合融资租赁交易产品的大型企业作为金融租赁公司发起人，应当具备的条件之一是：最近 1 个会计年度末净资产不低于总资产的 30%。

7. 金融租赁公司对单一集团的全部融资租赁业务余额不得超过资本净额的(　　)。[2020 年 10 月真题]

A. 60%　　B. 30%　　C. 50%　　D. 20%

【解析】单一集团客户融资集中度是指金融租赁公司对单一集团的全部融资租赁业务余额占金融租赁公司资本净额的比例。金融租赁公司的单一集团客户融资集中度不得超过资本净额的 50%。

8. 属于新型融资渠道的是(　　)。

A. 租赁资产证券化　　B. 股东增资

C. 银行贷款　　D. 自有资金

【解析】BCD 三项属于传统融资方式。新型融资渠道主要包括发行债券和租赁资产证券化。

9. 资产证券化的作用不包括(　　)。

A. 减少资本占用，提高资产回报率　　B. 创新融资渠道，降低融资成本

C. 改善资产负债结构　　D. 实现风险隔离

【解析】D 项属于 SPV(Special Purpose Vehicle，特殊目的公司)的作用。

10. (　　)是指租赁公司根据承租人对租赁物和供货人的选择或认可，向供货人购买选定设备，提供给承租人使用，承租人按期支付租金的业务形式。

A. 转租赁　　B. 直接融资租赁　　C. 售后回租　　D. 联合租赁

【解析】直接融资租赁是指租赁公司根据承租人对租赁物和供货人的选择或认可，向供货人购买选定设备，提供给承租人使用，承租人按期支付租金的业务形式。租赁期满，设备归承租企业所有。

11. (　　)是指以同一物件为标的物的多次融资租赁业务。

A. 转租赁　　B. 直接融资租赁　　C. 售后回租　　D. 联合租赁

【解析】转租赁是指以同一物件为标的物的多次融资租赁业务，即金融租赁公司根据最终用户(承租人)对租赁物件的选择，从原始出租人处租入该租赁物件后、再转租给最

5A　6C　7C　8A　9D　10B　11A

终用户（承租人）使用的一种租赁交易安排，租赁物件的所有权归原始出租人。

12. （　　）是指金融租赁公司之间的一种业务合作方式。

A. 联合租赁　　B. 直接融资租赁　　C. 厂商租赁　　D. 售后回租

【解析】联合租赁是指金融租赁公司之间的一种业务合作方式。就是由一家金融租赁公司牵头召集，由若干金融租赁公司参与和承租人签订融资租赁合同，金融租赁公司按出资比例或约定的方式提供资金、承担风险和分享收益。

13. 下列关于租赁资产交易说法不正确的是（　　）。

A. 租赁资产交易包括转入、转出两个方向

B. 转收益权模式是租赁资产交易模式之一

C. 转债权及物权模式中，由于物权发生了转移，金融租赁公司成为出租人

D. 转收益权模式中，租赁物的所有权不再属于交易对手

【解析】转收益权模式为交易对手方与企业形成租赁关系后，将应收账款或资产收益权进行转让。由于租赁关系没有发生改变，租赁物的所有权仍然属于交易对手，金融租赁公司享有租赁资产的收益权。

14. 监控租赁物件运营维护状况属于（　　）。

A. 租前管理　　B. 租中管理　　C. 租后管理　　D. 权属转移管理

【解析】租后管理主要是监控租赁物运营维护状况、价值变动情况、流通性以及保险到期续保等情况，确保租赁物价值平稳，风险缓释能力持续充分。

15. 金融租赁公司拆入资金的最长期限为______，拆入资金余额不得超过实收资本的______。（　　）

A. 3 个月，50%　　B. 6 个月，100%　　C. 6 个月，50%　　D. 3 个月，100%

【解析】金融租赁公司开展同业拆入是指金融租赁公司与经中国人民银行批准进入全国银行间同业拆借市场的金融机构之间，通过全国统一的同业拆借市场进行的无担保资金融通行为。金融租赁公司拆入资金的最长期限为 3 个月，拆入资金余额不得超过实收资本的 100%。同业拆借业务是金融租赁公司进行短期资金融通、调剂头寸和临时性资金余缺的重要工具。

16. 金融租赁公司设立境内专业子公司原则上应______控股，有特殊情况需引进其他投资者的，金融租赁公司的持股比例不得低于______。（　　）［2020 年 10 月真题］

A. 50%，20%　　B. 50%，30%　　C. 100%，50%　　D. 100%，51%

【解析】金融租赁公司设立境内专业子公司原则上应 100% 控股，有特殊情况需引进其他投资者的，金融租赁公司的持股比例不得低于 51%。引进的其他投资者应符合《金融租赁公司管理办法》规定的金融租赁公司的发起人条件，且在专业子公司经营的特定领域有所专长，在业务开拓、租赁物管理等方面具有比较优势，有助于提升专业子公司的业务拓展能力和风险管理水平。

17. 关于 SPV 说法不正确的是（　　）。

12A　13D　14C　15D　16D　17C

A. SPV 指的是特殊目的公司

B. SPV 实现了风险隔离

C. SPV 提高了项目成本

D. 设立 SPV 开展融资租赁业务是国际市场的通用做法

【解析】C 项，SPV 有利于降低项目成本，方便出租人采用成本更低的外币和本币融资，降低融资成本。

18. 金融租赁公司重大关联交易是指金融租赁公司与单个关联方之间单笔交易金额达到金融租赁公司上季末资本净额(　　)以上。

A. 8%　　B. 15%　　C. 5%　　D. 3%

【解析】根据《银行保险机构关联交易管理办法》《金融租赁公司管理办法》相关规定，金融租赁公司重大关联交易是指金融租赁公司与单个关联方之间单笔交易金额达到金融租赁公司上季末资本净额5%以上，或累计达到金融租赁公司上季末资本净额 10% 以上的交易。

19. 《商业银行法》《金融租赁公司管理办法》和《金融租赁公司项目公司管理办法》分别属于(　　)。

A. 规范性文件、部门规章、法律　　B. 法律、规范性文件、部门规章

C. 部门规章、规范性文件、法律　　D. 法律、部门规章、规范性文件

【解析】目前，金融租赁公司的监管法规体系主要涵盖法律、部门规章、规范性文件三个层面。其中法律层面主要有《商业银行法》等；部门规章层面主要有《金融租赁公司管理办法》等；规范性文件层面主要有《金融租赁公司项目公司管理办法》等。

20. 在中国境内外注册的具有独立法人资格的商业银行作为金融租赁公司发起人，应满足最近 1 个会计年度末总资产应不低于(　　)亿元人民币或等值的可自由兑换货币。

A. 500　　B. 600　　C. 700　　D. 800

二、多项选择题(以下各小题给出的 5 个选项中，至少有 2 项符合题目要求，请将符合题目要求选项的代码填入括号内)

1. 根据《金融租赁公司管理办法》规定，金融租赁公司的发起人包括(　　)。[2018 年 10 月真题]

A. 具有金融或融资租赁工作经历 3 年以上的中国境内公民

B. 在中国境外注册的、主营业务为制造适合融资租赁交易产品的大型企业

C. 在中国境内注册的、主营业务为制造适合融资租赁交易产品的大型企业

D. 在中国境外注册的具有独立法人资格的融资租赁公司

E. 在中国境内外注册的具有独立法人资格的商业银行

【解析】金融租赁公司的发起人包括在中国境内外注册的具有独立法人资格的商业银行，在中国境内注册的、主营业务为制造适合融资租赁交易产品的大型企业，在中国境外注册的具有独立法人资格的融资租赁公司以及银行业监督管理机构认可的其他发起人。

2. 金融租赁公司的负债业务有(　　)。

18C　19D　20D　▌　1CDE　2BCDE

A. 吸收股东 6 个月(含)以上定期存款　　B. 发行金融债券
C. 向金融机构借款　　D. 境外借款
E. 接受承租人租赁保证金

【解析】金融租赁公司的负债业务包括：①向金融机构借款；②发行金融债券；③吸收股东 3 个月以上定期存款；④境外借款；⑤同业拆入；⑥接受承租人租赁保证金。

3. 金融租赁行业的功能优势有(　　)。
A. 促进社会投资　　B. 拉动产品需求
C. 推动经济调整结构　　D. 增加企业融资渠道
E. 平衡国际贸易

【解析】金融租赁行业在发展过程中逐步确立了五个方面的功能优势：①促进社会投资；②拉动产品需求；③推动经济调整结构；④增加企业融资渠道；⑤平衡国际贸易。

4. 按照《企业会计准则第 21 号——租赁》，租赁业务分为(　　)。
A. 直接租赁　　B. 融资租赁　　C. 经营租赁　　D. 售后回租
E. 厂商租赁

【解析】ADE 三项都属于融资租赁。财政部于 2018 年 12 月 14 日发布了修订后的《企业会计准则第 21 号——租赁》，新准则取消了承租人经营租赁和融资租赁的分类，要求对所有租赁(短期租赁和低价值资产租赁除外)确认使用权资产和租赁负债。同时，新准则规定出租人应当在租赁开始日将租赁分为融资租赁和经营租赁。

5. 下列关于金融租赁公司内部控制与风险管理说法正确的有(　　)。
A. 融资租赁业务以租赁物为核心，金融租赁公司必须确保租赁物真实、所有权清晰无瑕疵
B. 在确认租赁物真实性的基础上，金融租赁公司还应当合法取得租赁物的所有权
C. 租赁物的价值是融资租赁功能中融资额度的重要依据，金融租赁公司除了需要对承租人的偿债能力和意愿进行评估外，还需高度关注租赁物的价值
D. 金融租赁公司应当重视租赁物的风险缓释作用，密切监测租赁物价值对融资租赁债权的风险覆盖水平，制定有效的风险应对措施
E. 对于融资租赁业务来说，金融租赁公司应当参照信贷资产风险分类和拨备计提要求执行

【解析】A 项属于租赁物的真实性管理的要求；B 项属于租赁物的所有权取得的要求；C 项属于租赁物的价值管理的要求；D 项属于租后管理和处置的要求；E 项属于租赁业务的减值准备的要求。

6. 下列关于金融租赁公司关联交易监管说法错误的有(　　)。
A. 一般关联交易是指除重大关联交易以外的其他关联交易
B. 金融租赁公司对单个关联方的融资余额不得超过上季末资本净额的 50%
C. 金融租赁公司对全部关联方的全部融资余额不得超过上季末资本净额的 30%
D. 金融租赁公司对单个股东及其全部关联方的融资余额不得超过该股东在金融租赁公

3ABCDE　4BC　5ABCDE　6BC

司的出资额，且对单个关联方的融资余额不得超过上季末资本净额的30%

E. 金融租赁公司与关联方开展以资产、资金为基础的关联交易发生损失的，自发现损失之日起两年内不得与该关联方新增以资产、资金为基础的关联交易

【解析】B项，金融租赁公司对单个关联方的融资余额不得超过上季末资本净额的30%；C项，金融租赁公司对全部关联方的全部融资余额不得超过上季末资本净额的50%。

7. 融资租赁在资产管理方面的作用有（　　）。

A. 为缺乏资金且贷款困难的企业提供了新的融资渠道

B. 帮助企业降低设备使用成本

C. 提高资金周转速度

D. 降低财务风险

E. 增强存量资产的经济效益

【解析】AD两项属于在融资方面的作用；C项属于在经营管理方面的作用。

8. 融资租赁业务模式有（　　）。

A. 直接融资租赁　　B. 售后回租　　C. 经营租赁　　D. 短期租赁

E. 厂商租赁

【解析】融资租赁业务包括直接融资租赁、转租赁、售后回租、联合租赁、厂商租赁等方式。

9. 下列关于金融租赁公司项目公司监管说法正确的有（　　）。

A. 专业子公司不得在境外设立项目公司开展融资租赁业务

B. 项目公司不得开展租赁物变卖及处理业务

C. 项目公司的租赁物包括飞机（含发动机）、船舶、集装箱、海洋工程结构物、工程机械、车辆以及经银行业监督管理机构认可的其他设备资产

D. 金融租赁公司、专业子公司应当按照并表管理和穿透原则，加强对项目公司的管理

E. 专业子公司原则上最多可以设立3家管理型项目公司

【解析】A项，金融租赁公司、境内专业子公司可以在境内保税地区、自由贸易试验区、自由贸易港等境内区域设立项目公司开展融资租赁业务。专业子公司可以在境外设立项目公司开展融资租赁业务。B项，项目公司可以开展融资租赁以及与融资租赁相关的进出口业务、接受承租人的租赁保证金、转让和受让融资租赁资产、向金融机构借款、向股东借款、境外借款、租赁物变卖及处理业务、经济咨询等业务，以及经银行业监督管理机构认可的其他业务。

10. 符合金融租赁公司法人机构设立的条件的有（　　）。

A. 有符合规定条件的发起人

B. 注册资本为一次性实缴货币资本

C. 有符合任职资格条件的董事、高级管理人员

D. 注册资本最低限额为1亿元人民币或等值的可自由兑换货币

E. 从业人员中具有金融或融资租赁工作经历5年以上的人员应当不低于总人数的50%

7BE　8ABE　9CDE　10ABCD

【解析】E 项，从业人员中具有金融或融资租赁工作经历 3 年以上的人员应当不低于总人数的 50%。

11. 下列关于金融租赁公司的事项，需要银行业监督管理机构依据相关规定实施行政许可的有(　　)。

A. 机构设立　　B. 机构变更　　C. 机构终止　　D. 调整业务范围

E. 董事任职资格

【解析】银行业监督管理机构依据相关规定对金融租赁公司以下事项实施行政许可：机构设立，机构变更，机构终止，调整业务范围和增加业务品种，董事和高级管理人员任职资格，以及法律、行政法规规定和国务院决定的其他行政许可事项。

三、判断题(判断以下各小题的对错，正确的用 A 表示，错误的用 B 表示)

1. 金融租赁公司可以从事股权收益类证券投资业务。(　　)[2017 年 6 月真题]

【解析】金融租赁公司可以从事固定收益类证券投资业务。

2. 融资租赁是指实质上转移了与资产所有权有关的全部风险和报酬的租赁，其所有权并没有转移。(　　)

【解析】融资租赁是指实质上转移了与租赁资产所有权有关的几乎全部风险和报酬的租赁，其所有权最终可能转移，也可能不转移。

3. 售后回租业务是承租人和供货人为不同个体的融资租赁方式。(　　)

【解析】售后回租是指承租人为了提高资产流动性、均衡税负、改善资产负债表等需要，将自有设备等固定资产以公允价值出卖给金融租赁公司，然后再从金融租赁公司租回使用并按期支付租金的业务形式，其业务特点是承租人和供货人为同一人。

4. 金融租赁公司设立境内专业子公司必须 100% 控股。(　　)

【解析】金融租赁公司设立境内专业子公司原则上应 100% 控股，有特殊情况需引进其他投资者的，金融租赁公司的持股比例不得低于 51%。

5. 融资租赁合同是出租人根据承租人对出卖人、租赁物的选择，向出卖人购买租赁物，提供给承租人使用，承租人支付租金的合同。(　　)

【解析】《民法典》第七百三十五条规定，融资租赁合同是出租人根据承租人对出卖人、租赁物的选择，向出卖人购买租赁物，提供给承租人使用，承租人支付租金的合同。

11ABCDE　　▍　　1B　2B　3B　4B　5A

第二十一章　汽车金融公司、消费金融公司、货币经纪公司业务与监管

一、单项选择题(以下各小题所给出的4个选项中，只有1项最符合题目要求，请将正确选项的代码填入括号内)

1. 汽车金融公司是为中国境内的汽车购买者及销售者提供金融服务的非银行金融机构，汽车金融公司的下列经营活动中属于违规行为的是(　　)。[2023年10月真题]

A. 向购买汽车的消费者发放3年期汽车贷款

B. 提供汽车融资租赁业务

C. 向购买二手车的消费者发放汽车价格80%的贷款

D. 向购买新能源汽车的自用消费者发放贷款金额达到汽车价格的85%

【解析】对于购车贷款，自用传统动力汽车贷款最高发放比例为80%，商用传统动力汽车贷款最高发放比例为70%；自用新能源汽车贷款最高发放比例为85%，商用新能源汽车贷款最高发放比例为75%；二手车贷款最高发放比例为70%。

2. 消费金融公司的投资余额不高于资本净额的(　　)。[2023年10月真题]

A. 50%　　B. 100%　　C. 10%　　D. 20%

【解析】消费金融公司可以开展固定收益类证券投资业务，投资余额不高于资本净额的20%。

3. 下列选项中属于汽车金融公司可以办理业务的是(　　)。[2023年6月真题]

A. 办理汽车售后回租　　B. 办理汽车融资租赁

C. 吸收股东1个月以上的存款　　D. 发放购买摩托车的贷款

【解析】汽车金融公司主营业务包括：①与汽车消费相关的贷款；②提供汽车融资租赁业务；③提供汽车售后服务商融资服务；④接受汽车经销商和售后服务商采购车辆贷款保证金和承租人汽车租赁保证金；⑤吸收股东等的定期存款；⑥同业拆入；⑦向金融机构借款；⑧发行非资本类债券；⑨资产证券化；⑩向金融机构出售或回购汽车贷款应收款和汽车融资租赁应收款业务。

4. 下列选项中属于消费金融公司可以经营的业务的是(　　)。[2022年7月真题]

A. 向个人发放不超过30万元额度的消费贷款

B. 吸收公众存款

C. 向境内金融机构借款

D. 发行理财产品

【解析】A项，消费金融公司向个人发放消费贷款不应超过客户风险承受能力且借款人贷款余额最高不得超过人民币20万元；B项，吸收公众存款是商业银行的业务；D项，消费金融公司只能发行金融债券，不能发行理财产品。

1C　2D　3B　4C

5. 1998 年，中国人民银行颁布实施（　　），标志着商业银行汽车消费信贷业务正式启动。

A.《汽车消费贷款管理办法》　　B.《汽车金融公司管理办法》

C.《汽车金融公司管理办法实施细则》　　D. 修订后的《汽车金融公司管理办法》

【解析】我国的汽车金融业务起步较晚。1998 年，中国人民银行颁布实施《汽车消费贷款管理办法》，标志着商业银行汽车消费信贷业务正式启动。

6. 2009 年 7 月，我国首批金融消费公司试点城市不包括（　　）。

A. 北京　　B. 天津　　C. 成都　　D. 南京

【解析】2009 年 7 月，《消费金融公司试点管理办法》正式发布，并经国务院批准，在北京、天津、上海、成都四地各设立一家消费金融公司进行试点。2013 年 11 月，原银监会修订《消费金融公司试点管理办法》，经国务院批准，新增包括沈阳、南京、杭州在内的 12 个城市参与试点，消费金融公司进入快速发展阶段。

7. 货币经纪公司最早起源于（　　）外汇市场。

A. 法国　　B. 英国　　C. 美国　　D. 日本

【解析】货币经纪公司最早起源于英国外汇市场，其盛行始于 20 世纪 70 年代的美国。

8. 中国首家货币经纪公司是（　　）。

A. 上海国利货币经纪有限公司　　B. 上海国际货币经纪有限责任公司

C. 平安利顺国际货币经纪公司　　D. 天津信唐货币经纪公司

【解析】2005 年 12 月，中国首家货币经纪公司——上海国利货币经纪有限公司正式获准开业经营。

9. 货币经纪公司的服务对象是（　　）。

A. 地方政府　　B. 上市公司　　C. 事业单位　　D. 金融机构

【解析】货币经纪公司是资金、债券和外汇等交易的集合点，发挥交易媒介作用，通过掌握的多头和空头需求，撮合最匹配的双方进行交易，而不与双方发生交易，仅仅起中介作用。货币经纪公司只能向金融机构提供有关外汇、货币市场产品、衍生产品等交易的经纪服务，不允许从事自营交易，不允许向自然人提供经纪服务，也不允许商业银行向货币经纪公司投资。

10. 汽车金融公司自用传统动力汽车贷款最高发放比例为______，二手车贷款最高发放比例为______。（　　）［2017 年 10 月真题］

A. 70%；60%　　B. 70%；50%　　C. 80%；70%　　D. 80%；50%

【解析】自用传统动力汽车贷款最高发放比例为 80%，商用传统动力汽车贷款最高发放比例为 70%；自用新能源汽车贷款最高发放比例为 85%，商用新能源汽车贷款最高发放比例为 75%；二手车贷款最高发放比例为 70%。

11. 下列关于汽车金融公司负债业务说法不正确的是（　　）。

A. 同业拆入、向金融机构借款、发行非资本类债券都属于汽车金融公司的负债业务

B. 同业拆借业务是汽车金融公司进行短期资金融通、调剂头寸和临时性资金余缺的重

5A　6D　7B　8A　9D　10C　11C

要工具

C. 汽车金融公司拆入资金的最长期限为1个月，拆入资金余额不得超过实收资本的100%

D. 汽车金融公司可以吸收接受境外股东及其所在集团在华全资子公司和境内股东等非银行股东3个月(含)以上的定期存款

【解析】C项，汽车金融公司拆入资金的最长期限为3个月，最高拆入限额和最高拆出限额均不得超过实收资本的100%。

12. 下列关于货币经纪公司主营业务说法错误的是(　　)。

A. 货币经纪公司外汇市场交易经纪业务主要是提供人民币对外币、外币对外币的汇兑交易撮合服务

B. 货币经纪公司的货币市场服务，包括人民币信用拆借、外币信用拆借以及人民币债券回购等交易的撮合服务

C. 货币经纪公司境内外债券市场经纪业务主要是提供债券现券买卖、债券远期买卖等金融产品的交易撮合服务

D. 货币经纪公司境内外衍生品交易经纪业务主要是为参与衍生品交易的各类非金融机构提供衍生产品的报价和交易撮合服务

【解析】D项，货币经纪公司境内外衍生品交易经纪业务主要是为参与衍生品交易的各类金融机构提供衍生产品的报价和交易撮合服务。

13. 短期资金融通最主要的平台是(　　)。

A. 外汇市场　　B. 货币市场　　C. 债券市场　　D. 衍生品交易市场

【解析】货币市场作为短期资金融通最主要的平台，在全球金融市场中一直发挥着重要的基础性作用。中国的货币市场是银行间市场的重要组成部分。

14. 下列不属于消费金融公司业务创新内容的是(　　)。

A. 消费信贷管理模式　　B. 消费信贷产品创新

C. 创新风险控制模式　　D. 加大对新消费重点领域的金融支持力度

【解析】C项，属于汽车金融公司的业务创新内容。

15. 金融机构作为消费金融公司一般出资人，注册资本应不低于(　　)亿元人民币或等值的可自由兑换货币。

A. 1　　B. 3　　C. 5　　D. 10

【解析】金融机构作为消费金融公司的一般出资人，应具备的条件之一是：注册资本应不低于3亿元人民币或等值的可自由兑换货币。

16. 汽车金融公司资本充足率应不小于______，核心资本充足率应不小于______。(　　)

A. 8%；4%　　B. 10.5%；7.5%

C. 20%；10%　　D. 30%；15%

【解析】资本充足率、杠杆率不低于国家金融监管总局的最低监管要求。资本充足率是指资本与风险加权资产之比，应不小于10.5%；核心资本充足率是指核心资本与风险

12D　13B　14C　15B　16B

加权资产之比，应不小于7.5%。

17. 下列关于汽车金融公司监管指标说法不正确的是(　　)。
A. 流动性比例是流动性资产与流动性负债之比，应不低于50%
B. 关联交易监控指标要求对单一股东及其关联方的授信余额不得超过该股东在汽车金融公司的出资额
C. 自用固定资产比例应不小于资本净额的40%
D. 对单一集团客户的授信余额不得超过资本净额的50%
【解析】C项，自用固定资产比例不得超过资本净额的40%。

18. 汽车金融公司对单一借款人的授信余额与资本净额之比应当(　　)。
A. 不小于15%　　B. 不大于15%
C. 不小于20%　　D. 不大于20%
【解析】风险集中度指标包括单一借款人的授信比例和单一集团客户授信比例两个指标。要求对单一借款人的授信余额不得超过资本净额的15%。对单一集团客户的授信余额不得超过资本净额的50%。

二、多项选择题(以下各小题给出的5个选项中，至少有2项符合题目要求，请将符合题目要求选项的代码填入括号内)

1. 下列关于三类非银行金融机构说法正确的有(　　)。
A. 汽车金融公司对促进汽车消费、支持汽车产业发展发挥着无法替代的重要作用
B. 消费金融公司与商业银行错位竞争、互补发展，有力地拉动了经济增长
C. 货币经纪公司在货币市场、外汇市场以及衍生品市场发挥着价格中介作用
D. 我国第一家汽车金融公司是上汽通用汽车金融有限责任公司
E. 消费金融是向社会各阶层消费者提供的，以满足其对最终商品和服务的消费需求为目的的现代金融服务方式
【解析】汽车金融、消费金融以及货币经纪公司三类非银行金融机构是我国进入21世纪之后新发展设立的三类专业化金融机构，进一步丰富和完善了我国的金融体系。汽车金融公司对促进汽车消费、支持汽车产业发展发挥着无法替代的重要作用。消费金融公司与商业银行错位竞争、互补发展，更好发挥消费对经济增长的拉动作用。货币经纪公司则在货币市场、外汇市场以及衍生品市场日益发挥着价格中介作用。2004年7月，我国第一家汽车金融公司——上汽通用汽车金融有限责任公司正式开业，标志着这类专业化、特色化的新型非银行金融机构成功引入我国。消费金融是向社会各阶层消费者提供的，以满足其对最终商品和服务的消费需求为目的的现代金融服务方式，因其在促进消费、提高民众生活水平、支持经济稳健增长等方面发挥着积极的推动作用，已被成熟市场和新兴市场广泛使用。

2. 下列属于消费金融公司负债业务的有(　　)。
A. 向金融机构借款　　B. 接受股东境内子公司及境内股东的存款
C. 发行金融债券　　D. 同业拆借

17C　18B　▎　1ABCDE　2ABCD

E. 资产证券化

3. 下列属于汽车金融公司业务创新内容的是(　　)。
   A. 创新管理模式
   B. 创新风险控制模式
   C. 加大对新消费重点领域的金融支持力度
   D. 简化流程、丰富产品
   E. 以“互联网 +”思维助力转型升级

【解析】C 项，属于消费金融公司业务创新的内容。

4. 三类非银行金融机构的行政许可事项范围包括有(　　)。
   A. 机构设立
   B. 机构变更
   C. 机构终止
   D. 调整业务范围和增加业务品种
   E. 董事和高级管理人员任职资格

【解析】根据《中国银保监会非银行金融机构行政许可事项实施办法》的规定，三类非银行金融机构的行政许可事项范围包括：机构设立，机构变更，机构终止，调整业务范围和增加业务品种，董事和高级管理人员任职资格，以及法律、行政法规规定和国务院决定的其他行政许可事项。

5. 下列关于非金融机构作为汽车金融公司出资人应具备的条件说法正确的是(　　)。
   A. 最近 1 个会计年度末净资产不低于资产总额的 30%
   B. 经营财务状况良好，最近 3 个会计年度连续盈利
   C. 遵守注册地法律法规，最近 3 年内无重大违法违规行为
   D. 权益性投资余额原则上不得超过本企业净资产的 100%
   E. 入股资金为自有资金，不得以委托资金、债务资金等非自有资金入股

【解析】非金融机构作为汽车金融公司出资人，应具备以下条件：①最近 1 年年末总资产不低于 80 亿元人民币或等值的可自由兑换货币，年营业收入不低于 50 亿元人民币或等值的可自由兑换货币；②最近 1 个会计年度末净资产不低于资产总额的 30%；③财务状况良好，最近 2 个会计年度连续盈利；作为汽车金融公司控股股东的，最近 3 个会计年度连续盈利。④入股资金为自有资金，不得以委托资金、债务资金等非自有资金入股。⑤权益性投资余额原则上不得超过本企业净资产的 50%（含本次投资金额）；作为汽车金融公司控股股东的，权益性投资余额原则上不得超过本企业净资产的 40%（含本次投资金额）；国务院规定的投资公司和控股公司除外。⑥遵守注册地法律法规，最近 2 年内无重大违法违规行为。⑦银行业监督管理机构规定的其他审慎性条件。国家金融监管总局 2023 年 1 号令实施后，非金融机构作为汽车金融公司出资人，不再对总资产规模作要求，但对营业收入提高至不低于 500 亿元人民币或等值的可自由兑换货币，另增加“主要股东自取得股权之日起 5 年内不得转让所持有的股权，承诺不将所持有的汽车金融公司股权进行质押或设立信托，并在拟设公司章程中载明”的审慎性条件。

6. 符合金融机构作为消费金融公司主要出资人的条件的有(　　)。

3ABDE　4ABCDE　5AE　6ACE

A. 具有5年以上消费金融领域的从业经验
B. 最近1个会计年度末总资产不低于500亿元人民币或等值的可自由兑换货币
C. 财务状况良好，最近2个会计年度连续盈利
D. 信誉良好，最近3年内无重大违法违规行为
E. 入股资金为自有资金，不得以委托资金、债务资金等非自有资金入股

【解析】金融机构作为消费金融公司的主要出资人，应具备以下条件：①具有5年以上消费金融领域的从业经验；②最近1个会计年度末总资产不低于600亿元人民币或等值的可自由兑换货币；③财务状况良好，最近2个会计年度连续盈利；④信誉良好，最近2年内无重大违法违规行为，或者已整改到位并经国务院银行业监督管理机构或其派出机构认可；⑤入股资金为自有资金，不得以委托资金、债务资金等非自有资金入股；⑥权益性投资余额原则上不得超过本企业净资产的50%（含本次投资金额），国务院规定的投资公司和控股公司除外；⑦具有良好的公司治理结构、内部控制机制和健全的风险管理制度；⑧满足所在国家或地区监管当局的审慎监管要求；⑨境外金融机构应对中国市场有充分的分析和研究，且所在国家或地区金融监管当局已经与银行业监督管理机构建立良好的监督管理合作机制；⑩银行业监督管理机构规章规定的其他审慎性条件。

7.《关于加大对新消费领域金融支持的指导意见》中专门涉及消费金融公司和汽车金融公司的内容有（　　）。

A. 鼓励汽车金融公司业务产品创新
B. 拓宽消费金融机构多元化融资渠道
C. 大力发展个人汽车、消费、信用卡等零售类贷款信贷资产证券化
D. 鼓励符合条件的汽车金融公司、消费金融公司通过同业拆借市场补充流动性
E. 汽车金融公司开展购车附加产品融资业务时，执行与汽车贷款一致的管理制度

【解析】专门涉及消费金融公司和汽车金融公司的内容主要有以下几项：①鼓励汽车金融公司业务产品创新；②允许汽车金融公司在向消费者提供购车贷款（或融资租赁）的同时，根据消费者意愿提供附属于所购车辆的附加产品（如导航设备、外观贴膜、充电桩等物理附属设备以及车辆延长质保、车辆保险等无形附加产品和服务）的融资；③汽车金融公司开展购车附加产品融资业务时，执行与汽车贷款一致的管理制度；④拓宽消费金融机构多元化融资渠道；⑤鼓励汽车金融公司、消费金融公司等发行金融债券，简化债券发行核准程序；⑥鼓励符合条件的汽车金融公司、消费金融公司通过同业拆借市场补充流动性；⑦大力发展个人汽车、消费、信用卡等零售类贷款信贷资产证券化，盘活信贷存量，扩大消费信贷规模，提升消费信贷供给能力。

8. 监管部门制定的汽车金融公司监管指标包括（　　）。

A. 资本充足性指标　　B. 风险集中度指标
C. 关联交易指标　　D. 流动性指标
E. 固定资产指标

【解析】为加强汽车金融公司的风险控制，国家金融监管总局2023年1号令明确了汽车金融公司监管的一系列，主要包括资本充足性指标、风险集中度指标、关联交易指标、

7ABCDE　8ABCDE

流动性指标以及固定资产指标等。

三、判断题（判断以下各小题的对错，正确的用 A 表示，错误的用 B 表示）

1. 消费金融公司是吸收公众存款的非银行机构。（　　）

【解析】消费金融公司的负债业务包括：①接受股东境内子公司及境内股东的存款；②同业拆借；③向金融机构借款；④发行金融债券。

2. 汽车金融公司的资金来源包括境内股东单位的各种存款。（　　）

【解析】《汽车金融公司管理办法》允许汽车金融公司吸收境外股东及其所在集团在华全资子公司和境内股东等非银行股东三个月（含）以上定期存款。国家金融监管总局 2023 年 1 号令扩大为接受股东及其所在集团母公司和控股子公司的定期存款（含通知存款）。

3. 消费金融公司主营发放经销商贷款业务。（　　）

【解析】汽车金融公司主营发放经销商贷款和汽车消费贷款业务，消费金融公司主营发放个人消费贷款业务。

4. 消费金融公司提供个人购车贷款是以货币形式向消费者提供。（　　）

【解析】消费金融公司发放个人消费信贷是指消费金融公司采取信用、抵押、质押担保或保证方式，以货币形式向个人消费者提供的贷款，但个人住房贷款和购车贷款除外。

5. 汽车金融公司主要出资人可以是银行类金融机构。（　　）

【解析】汽车金融公司的出资人为中国境内外依法设立的企业法人，其中主要出资人须为汽车整车制造企业或非银行金融机构。

6. 消费金融公司可以开展固定收益类证券投资业务，投资余额不高于资本净额的 10%。（　　）

【解析】消费金融公司可以开展固定收益类证券投资业务，投资余额不高于资本净额的 20%。

7. 消费金融公司出资人出资数额占拟设公司全部股本 30% 且出资数额最多的是主要出资人。（　　）

【解析】消费金融公司的出资人应当为中国境内外依法设立的企业法人，并分为主要出资人和一般出资人。主要出资人是指出资数额最多并且出资额不低于拟设消费金融公司全部股本 30% 的出资人，一般出资人是指除主要出资人以外的其他出资人。

1B　2B　3B　4B　5B　6B　7A

第二十二章　金融创新管理

一、单项选择题（以下各小题所给出的 4 个选项中，只有 1 项最符合题目要求，请将正确选项的代码填入括号内）

1．根据《中国银保监会办公厅关于进一步规范商业银行互联网贷款业务的通知》（银保监办发〔2021〕24 号），商业银行与合作机构共同出资发放互联网贷款的，应严格落实出资比例区间管理要求，单笔贷款中合作方出资比例不得低于（　　）。［2023 年 10 月真题］

A．30%　　B．45%　　C．15%　　D．35%

【解析】《关于进一步规范商业银行互联网贷款业务的通知》对互联网贷款业务做了进一步规范。主要内容包括：明确商业银行与合作机构共同出资发放互联网贷款的，应严格落实出资比例区间管理要求，单笔贷款中合作方出资比例不得低于 30%；要求商业银行与合作机构共同出资发放互联网贷款的，与单一合作方（含其关联方）发放的本行贷款余额不得超过本行一级资本净额的 25%；要求商业银行与全部合作机构共同出资发放的互联网贷款余额不得超过本行全部贷款余额的 50%；强调地方法人银行开展互联网贷款业务的，应服务于当地客户，不得跨注册地辖区开展互联网贷款业务。

2．商业银行（　　）负责制定金融创新发展战略及与之相适应的风险管理政策，并监督战略与政策的执行情况。［2022 年 7 月真题］

A．董事会　　B．高级管理层　　C．监事会　　D．股东会

【解析】商业银行董事会负责制定金融创新发展战略及与之相适应的风险管理政策，并监督战略与政策的执行情况。董事会要确保高级管理层有足够的资金和合格的专业人才，以有效实施战略并管理创新过程中带来的风险。

3．商业银行应对计划开展的金融创新活动进行严格的合规性审查，准确界定其所包含的各种法律关系，明确可能涉及的法律、政策，研究制定相应的解决办法，切实防范（　　）。［2017 年 6 月真题］

A．操作风险　　B．合规风险　　C．法律风险　　D．政策风险

【解析】商业银行董事会和高级管理层应将金融创新活动的风险管理纳入全行统一的风险管理体系。商业银行应对计划开展的金融创新活动进行严格的合规性审查，准确界定其所包含的各种法律关系，明确可能涉及的法律、政策，研究制定相应的解决办法，切实防范合规风险。

4．根据《商业银行金融创新指引》，金融创新是商业银行以______为中心，以______为导向。（　　）［2017 年 6 月真题］

A．利润；政策　　B．市场；客户　　C．政策；利润　　D．客户；市场

【解析】商业银行应结合本行实际，建立和完善以客户为中心的客户关系管理系统，形成以市场为导向的产品创新理念。

1A　2A　3B　4D

5．下列不属于金融创新应坚持的原则是(　　)。[2021年6月真题]

A．公平竞争原则　　B．成本可算原则

C．维护大股东利益原则　　D．加强知识产权保护原则

【解析】商业银行开展金融创新，需要遵循以下基本原则：①合法合规原则；②公平竞争原则；③加强知识产权保护原则；④成本可算原则；⑤强化业务监测原则；⑥客户适当性原则；⑦防范交易对手风险原则；⑧维护客户利益原则；⑨审慎原则。

6．下列关于金融效率和金融安全的关系表述错误的是(　　)。[2016年11月真题]

A．金融效率和金融安全互斥

B．金融安全是金融效率的基础

C．金融效率与金融安全之间存在替代性

D．金融效率的提高有助于加强金融安全

【解析】金融效率和金融安全之间既有互补性，又有替代性。互补性首先表现为金融效率的提高，有助于加强金融安全。其次，这种互补性还表现为，金融安全是金融效率的基础。金融效率与金融安全之间的替代性表现为，以提高金融效率为目的的盲目地放松管制可能会破坏金融安全，而以提高金融安全水平为目的的过度的管制可能会降低金融效率。

7．狭义的金融创新是指微观金融主体的金融创新，主要是指由于(　　)的放松而引发的一系列金融业务和金融工具的创新。

A．新兴技术　　B．金融管制

C．新兴市场　　D．原材料供应新来源

【解析】金融创新是指新的产品的生产、新技术或新的生产方法的应用、新的市场开辟、原材料新供应来源的发现和掌握、新的生产组织方式的实行等。狭义的金融创新是指微观金融主体的金融创新，主要是指由于金融管制的放松而引发的一系列金融业务和金融工具的创新。

8．(　　)是指商业银行不得向客户提供与其真实需要和风险承受能力不相符合的产品和服务。

A．公平竞争原则　　B．合法合规原则

C．客户适当性原则　　D．维护客户利益原则

【解析】A项，公平竞争原则，是指商业银行不得实施混淆行为，不得采取贿赂手段谋取交易机会或者竞争优势，不得欺骗、误导消费者，不得从事其他不正当竞争；B项，合法合规原则，是指商业银行应遵守法律、行政法规和规章的规定；D项，维护客户利益原则，是指商业银行应遵守职业道德标准和专业操守，完整履行尽职义务，充分维护金融消费者和投资者利益。

9．下列各项中不属于金融创新的发展趋势的是(　　)。

A．金融产品多样化　　B．融资方式证券化

C．表内业务重要性增强　　D．个性化金融服务成为创新主流

5C　6A　7B　8C　9C

【解析】近年来，随着经济金融市场化、全球化以及信息技术的快速发展，金融创新呈现出以下发展趋势：①金融产品、金融工具的多样化；②融资方式证券化；③表外业务重要性增强；④金融市场一体化；⑤个性化金融服务将成为银行业务创新主流；⑥金融产品和金融服务的综合化趋势日趋明显；⑦随着社会生产方式和生活方式越来越呈现网络化、数字化特点，信息化成为商业银行金融创新的主要趋势之一。

10. 未来我国商业银行综合化经营模式里，大银行或将偏向于(　　)。

A. 金融控股公司模式　　B. 银行母公司模式

C. 全能银行模式　　D. 总分行制模式

【解析】未来我国商业银行综合化经营模式里，大银行或将偏向于采用银行母公司的经营模式，使其经营多元化而又不失去银行业务的主体地位，小银行则可能偏向于成为金融控股集团中的一员专注发展银行业务，最终形成小银行"金控"、大银行"银控"的趋势。

11. 商业银行销售结构性存款，单一投资者的销售起点金额不得低于(　　)人民币(或等值外币)。

A. 1 万元　　B. 2 万元　　C. 5 万元　　D. 10 万元

【解析】结构性存款是指商业银行吸收的嵌入金融衍生产品的存款，通过与利率、汇率、指数等的波动挂钩或者与某实体的信用情况挂钩，使存款人在承担一定风险的基础上获得相应的收益。商业银行销售结构性存款，单一投资者的销售起点金额不得低于 1 万元人民币(或等值外币)。

12. 网络银行必须重点关注(　　)的监管。

A. 信用风险　　B. 操作风险　　C. 利率风险　　D. 流动性风险

【解析】对于虚拟化、数字化的网络银行来说，必须加强对系统风险和操作风险的监管。

13. (　　)是指上市公司股份的持有者通过抵押其持有的股票给托管机构进而发行的公司债券。

A. 可转换债券　　B. 可交换债券　　C. 次级债券　　D. 本息分离债券

【解析】可交换债券是指上市公司股份的持有者通过抵押其持有的股票给托管机构进而发行的公司债券，该债券的持有人在将来的某个时期内，能按照债券发行时约定的条件用持有的债券换取发债人抵押的上市公司股权。可交换债券是一种内嵌期权的金融衍生品，是可转换债券的一种。

二、多项选择题(以下各小题给出的 5 个选项中，至少有 2 项符合题目要求，请将符合题目要求选项的代码填入括号内)

1. 根据《关于促进互联网金融健康发展的指导意见》，互联网金融监管应遵循的原则包括(　　)。[2017 年 6 月真题]

A. 协同监管　　B. 依法监管　　C. 分类监管　　D. 创新监管

E. 适度监管

【解析】互联网金融的监管遵循"依法监管、适度监管、分类监管、协同监管、创新监

10B　11A　12B　13B　▎　1ABCDE

管”的原则，科学合理界定各业态的业务边界及准入条件，落实监管责任，明确风险底线，保护合法经营，坚决打击违法和违规行为。

2. 根据《中资商业银行行政许可事项实施办法》，中资商业银行申请开办现行法规未明确规定业务品种的，应当符合以下条件(　　)。[2016 年 11 月真题]

A. 与现行法律法规不相冲突

B. 符合本行战略发展定位与方向

C. 公司治理良好，具备与业务发展相适应的组织机构和规章制度，内部制度、风险管理和问责机制健全有效

D. 具备开展业务必需的技术人员和管理人员，并全面实施集中授权管理

E. 具备与业务经营相适应的营业场所和相关设施

【解析】D 项，中资商业银行应当具备开展业务必需的技术人员和管理人员，并全面实施分级授权管理。

3. 目前，商业银行的经营发展越来越倾向于综合化经营。根据综合化经营的股权架构不同，综合化经营的模式可以分为(　　)三种。

A. 金融控股公司模式　　B. 银行母公司模式

C. 总分行制　　D. 全能银行模式

E. 连锁公司制

【解析】根据综合化经营的股权架构不同，综合化经营的模式可以分为：①金融控股公司模式，是指以控股公司的形式在同一机构框架内通过相互独立的子公司来从事其他金融业务；②银行母公司模式，是以银行作为母公司，下设证券、保险等子公司，进而涉足多个金融领域；③全能银行模式，是最为彻底的综合化模式，允许同一家金融机构以内设事业部的形式经营全部或多项(至少应包括银行和证券)金融业务。

4. 银行开展金融创新业务的基本原则有(　　)。[2023 年 6 月真题]

A. 最大利润原则　B. 公平竞争原则　C. 成本可算原则　D. 维护客户利益原则

E. 合法合规原则

【解析】商业银行开展金融创新，需要遵循以下基本原则：①合法合规原则；②公平竞争原则；③加强知识产权保护原则；④成本可算原则；⑤强化业务监测原则；⑥客户适当性原则；⑦防范交易对手风险原则；⑧维护客户利益原则；⑨审慎原则。

5. 互联网金融市场秩序规范的具体要求有(　　)。

A. 应依法向电信主管部门履行网站备案手续

B. 选择符合条件的银行业金融机构作为资金存管机构

C. 要求从业机构切实提升技术安全水平

D. 对客户进行充分的信息披露

E. 着力加强对消费者的教育

【解析】互联网金融市场秩序规范的具体要求包括：①加强互联网行业管理；②建立客户资金第三方存管制度；③健全信息披露、风险提示和合格投资者制度；④强化消费者权

2ABCE　3ABD　4BCDE　5ABCDE

益保护，着力加强消费者教育，完善合同条款、纠纷解决机制等；⑤加强网络与信息安全；⑥要求从业机构采取有效措施履行反洗钱义务；⑦加强互联网金融行业自律；⑧规定监管协调与数据统计监测的内容。

三、判断题(判断以下各小题的对错，正确的用A表示，错误的用B表示)

1. 根据《商业银行互联网贷款管理暂行办法》，除共同出资发放贷款的合作机构以外，商业银行不得将贷款发放、本息回收、止付等关键环节操作全权委托合作机构执行。(　　)[2023年10月真题]

【解析】根据《商业银行互联网贷款管理暂行办法》第五十一条，商业银行应当自主确定目标客户群、授信额度和贷款定价标准；商业银行不得向合作机构自身及其关联方直接或变相进行融资用于放贷。除共同出资发放贷款的合作机构以外，商业银行不得将贷款发放、本息回收、止付等关键环节操作全权委托合作机构执行。商业银行应当在书面合作协议中明确要求合作机构不得以任何形式向借款人收取息费，保险公司和有担保资质的机构除外。

2. 商业银行开展金融创新活动，应坚持合法合规的原则，遵守法律、行政法规和规章的规定，不能以金融创新为名违反法律规定或变相逃避监管。(　　)[2017年6月真题]

【解析】商业银行开展金融创新，需要遵循以下基本原则：①合法合规原则；②公平竞争原则；③加强知识产权保护原则；④成本可算原则；⑤强化业务监测原则；⑥客户适当性原则；⑦防范交易对手风险原则；⑧维护客户利益原则；⑨审慎原则。其中，合法合规原则要求商业银行开展金融创新活动，应遵守法律、行政法规和规章的规定。

3. 可交换债券的利率水平高于同期限、同等信用评级的一般债券。(　　)

【解析】可交换债券给筹资者提供了一种低成本的融资工具。由于可交换债券给投资者一种转换股票的权利，其利率水平与同期限、同等信用评级的一般债券相比要低。因此，即使可交换债券的转换不成功，其发行人的还债成本也不高，对上市子公司也无影响。

4. 商业银行应优化内部组织结构和业务流程，形成前台营销服务职能完善、中台风险控制严密、后台保障支持有力的业务运行架构，并可结合本行实际情况，减少管理层级，逐步改造现有的“流程银行”，建立适应金融创新的“部门银行”，实现前、中、后台的相互分离与有效的协调配合。(　　)[2016年11月真题]

【解析】商业银行应优化内部组织结构和业务流程，形成前台营销服务职能完善、中台风险控制严密、后台保障支持有力的业务运行架构，并可结合本行实际情况，减少管理层级，逐步改造现有的“部门银行”，建立适应金融创新的“流程银行”，实现前、中、后台的相互分离与有效的协调配合。

5. 商业银行开展金融创新活动，应坚持公平竞争原则。(　　)

【解析】商业银行开展金融创新，需要遵循以下基本原则：①合法合规原则；②公平竞争原则；③加强知识产权保护原则；④成本可算原则；⑤强化业务监测原则；⑥客户适当性原则；⑦防范交易对手风险原则；⑧维护客户利益原则；⑨审慎原则。

1A　2A　3B　4B　5A

6. 目前，我国部分商业银行采用银行母公司的经营模式。(　　)

【解析】与金融控股公司不同，银行母公司的经营模式在我国目前是不符合《商业银行法》规定的。对此，银行多采用海外控股和信托控股的方式控股证券公司，实现多牌照综合化经营。

7. 对同质同类金融产品，按照“实质重于形式”原则进行穿透式监管，实行公平统一的监管规则。(　　)

【解析】对同质同类金融产品，按照“实质重于形式”原则进行穿透式监管，实行公平统一的监管规则。坚持金融创新必须在审慎监管的前提下进行，强化金融反垄断和反不正当竞争，依法规范和引导资本健康发展，防止资本在金融领域无序扩张。

8. 我国银行可以发行以人民币计价的大额定期存单，也可以发行以外币计价的大额定期存单。(　　)

【解析】大额存单是指由银行业存款类金融机构面向非金融机构投资人发行的、以人民币计价的记账式大额存款凭证，是银行存款类金融产品，属一般性存款。

9. 在我国，大额存单有固定利率存单，也有浮动利率存单。(　　)

【解析】大额存单的发行利率以市场化方式确定：固定利率存单采用票面年化收益率的形式计息，浮动利率存单以上海银行间同业拆借利率(Shibor)为浮动利率基准计息。

10. 第三方支付是最早的互联网支付方式。(　　)

【解析】网上银行、移动支付、第三方支付是互联网支付的主要表现形式。网上银行是最早的互联网支付方式。

11. 直销银行在建立较少物理网点的基础上，主要发展网络银行服务。(　　)

【解析】由于没有营业网点的经营和管理费用，直销银行可以降低运营成本，从而为客户提供更有竞争力的存贷款价格并收取更低的服务手续费。

12. 第三方支付机构的客户备付金可以用于垫付基金的资金赎回。(　　)

【解析】从事基金销售支付结算业务的非银行支付机构应当严格按照《支付机构客户备付金存管办法》有关要求存放、使用、划转客户备付金，不得将客户备付金用于基金赎回垫支。

13. 商业银行申请开办创新业务，监管部门应自受理之日起 1 个月内作出批准或不批准的书面决定。(　　)

【解析】商业银行申请开办创新业务，应该按照监管职责划分，向所在地的监管机构提出申请，监管机构在自受理之日起 3 个月内作出批准或不批准的书面决定。

6B　7A　8B　9A　10B　11B　12B　13B

第二十三章　银行业消费者权益保护

一、**单项选择题**(以下各小题所给出的4个选项中，只有1项最符合题目要求，请将正确选项的代码填入括号内)

1. 每年9月，由银行业监督管理机构组织发起，各银行金融机构共同参与的“金融知识进万家”银行业金融知识普及月活动，体现了对金融消费者(　　)的尊重和保障。[2023年10月真题]

A. 受尊重权　　B. 受教育权　　C. 公平交易权　　D. 知情权

【解析】《国务院办公厅关于加强金融消费者权益保护工作的指导意见》规定，保障金融消费者受教育权。金融机构应当进一步强化金融消费者教育，积极组织或参与金融知识普及活动，开展广泛、持续的日常性金融消费者教育，帮助金融消费者提高对金融产品和服务的认知能力及自我保护能力，提升金融消费者金融素养和诚实守信意识。银行业消费者的受教育权可以分为两类：银行消费知识的教育权和消费者权益保护知识的教育权。前者指消费者有权接受关于银行产品的种类、特征等有关知识的教育，后者指消费者有权接受权益受到侵害时如何维权等知识的教育。

2. 关于外汇储蓄账户存取款业务的说法，不正确的是(　　)。[2023年10月真题]

A. 向外汇储蓄账户存入外币现钞，当日累计等值5000美元以下(含)的，可以在银行直接办理

B. 向外汇储蓄账户存入外币现钞，当日累计超过5000美元的，存款人应凭本人有效身份证件、存款用途证明在银行办理

C. 从外汇储蓄账户中提取现钞，当日累计超过1万美元的，取款人应凭本人有效身份证件、提钞用途证明等材料向银行所在地外汇局事前报备

D. 从外汇储蓄账户中提取现钞，当日累计等值1万美元以下(含)的，可以在银行直接办理

【解析】消费者向外汇储蓄账户存入外币现钞，当日累计等值5000美元以下(含)的，可以在银行直接办理；超过上述金额的，凭本人有效身份证件、经海关签章的《中华人民共和国海关进境旅客行李物品申报单》或本人原存款银行外币现钞提取单据在银行办理。银行应在相关单据上标注存款银行名称、存款金额及存款日期。

3. 银行业金融机构应承担(　　)的责任，即积极开展金融知识普及活动，引导和培育社会公众的金融意识和风险意识，为提高社会公众财产性收入贡献力量。[2023年10月真题]

A. 加强员工培训　　B. 信用体系建设

C. 为社区提供金融服务便利　　D. 消费者教育

【解析】银行应积极履行保护消费者权益的社会责任，主动承担消费者教育工作，有效引导和培育消费者的金融意识和风险意识，公平对待消费者，加强消费者投诉管理，为消费者提供优质的文明规范服务，共同维护良好的市场秩序，推动银行业健康发展，促进

1B　2B　3D

社会和谐进步。

4. 银行业金融机构负责监管、评价消费者权益保护工作的全面、及时性、有效性并承担银行业消费者权益保护工作的最终责任的是(　　)。[2023 年 6 月真题]

A. 董事会　　B. 高管层　　C. 监事会　　D. 股东会

【解析】董事会承担银行业消费者权益保护工作的最终责任，是消费者权益保护工作的最高决策机构，负责制定消费者权益保护工作战略、政策及目标。董事会将消费者权益保护工作开展情况纳入公司治理评价，督促消费者权益保护战略、政策及目标的有效执行和落实，对高级管理层履行消费者权益保护职责情况进行监督，对年度消费者权益保护工作计划、开展情况、重大事项、信息披露等进行审议，形成决议。

5. 下列关于金融消费说法错误的是(　　)。

A. 金融消费具有无形性

B. 金融产品和服务主要体现为信息的组合

C. 金融消费者对金融产品和服务的消费行为只引起当期损益

D. 金融产品与服务消费过程更多表现为信息的汇集和传递

【解析】金融消费者对金融产品和服务的消费行为不仅引起当期损益，还会影响未来的收入或支出，并可能通过金融行业在国民经济中的特殊地位和作用，传导至整个经济体系，因此金融消费更具风险性。

6. 商业银行不可以通过(　　)销售理财产品。[2021 年 6 月真题]

A. 互联网平台公司　　B. 本行的电子银行

C. 其他商业银行　　D. 农村信用合作社

【解析】商业银行只能通过本行渠道(含营业网点和电子渠道)销售理财产品，或者通过其他商业银行、农村合作银行、村镇银行、农村信用合作社等吸收公众存款的银行业金融机构代理销售理财产品。

7. 普惠金融是指立足(　　)，以可负担的成本为有金融服务需求的社会各阶层和群体提供适当、有效的金融服务。[2023 年 10 月真题]

A. 经济发展要求和扶贫济困原则　　B. 发展方式转变要求和可持续发展原则

C. 机会平等要求和商业可持续原则　　D. 信息披露要求和审慎经营原则

【解析】普惠金融是指立足机会平等要求和商业可持续原则，以可负担的成本为有金融服务需求的社会各阶层和群体提供适当、有效的金融服务。小微企业、农民、城镇低收入人群和残疾人、老年人等特殊群体是当前我国普惠金融重点服务对象。

8. (　　)是实施银行业消费者权益保护的工作主体。[2022 年 7 月真题]

A. 银行业金融机构　　B. 银行消费者

C. 银行业监管部门　　D. 地方金融管理部门

【解析】银行作为实施银行业消费者权益保护的工作主体，应当遵循依法合规和内部自律原则，构建落实银行业消费者权益保护工作的体制机制，履行保护银行业消费者合法权益的义务。

4A　5C　6A　7C　8A

9. 根据《银行业消费者权益保护工作指引》的规定，银行接到大规模投诉，或者投诉事项重大，涉及众多消费者利益，可能引发群体性事件的，应当及时向(　　)报告。[2023 年 10 月真题]

A. 银行业协会　　B. 消费者保护协会

C. 金融消费者纠纷调解中心　　D. 银行业监管机构

【解析】银行接到大规模投诉，或者投诉事项重大，涉及众多消费者利益，可能引发群体性事件的，应当及时向银行业监督管理机构或其派出机构报告。

10. 下列关于银行业金融机构消费者权益制度建设，说法不正确的是(　　)。

A. 董事会负责制定消费者权益保护工作的战略、政策及目标

B. 高级管理层应确保消费者权益保护战略目标和政策得到有效执行，制定、审查本机构消费者权益保护各项基本制度规定，建立完善的消费者权益保护制度体系

C. 高管层定期向董事会及委员会报告消费者权益保护工作开展情况

D. 高管层应设立消费者权益保护委员会

【解析】D 项，董事会应设立消费者权益保护委员会。

11. 对向消费者推荐的产品要充分履行揭示和告知义务符合(　　)。

A. 买者有责原则　　B. 卖者有责原则

C. 诚实守信原则　　D. 公平公正原则

【解析】自觉遵守“卖者有责”的原则，对所推荐产品涉及的风险，充分履行揭示和告知的义务，明确区分其代理销售的产品和自行研发的产品。

12. 关于储蓄消费者权益说法不正确的是(　　)。

A. 消费者所在工作单位可以为消费者指定开户银行

B. 消费者可以通过营业网点、ATM、电子银行、客服热线等，查询本人储蓄账户变动情况

C. 储蓄业务遵循“存款自愿、取款自由、存款有息、为存款人保密”的原则

D. 消费者在开立定期存款账户时，可要求银行为其办理到期约定转存业务

【解析】消费者有权选择任一银行营业网点开立个人银行账户。未经本人同意，任何单位和个人不得为消费者指定开户银行。

13. 定活两便储蓄存款存期不限，存期不满______的，按支取日活期利率计息；存期超过一年(含)的，无论存期多长，一律按支取日定期整存整取______存款利率打六折计息。(　　)

A. 三个月；同档次　　B. 六个月；同档次

C. 三个月；一年期　　D. 六个月；一年期

【解析】定活两便储蓄存款存期不限，存期不满三个月的，按支取日活期利率计息；存期三个月(含)以上、一年以内的，按支取日同档次整存整取利率打六折计息；存期超过一年(含)的，无论存期多长，一律按支取日定期整存整取一年期存款利率打六折计息。

9D　10D　11B　12A　13C

14. 下列关于支付结算业务，说法错误的是(　　)。

A. 银行汇票办理结算，汇票实际结算金额有误，更改后即可办理

B. 未填明实际结算金额和多余金额或实际结算金额超过出票金额的，银行不予受理

C. 个人持出票人为单位的支票向开户银行委托收款将款项转入其个人银行结算账户的，应出具相关收款依据

D. 支票超过提示付款期限提示付款的，持票人开户银行不予受理，付款人不予付款

【解析】A 项，银行汇票办理结算，实际结算金额不得更改，更改实际结算金额的银行汇票无效。

15. 下列关于个人贷款消费者权益说法不正确的是(　　)。

A. 消费者有权选择贷款银行、贷款产品，有权自主决定是否贷款

B. 消费者有权按借款合同约定，提前偿还借款合同项下全部或部分借款

C. 银行可以预先在本金中扣除利息

D. 消费者有权要求银行告知本人所申请贷款的处理进度

【解析】C 项，银行不得预先在本金中扣除利息。利息预先在本金中扣除的，按实际借款数额返还借款并计算利息。

16. 关于个人贷款，下列说法错误的是(　　)。

A. 银行在贷款受理时，告知客户的贷款金额、贷款期限、贷款利率、放款时间等信息属于借款合同的组成部分

B. 银行应对借款进行支付管理，并在适用受托支付情形时，将借款合同项下借款直接支付给借款人的交易对象

C. 银行应提醒消费者量力而行，根据自己的还款能力及未来收入预期确定申请额度及还款方式，每月还款金额以不超过家庭收入的 50% 为宜

D. 因借款人提供的支付信息不准确、不完整导致贷款资金支付失败或支付延误，由此造成借款人对交易对手违约或者形成其他损失的，贷款人不承担责任

【解析】A 项，银行在受理贷款申请时，向客户告知的贷款金额、贷款期限、贷款利率、放款时间等信息仅供咨询、参考之用，不构成银行对客户的承诺，不属于客户与银行的借款合同的组成部分。

17. 下列关于银行可作出的风险提示，说法错误的是(　　)。

A. 消费者使用手机银行后应及时安全退出手机银行，且确保手机不被他人擅自使用

B. 消费者注意清除使用电话银行后手机或电话留下的使用痕迹。避免被他人窃取电话银行登录密码、银行账号及密码等信息

C. 消费者根据自身实际需要通过网点或网上银行对手机银行交易限额进行控制，但电话银行无法实现限额控制

D. 消费者尽可能选择绑定电话(手机)号码对外转账的模式

【解析】C 项，消费者可以通过营业网点或网上银行为电话银行和手机银行的所有账户的转账交易设置单笔交易限额和每日累计限额，确保账户支付在一定额度之内。

14A　15C　16A　17C

18. 下列关于银行业金融机构加强和完善消费者权益保护信息披露机制的说法错误的是(　　)。

A. 董事会对消费者权益保护信息披露承担最终责任

B. 消费者权益保护委员会负责对消费者权益保护工作重大信息披露进行指导，高级管理层负责对重大信息披露进行审核和发布

C. 银行业金融机构消费者权益保护信息披露应使用通俗易懂的语言，遵循真实性、准确性、完整性和及时性原则

D. 重大信息披露应至少以两年为一个披露周期，优先通过年报、社会责任报告等方式进行

【解析】消费者权益保护工作重大信息包括但不限于银行业金融机构消费者权益保护工作重要政策、重大举措、重点事项、重要事件等消费者权益保护工作有关的信息。重大信息披露应至少以一年为一个披露周期，优先通过年报、社会责任报告等方式进行。

19. 银行从业人员处理客户投诉时，下列行为正确的是(　　)。

A. 若在机构规定的投诉反馈期限内无法提出处理意见，只能搁置

B. 对非因我而起的投诉无需理会

C. 应当耐心听取客户投诉，事后若经过调查发现客户投诉不当则不必再答复客户

D. 应当将处理的进展和结果适时地反馈给客户

【解析】商业银行在处理一般性客户投诉时应遵循以下原则：①积极主动原则，做到即便投诉不是因我而起，也要坚持“投诉到我为止”的负责态度；②客观公正原则，坚持公平公正的态度，客观理性地看待客户投诉，避免情绪冲动导致投诉升级；③专业原则，以专业的态度、标准化的流程进行投诉处理，体现专业精神；④效率原则，力争第一时间快速有效地解决问题，切忌拖沓处理，避免投诉升级，对于第一时间不能给出处理结果的投诉，要告知客户明确的回复时间，并适时向客户通报处理进程，杜绝二次投诉；⑤合规谨慎原则，投诉处理中，应严格遵守业务规程，尊重并保护客户隐私，谨慎作出答复和处理意见，强化风险防范以及合规经营意识。

20. 关于消费者投诉，下列说法错误的是(　　)。

A. 按照投诉的影响程度，分为一般性投诉与重大投诉

B. 银行应为客户投诉提供必要的便利，在各营业网点和官方网站的醒目位置公布电话、网络、信函等投诉处理渠道

C. 明确人员权限划分，使全员“知其职、尽其责”，构建无缝连接的快速处理通道

D. 投诉处理情况复杂或有特殊原因的，可以适当延长处理时限，无需告知客户

【解析】投诉处理应当高效快速，情况复杂或有特殊原因的，可以适当延长处理时限，并应以短信、邮件、信函等方式告知客户延长时限及理由。

21. 银行业金融机构的企业社会责任不包括(　　)。

A. 道德责任　　B. 经济责任　　C. 社会责任　　D. 环境责任

【解析】《中国银行业金融机构企业社会责任指引》从经济责任、社会责任、环境责任三个方面对银行业金融机构应该履行的企业社会责任进行了阐述。

18D　19D　20D　21A

22. 健全普惠金融多元化广覆盖的机构体系，要强化(　　)政策性功能定位，加大农业农村基础设施建设的贷款力度。

A. 大型银行　　B. 农业银行　　C. 农业发展银行　　D. 邮政储蓄银行

【解析】强化农业发展银行政策性功能定位，加大对农业开发和水利等农业农村基础设施建设的贷款力度。

23. 下列关于普惠金融说法错误的是(　　)。

A. 广泛利用电视广播、书刊杂志、数字媒体等渠道，多层面、广角度长期有效地普及金融基础知识

B. 针对城镇低收入人群、困难人群，以及农村贫困人口、创业农民、创业大中专学生、残疾劳动者等初始创业者开展专项教育活动

C. 促进公众强化金融风险防范意识，树立"收益自享、风险共担"观念

D. 推动部分大中小学积极开展金融知识普及教育，鼓励有条件的高校开设金融基础知识相关公共课

【解析】运用各种新闻信息媒介开展金融风险宣传教育，促进公众强化金融风险防范意识，树立"收益自享、风险自担"观念。

二、多项选择题(以下各小题给出的5个选项中，至少有2项符合题目要求，请将符合题目要求选项的代码填入括号内)

1. 银行业金融机构董事会应当设立消费者权益保护委员会，所承担责任不包括(　　)。

A. 对董事会负责，向董事会提交消费者权益保护工作报告及年度报告，根据董事会授权开展相关工作

B. 将消费者权益保护工作开展情况纳入公司治理评价，督促消费者权益保护战略、政策及目标的有效执行和落实

C. 指导和督促消费者权益保护工作管理制度体系的建立和完善，确保相关制度规定与公司治理、企业文化建设和经营发展战略相适应

D. 对高级管理层履行消费者权益保护职责情况进行监督，对年度消费者权益保护工作计划、开展情况、重大事项、信息披露等进行审议，形成决议

E. 对高级管理层和消费者权益保护部门工作的全面性、及时性、有效性进行监督

【解析】董事会应设立消费者权益保护委员会。银行保险机构应在董事会下设消费者权益保护委员会，可采取合并设立等方式。委员会承担以下职责：①对董事会负责，向董事会提交消费者权益保护工作报告及年度报告，根据董事会授权开展相关工作。②指导和督促消费者权益保护工作管理制度体系的建立和完善，确保相关制度规定与公司治理、企业文化建设和经营发展战略相适应。③对高级管理层和消费者权益保护部门工作的全面性、及时性、有效性进行监督。④定期召开消费者权益保护工作会议，审议高级管理层及消费者权益保护部门工作报告。⑤督促高级管理层及相关部门及时落实整改发现的各项问题。BD两项属于董事会承担的责任。

2. 根据国务院《关于加强金融消费者权益保护工作的指导意见》，金融机构应当充分尊重并自觉保障金融消费者的(　　)等基本权利，依法、合规开展经营活动。[2017年6月真题]

22C　23C　❙　1BD　2ABCDE

A. 安全权　　B. 知情权　　C. 自主选择权　　D. 依法求偿权
E. 受教育权

【解析】金融机构应当遵循平等自愿、诚实守信等原则，充分尊重并自觉保障金融消费者的安全权、知情权、自主选择权、公平交易权、依法求偿权、受教育权、受尊重权、信息安全权等基本权利，依法、合规开展经营活动。

3. 当前我国普惠金融重点服务对象包括(　　)。[2023 年 10 月真题]
A. 中小企业　　B. 农民
C. 城镇低收入人群　　D. 城市白领
E. 个人工商户

【解析】普惠金融是指立足机会平等要求和商业可持续原则，以可负担的成本为有金融服务需求的社会各阶层和群体提供适当、有效的金融服务。小微企业、农民、城镇低收入人群和残疾人、老年人等特殊群体是当前我国普惠金融重点服务对象。

4. 银行业金融机构应当履行告知义务，不得在营销产品和服务过程中以任何方式隐瞒风险、夸大收益，或者进行强制性交易，这是对银行业消费者______和______的保障。(　　)[2023 年 6 月真题]
A. 知情权　　B. 受尊重权　　C. 自主选择权　　D. 公平交易权
E. 信息安全权

【解析】银行业消费者的主要权利有：①安全权。②信息安全权；③知情权；④自主选择权；⑤公平交易权；⑥依法求偿权；⑦受教育权；⑧受尊重权。其中，知情权指金融机构应当以通俗易懂的语言，及时、真实、准确、全面地向金融消费者披露可能影响其决策的信息，充分提示风险，不得发布夸大产品收益、掩饰产品风险等欺诈信息，不得作虚假或引人误解的宣传；自主选择权指金融机构应当在法律法规和监管规定允许范围内，充分尊重金融消费者意愿，由消费者自主选择、自行决定是否购买金融产品或接受金融服务，不得强买强卖，不得违背金融消费者意愿搭售产品和服务，不得附加其他不合理条件，不得采用引人误解的手段诱使金融消费者购买其他产品。因此答案选 AC。
B 项，受尊重权指金融机构应当尊重金融消费者的人格尊严和民族风俗习惯，不得因金融消费者性别、年龄、种族、民族或国籍等不同进行歧视性差别对待。D 项，公平交易权指金融机构不得设置违反公平原则的交易条件，在格式合同中不得加重金融消费者责任、限制或者排除金融消费者合法权利，不得限制金融消费者寻求法律救济途径，不得减轻、免除本机构损害金融消费者合法权益应当承担的民事责任。E 项，信息安全权指金融机构应当采取有效措施加强对第三方合作机构的管理，明确双方权利义务关系，严格防控金融消费者信息泄露风险，保障金融消费者信息安全。

5. 银行业消费者的主要权利包括(　　)。
A. 安全权　　B. 信息安全权　　C. 知情权　　D. 自主选择权
E. 公平交易权

【解析】银行业消费者的主要权利除了 ABCDE 五项之外还包括：①依法求偿权；②受教育权；③受尊重权。

3BC　4AC　5ABCDE

6. 银行的下列做法正确的是(　　)。
A. 银行向消费者提供产品和服务，应当出具相关凭证和单据
B. 银行拒绝消费者的相关申请后，未向消费者答复
C. 银行采取有效措施防止信息泄露，保护消费者信息安全
D. 银行指派专门机构负责投诉处理工作，并在规定时限内告知消费者投诉处理结果
E. 银行以明确的格式、内容向消费者充分揭示了银行产品的相关信息及风险

【解析】B 项，银行对消费者购买银行产品或者接受银行服务的申请，应当在规定时间内办理；拒绝消费者有关申请的，应当及时告知消费者，并向其说明理由。

7. 为更好地保障消费者权益，下列做法中正确的有(　　)。
A. 银行业金融机构应当在营业网点和门户网站醒目位置公布投诉方式和投诉流程
B. 在产品和服务推介过程中主动向银行业消费者真实说明产品和服务的性质、收费情况、合同主要条款
C. 开展银行业金融知识宣传教育活动，通过提升公众的金融意识和金融素质，主动预防和化解潜在矛盾
D. 银行业金融机构应当做好投诉登记工作，并通过有效方式告知投诉者受理情况、处理时限和联系方式
E. 主动监测并处理涉及银行业消费者权益保护问题的重大负面舆情和突发事件，并及时报告银行业监督管理机构

【解析】银行业金融机构应当加强银行业消费者权益保护工作的体制机制建设，上述五项均符合消费者权益保护的机制建设要求。

8. 下列哪些属于银行业消费者权益保护管理要点？(　　)
A. 为消费者提供规范服务
B. 履行信息披露要求
C. 做好消费者信息管理
D. 开展消费者金融知识教育
E. 完善消费者投诉管理

【解析】银行业消费者权益保护管理要点除了 ABCDE 五项之外还包括：加强员工日常行为的管理教育。

9. 下列哪些措施有助于完善消费者投诉管理？(　　)
A. 建立消费者投诉处理的闭环管理机制
B. 公示消费者投诉的具体途径和方法，认真受理投诉和建议
C. 以提高银行整体的工作效率为目标，定期处理消费者投诉情况
D. 制定消费者投诉与产品设计的信息反馈机制，提高产品创新能力，减少因产品本身原因导致的消费者投诉
E. 制定消费者投诉受理程序和时限，妥善处理消费者投诉，提高投诉处理满意度

【解析】C 项，应树立以客户为中心的服务理念，制定和完善消费者投诉制度，确保消费者投诉妥善处理。

10. 办理储蓄业务，应当遵循的原则有(　　)。

6ACDE　7ABCDE　8ABCDE　9ABDE　10ABCD

A. 存款自愿　　B. 存款有息　　C. 取款自由　　D. 为存款人保密

E. 整存整取

【解析】储蓄存款指自然人在银行开立账户存入资金或货币，由银行出具存款凭证，记载一定期限、利率并按期给付利息的存款。《商业银行法》明确，商业银行办理个人储蓄存款业务，应当遵循"存款自愿、取款自由、存款有息、为存款人保密"的原则。

11. 关于银行外汇业务，下列说法正确的有(　　)。

A. 消费者向外汇储蓄账户存入外币现钞，当日累计等值 5000 美元以下(含)的，可以在银行直接办理

B. 消费者当日凭本人有效身份证件、经海关签章的中华人民共和国海关进境旅客行李物品申报单或本人原存款银行外币现钞提取单据可存入外币现钞 6000 美元

C. 消费者当日可以由外汇储蓄账户向外汇结算账户划款后并结汇

D. 消费者提取外币现钞当日累计等值 1 万美元以下(含)的，可以在银行直接办理

E. 消费者可以凭有效身份证件办理个人外汇储蓄账户资金境内划转及本人账户间的资金划转

【解析】C 项，消费者的本人外汇结算账户与外汇储蓄账户间资金可以划转，但外汇储蓄账户向外汇结算账户的划款限于划款当日的对外支付，不得划转后结汇。

12. 消费者当日提取外币现钞 15000 美金，需提供材料的有(　　)。

A. 本人有效身份证件

B. 经外汇局签章的《提取外币现钞备案表》

C. 中华人民共和国海关进境旅客行李物品申报单

D. 外币现钞提取单据

E. 提钞用途证明

【解析】消费者提取外币现钞当日累计等值 1 万美元以上的，凭本人有效身份证件、提钞用途证明等材料向银行所在地外汇局事前报备。银行凭消费者有效身份证件和经外汇局签章的《提取外币现钞备案表》为其办理提取外币现钞手续。

13. 在储蓄业务中，下列关于银行给消费者的风险提示说法正确的有(　　)。

A. 定活两便储蓄存款、个人通知存款计结息较特殊，有必要向客户特别提示

B. 因密码泄露或账户凭证保管不当造成的损失，银行负有部分责任

C. 存款凭条应由消费者本人填写并签字，避免发生纠纷，银行从业人员不得代填

D. 按照国家《储蓄管理条例》的规定，定期储蓄过期利息按活期利率计算

E. 对填错作废的凭条，客户应予以保留

【解析】B 项，因密码泄露或账户凭证保管不当造成的损失，由消费者自行负责；E 项，对填错作废的凭条，应及时销毁，不要随意丢弃。

14. 在支付结算业务中，下列关于消费者的主要权利说法正确的有(　　)。

A. 消费者通过银行办理支付结算，必须开立存款账户

B. 消费者(汇款人)对汇出银行已经汇出的款项可以申请退汇

11ABDE　12AB　13ACD　14BCDE

C. 消费者(汇款人)对汇出银行尚未汇出的款项可以申请撤销，申请撤销时，应出具正式函件或本人身份证件及原信、电汇回单。汇出银行查明确未汇出款项的，收回原信、电汇回单，方可办理撤销

D. 对在汇入银行开立存款账户的收款人，由汇款人与收款人自行联系退汇

E. 对未在汇入银行开立存款账户的收款人，由汇出银行通知汇入银行，经汇入银行核实汇款确未支付，并将款项汇回汇出银行，方可办理退汇

【解析】A 项，没有开立存款账户的消费者，向银行交付款项后，也可以通过银行办理支付结算。

15. 下列关于支付结算业务说法正确的有(　　)。

A. 以背书转让的票据，背书应当连续，持票人以背书的连续，证明其票据权利

B. 消费者收到汇款回单，即可确认汇款已转入收款人账户

C. 未填明“现金”字样和代理付款人的银行汇票丢失后，应立即挂失止付

D. 银行汇票、银行本票超过付款期限提示付款的，代理付款人不予受理

E. 银行汇票、银行本票的持票人、支票的持票人超过规定期限提示付款的，丧失对出票人以外的前手的追索权

【解析】B 项，汇款回单只能作为汇出银行受理汇款的依据，不能作为汇款已转入收款人账户的证明，收账通知是银行将款项确已收入收款人账户的凭据；C 项，未填明“现金”字样和代理付款人的银行汇票以及未填明“现金”字样的银行本票丧失，不得挂失止付。

16. 发卡银行应尽的义务包括(　　)。

A. 发卡银行应为借记卡提供支付密码等安全保障手段，为信用卡消费交易提供凭密码和凭签名两种安全保障手段，保护消费者支付安全

B. 未经消费者授权，不得将相关交易信息用于本机构银行卡业务以外的其他用途

C. 应按照与消费者约定的方式提供对账服务，并及时就即将到期的信用卡透支金额、还款日期等信息提醒消费者

D. 银行卡章程或领用协议变更时，发卡银行有义务按照国家规定提前进行公告

E. 对消费者未按期足额归还的透支款项，应对消费者家属进行催收

【解析】对消费者未按期足额归还的透支款项，发卡银行仅应对消费者本人及其担保人进行债务催收，不得对与债务无关的第三人进行催收，不得采用暴力、胁迫、恐吓、辱骂等方式进行催收。

17. 下列哪些风险提示可以更好地保障消费者权益？(　　)

A. 提供个人身份证件复印件申办信用卡时，在复印件上注明“仅供申办××信用卡用”，以防止身份证件复印件被人冒用申领信用卡后诈骗

B. 刷卡进入自助银行的门禁无须输入密码，如遇要求输入密码时，应及时报警

C. 不要将卡片与手机、磁卡、钥匙等物品放在一起，以免损坏磁条而影响消费者的正常使用

D. 建议消费者在信用卡凭密码消费和凭签名消费两种交易确认方式中，优先选择凭密

15ADE　16ABCD　17ABCDE

码消费方式

E. 任何情况下，银行职员或警方都不会要求消费者提供银行卡密码或向来历不明的账户转款

【解析】ABCDE 五项均为银行可对消费者做出的风险提示，提醒消费者在办理业务时谨慎处理，以防上当受骗。

18. 下列关于电子银行业务说法正确的有(　　)。

A. 办理支付结算业务时，因工作差错发生延误，影响消费者资金使用的，应当按照中国人民银行《支付结算办法》等有关规定计付赔偿金

B. 通过电子银行渠道办理相关交易的，消费者无法获得交易明细

C. 对涉及收费的电子银行业务，在最终提交银行业务处理系统前，相关收费标准或具体收费金额能够得到适当方式的明确提示，以便消费者自主决定是否继续操作该项业务

D. 因消费者账户可用余额或信用额度不足，致使银行未及时准确地执行消费者发送的有效电子交易指令，银行不承担责任

E. 对涉及收费的电子银行服务，应通过适当方式明确提示消费者相关收费标准或具体收费金额，以保证消费者的选择权

【解析】B 项，通过电子银行渠道办理相关交易后，消费者可以在规定的时限内到银行营业网点补登存折或补打交易明细。

19. 下列关于银行作出的风险提示，说法正确的有(　　)。

A. 提示消费者牢记本行门户网站的网址，选择安全登录方式

B. 提示消费者不打开来历不明的程序、链接、邮件，不在网吧等公共场所使用网上银行

C. 消费者如果忘记门户网站地址，可通过其他网站提供的链接间接登录

D. 银行不会也不能向消费者索要密码，不会也不得通过任何形式要求消费者转出账户资金

E. 网上银行结束交易后，应通过点击网银页面设有的专用“安全退出”按钮退出网银系统，然后关闭浏览器(即关闭所有已打开的网页)

【解析】C 项，登录网上银行时，严禁通过其他网站或邮件提供的链接方式间接登录，防止不法分子仿造银行网站骗取消费者的卡号、密码等账户信息。

20. 消费者在使用自助设备时应注意(　　)。

A. 确认银行客户服务专用热线号码，切勿拨打粘贴在自助设备周围除银行客服电话外的其他任何联系电话

B. 消费者如果发现自助设备工作不正常，应立即取消交易并退卡

C. 若自助设备吞卡、交易金额有误或未吐钞，应及时联系银行营业网点人员或拨打客户服务电话

D. 如有门禁系统需刷卡，留意门禁是否有改装痕迹。办理业务前，查看自助设备插卡口、出钞口、键盘及机器其他部位是否加装多余装置或摄像头

E. 选择打印交易单据后，妥善保管或及时销毁，切勿随意丢弃，以防银行卡信息泄露

18ACDE　19ABDE　20ABCDE

【解析】除上述五项外，消费者在使用自助设备时还要留心周围是否有可疑人员，发现可疑现象立即向银行反映。

21. 银行业消费者一般性投诉处理的基本原则包括(　　)。

A. 专业原则　B. 合规谨慎原则　C. 客观公正原则　D. 以人为本原则

E. 不卑不亢原则

【解析】一般性投诉处理的基本原则有：①积极主动原则；②客观公正原则；③专业原则；④效率原则；⑤合规谨慎原则。

22. 银行业监督管理机构应从下列哪些方面引导银行积极开展助学贷款业务？(　　)

A. 加大贷款支持力度　B. 提高业务办理效率

C. 完善服务配套措施　D. 将审批权力下放

E. 扩大服务覆盖面

【解析】银行业监督管理机构应当从以下方面积极引导和推动银行业开展助学贷款业务，促进助学贷款可持续性发展：①加大贷款支持力度；②扩大服务覆盖面；③提高业务办理效率；④完善服务配套措施。

23. 银行业金融机构应从哪些方面履行社会责任？(　　)

A. 促进助学贷款可持续性发展　B. 做好重大活动、重要节假日金融服务

C. 支持抗灾救灾和灾区重建　D. 支持公益事业发展

E. 支持贫困地区发展

【解析】银行业金融机构应树立正确的价值观念和经营理念，建设具有社会责任感的企业文化，积极投身公益事业，优化资源配置，支持社会、经济和环境的可持续发展。除上述五项之外，还应当在疫情期间支持企业复工复产。

24. 普惠金融的基本原则包括(　　)。

A. 健全机制、持续发展　B. 机会平等、惠及民生

C. 市场主导、政府引导　D. 防范风险、推进创新

E. 统筹规划、因地制宜

25. 为健全多元化广覆盖的机构体系，促进普惠金融的深化发展，下列措施正确的有(　　)。

A. 鼓励各类银行小微企业专营机构和机制建设

B. 继续完善农业银行“三农金融事业部”管理体制和运行机制

C. 强化农业发展银行商业功能定位，加大对盈利性农副产业的贷款力度

D. 鼓励全国性股份制商业银行、城市商业银行和民营银行扎根基层、服务社区

E. 推动省联社加快职能转换，提高农村商业银行、农村合作银行、农村信用联社服务小微企业和“三农”的能力

【解析】C项，应当强化农业发展银行政策性功能定位，加大对农业开发和水利等农业农村基础设施建设的贷款力度。

21ABC　22ABCE　23ABCDE　24ABCDE　25ABDE

26. 下列哪些属于创新金融产品和服务手段的具体内容？（　　）

A. 推广创新针对小微企业、高校毕业生、农户、特殊群体以及精准扶贫对象的小额贷款

B. 为残疾人和老年人等特殊群体提供无障碍金融服务

C. 开发适合残疾人特点的金融产品

D. 鼓励银行业金融机构成立互联网金融专营事业部或独立法人机构

E. 推广保险移动展业，提高特殊群体金融服务可得性

【解析】除上述五项外，鼓励金融机构运用大数据、云计算、区块链、分布式等新兴信息技术与传统金融加速融合，打造互联网金融服务平台；鼓励和规范网络支付机构服务电子商务发展，为社会提供小额、快捷、便民支付服务，提升支付效率等都有助于创新金融产品和服务手段。

27. 下列属于推进金融基础设施建设的措施有（　　）。

A. 支持有关银行机构在乡村布放 POS 机、自动柜员机等各类机具，进一步向乡村延伸银行卡受理网络

B. 开展动产质押贷款业务，建立以互联网为基础的集中统一的自助式动产、权利抵（质）押登记平台

C. 鼓励银行机构和非银行支付机构面向农村地区提供安全、可靠的网上支付、手机支付等服务，拓展银行卡助农取款服务广度和深度

D. 支持农村金融服务机构和网点采取灵活、便捷的方式接入人民银行支付系统或其他专业化支付清算系统

E. 鼓励银行业金融机构成立互联网金融专营事业部或独立法人机构

【解析】BE 两项属于创新金融产品与服务手段的措施。

三、判断题（判断以下各小题的对错，正确的用 A 表示，错误的用 B 表示）

1. 商业银行应遵守法律法规的要求及与客户的约定，履行必要的保密义务，不能向客户透漏任何相关产品信息。（　　）［2017 年 6 月真题］

【解析】消费者有权要求银行及其工作人员按约定方式使用在个贷业务办理过程中获取的客户个人信息，并承担保密义务（法律法规及其他规范性文件要求提供的除外）。消费者有权要求银行在贷款申请阶段准确、全面地告知个贷产品的贷款条件、贷款期限、贷款利率、利率调整、还款方式、担保方式等贷款要素相关信息。

2. 银行业金融机构董事会负责确保消费者权益保护战略目标和政策得到有效执行，制定、审查本机构消费者权益保护各项基本制度规定，建立完善的消费者权益保护制度体系。（　　）

【解析】高级管理层应确保消费者权益保护战略目标和政策得到有效执行，制定、审查本机构消费者权益保护各项基本制度规定，建立完善的消费者权益保护制度体系。指导本机构建立目标清晰、架构合理、保障充分、执行有效的消费者权益保护管理体系，明确各分支机构及相关部门在消费者权益保护工作中的职责。

26ABCDE　27ACD　▎　1B　2B

3. 美国对金融消费者的定义包括个人及其代理人。(　　)

【解析】美国《金融服务现代化法案》将金融消费者定义为：为自身、家庭成员或以家庭事务为目的而从金融机构获得金融产品和服务的个人。《多德－弗兰克华尔街改革与消费者保护法案》将代表消费者的人也包括在内，认为金融消费者是指个人或代表个人行事的代理人、委托人或代表人。

4. 约定取款日期的储蓄存款业务，消费者必须按照与银行约定的日期取款，逾期支取的，银行有权拒绝。(　　)

【解析】消费者可以按照与银行约定的日期取款，也可以不按照约定的日期取款，只要手续符合规定，银行就应当及时支付本金和相应的利息，不得以任何理由拒绝消费者提取存款。

5. 消费者凭学生身份证明一次支取教育储蓄存款本金和利息时，可以享受利率优惠，但要承担教育储蓄存款利息所得税。(　　)

【解析】消费者凭学校提供的正在接受非义务教育的学生身份证明一次支取教育储蓄存款本金和利息时，可以享受利率优惠，并免征教育储蓄存款利息所得税。

6. 在外汇储蓄账户中，个人与其直系亲属账户间的资金可以相互划转。(　　)

【解析】消费者可以凭有效身份证件办理个人外汇储蓄账户资金境内划转及本人账户间的资金划转；消费者可以办理本人与其直系亲属账户间的资金划转，凭双方有效身份证件、直系亲属关系证明即可。

7. 消费者自己的存单、存折、银行卡等如有遗失，只能到银行进行现场挂失。(　　)

【解析】在特殊情况下，消费者可以用口头或者函电形式申请挂失，但应在规定期限内补办书面申请挂失手续。

8. 消费者向外汇储蓄账户存入外币现钞5000美元，可以在银行直接办理。(　　)

【解析】消费者向外汇储蓄账户存入外币现钞，当日累计等值5000美元以下(含)的，可以在银行直接办理。

9. 消费者一笔存期六个月的定活两便储蓄存款，按支取日一年期整存整取利率打六折计息。(　　)

【解析】定活两便储蓄存款存期三个月(含)以上、一年以内的，按支取日同档次整存整取利率打六折计息；存期超过一年(含)的，无论存期多长，一律按支取日定期整存整取一年期存款利率打六折计息。

10. 个人通知存款已办理通知手续而提前支取或逾期支取的，支取部分按活期存款利率计息。(　　)

【解析】已办理通知手续而提前支取或逾期支取的，支取部分按活期存款利率计息；支取金额不足或超过约定金额的，不足或超过部分按活期存款利率计息；支取金额不足最低支取金额的，按活期存款利率计息。

3A　4B　5B　6A　7B　8A　9B　10A

11. 持申请人为单位的银行汇票向开户银行提示付款，将款项转入其个人银行结算账户的，应出具相关收款依据。(　　)

【解析】持申请人为单位的银行汇票和银行本票向开户银行提示付款，将款项转入其个人银行结算账户的，应出具相关收款依据。未提供相关依据或相关依据不符合规定的，银行有权拒绝办理。

12. 未经消费者激活的信用卡，消费者有权拒付发卡银行就该卡收取的任何费用。(　　)

【解析】未经消费者激活的信用卡，消费者有权拒付发卡银行就该卡收取的任何费用。在特殊情况下，持卡人以书面、客户服务、电话录音、电子签名、持卡人和发卡银行双方认可的方式单独授权扣收的费用，以及换卡时已形成的债权债务关系除外。

13. 在代收代付业务中，银行既要对指令执行的准确与否负责，也要对收付指令的正确与否负责。(　　)

【解析】在代收代付业务中，银行仅作为受托方执行委托单位的收付指令，银行仅对指令执行的准确与否负责，而不对收付指令的正确与否负责。

14. 对于代收付出现的错漏，消费者应首先向委托单位进行查询、主张相关权利。(　　)

【解析】对于代收付出现的错漏，消费者应首先向委托单位进行查询、主张相关权利，银行配合提供相关查询；确属银行执行收付指令错漏的，银行应按照协议规定进行纠正。

15. 信用卡一般分为贷记卡和借记卡两种。(　　)

【解析】银行卡是指由商业银行向社会发行的具有消费信用、转账结算、存取现金等全部或部分功能的信用支付工具，包括借记卡和信用卡。信用卡包括贷记卡和准贷记卡。

16. 银行应为客户投诉提供必要的便利，投诉电话应单独设立。(　　)

【解析】投诉电话可以单独设立，也可以与客户服务热线对接；与客户服务热线对接的，在客户服务热线中应有明显清晰的提示。

17. 健全多元化广覆盖的机构体系要求鼓励商业银行以批发资金转贷形式与其他银行业金融机构合作，降低小微企业贷款成本。(　　)

【解析】鼓励开发性金融机构与政策性银行以批发资金转贷形式与其他银行业金融机构合作，降低小微企业贷款成本。

18. 2020 年 9 月，习近平总书记郑重宣布，中国二氧化碳排放力争于 2030 年前达到峰值，努力争取 2060 年前实现碳中和，我国碳达峰、碳中和目标等重大战略部署，为银行业带来重大机遇与挑战。(　　)［2021 年 6 月真题］

【解析】2020 年 9 月，习近平总书记郑重宣布“中国二氧化碳排放力争于 2030 年前达到峰值，努力争取 2060 年前实现碳中和”。我国碳达峰、碳中和目标等重大战略部署，为银行业带来重大机遇与挑战。2021 年 2 月，国务院下发《关于加快建立健全绿色低碳循环发展经济体系的指导意见》，要求大力发展绿色金融。发展绿色信贷和绿色直接融资，加大对金融机构绿色金融业绩评价考核力度。

11A　12A　13B　14A　15B　16B　17B　18A